教育信息化与中小学英语教学创新研究

康燕茹　著

吉林人民出版社

图书在版编目 (CIP) 数据

教育信息化与中小学英语教学创新研究 / 康燕茹著
. -- 长春 : 吉林人民出版社 , 2020.7
ISBN 978-7-206-17266-3

Ⅰ . ①教… Ⅱ . ①康… Ⅲ . ①信息化 – 应用 – 英语课
– 教学研究 – 中小学 Ⅳ . ① G633.412

中国版本图书馆 CIP 数据核字 (2020) 第 122718 号

教育信息化与中小学英语教学创新研究
JIAOYU XINXIHUA YU ZHONGXIAOXUE YINGYU JIAOXUE CHUANGXIN YANJIU

著　　者：康燕茹
责任编辑：王　丹　　　　　　　　　封面设计：陈富志
吉林人民出版社出版 发行（长春市人民大街 7548 号） 邮政编码：130022
印　　刷：定州启航印刷有限公司
开　　本：710mm×1000mm　　　　　　1/16
印　　张：16　　　　　　　　　字　　数：280 千字
标准书号：ISBN 978-7-206-17266-3
版　　次：2020 年 7 月第 1 版　　　印　　次：2020 年 7 月第 1 次印刷
定　　价：75.00 元

如发现印装质量问题，影响阅读，请与印刷厂联系调换。

前言

　　"教学创新"在当下是一个出现频率非常高的概念，这种语言现象所反映的正是教育实践在新时代不断前进发展的客观现实。伴随着经济全球化、信息化和网络化的迅猛发展，世界范围的教育改革正一浪高过一浪，教学创新正成为一项持续不断的教育实践活动。可以说，创新已成为现代教育的一个典型特征。

　　教育信息化与英语教学的融合意味着英语教育体系和方法的改革创新。两者是相辅相成的，信息化的运用为英语学科的发展提供了新型的手段和媒介，对于教育理念、教学方法、教学效果具有十分重要的意义，而英语学科又为信息化提供了载体，使信息化教育在实践中获得更好的运用。教育信息化与英语学科的融合就是把信息化运用到英语学科教学的实践活动中，为英语教学提供丰富的信息资源、多样的研究工具和手段，此外，教育信息化的有效运用还能为英语教学实践提供方法论上的指导。教育信息化与英语教学融合的宗旨在于帮助英语授课教师在最大程度上提升教学质量与工作效率。只有英语教师真正认识到信息化教学在英语教学过程中的重要意义，才能更有效地实施英语教学策略，保证教学工作的有序开展。

　　信息化教育的出现，适应了教育行业的发展趋势，它能够在一定程度上突破传统的教育思想的束缚，使英语教学内容获得相应的改观。英语教学与信息化技术的融合，可以有效提升英语教学质量和学生的学习效果，这体现了当前英语教学目标的要求。需要注意的是，信息化的运用在实际的英语教学实践活动中还存在一些问题，如软硬件平台的普及，专业人员的配置，这些问题需要长期的实践和探索才能得到有效解决。

　　本书分为四大部分，共十一章。第一部分教育信息化分为两章，第一章和第二章，第一章从教育信息化的发展、现状等对教育信息化做了概述，第二章简要解读了教育信息化与教育均衡发展。第二部分中小学英语教学分为三章，第三章到第五章，其中第三、四章介绍了中小学英语教学理论和教学内容，第五章分析了中小学英语教学现状及改革的必要性。第三部分中小学英语教学改革的思路分为两章，第六章到第七章，第六章指出了教育信息化在中小学英语改革创新道路上的保障作用，第七章概述了教育信息化与教学资源的整合。第四部分教育信息化背景下的中小学英语教学模式分为四章，第八章到第十一章，第八章对教育信息化背景下中小学英语教学模式进行了相关探讨，第九、十章对多媒体英语教学和网络英语教学做了概述，第十一章对教育信息化背景下中小学英语教学创新案例进行了列举和分析。

此外，本书在撰写过程中得到了国内外许多专家学者的支持和帮助，才使得本书能够及时与读者见面，但是，由于本人能力有限，书中难免出现疏漏之处，还望读者朋友批评改正。

目 录

第一部分　教育信息化

第一章　教育信息化理论研究

　　在教育领域广泛应用信息技术、开发教育资源、优化教育过程、提高教育质量和效益，是教育信息化的原始动力，也是推动教育的改革和发展，促进教育现代化的基础和前提。本章对教育信息化及教育信息化背景的英语教学进行了简要分析。

第一节　教育信息化概述

一、教育信息化的含义

　　教育信息化包括两层含义：一是教育培养适应于信息化社会的人才，一是教育把信息技术手段有效应用于教学科研和教学管理。教育信息化要求学生要会使用计算机，学会对信息的收集、选择、处理及创造；要求学校的教育手段的信息化和现代化，并且要有高效的校园网络、信息库、闭路电视系统；要求我们基于创新教育的要求，基于培养面向信息社会的人才的要求，认真地对教育系统进行信息分析，有效地应用信息技术，培养出新世界合格的信息化人才，实现教育现代化。因此，教育信息化是一个过程，但绝不只是一个信息机器简单地引入教育的过程，更不能认为教育信息化就是信息化机器的应用过程，而是一种教育思想及观念的变化过程，是基于创新教育的思想，有效利用信息技术，实现创新人才培养，实现教育现代化的过程。

二、教育信息化的基本特征

　　教育信息化既具有"技术"的属性，同时也具有"教育"的属性。
　　从技术属性看，教育信息化的基本特征是数字化、网络化、智能化和多媒体化。数字化使得教育信息技术系统的设备简单、性能可靠和标准统一；网络化使得信息资源可共享、活动时空少限制、人际合作易实现；智能化使得系统能够做到教学行为人性化、人机通信自然化、繁杂任务代理化；多媒体化使得传媒设备一体化、信息表征多元化、复杂现象虚拟化。

从教育属性看，教育信息化的基本特征是开放性、共享性、交互性与协作性。开放性打破了以学校教育为中心的教育体系，使得教育社会化、终身化、自主化；共享性是信息化的本质特征，它使得大量丰富的教育资源能为全体学习者共享，并且取之不尽、用之不竭；交互性能实现人—机之间的双向沟通和人—人之间的远距离交互学习，促进教师与学生、学生与学生、学生与其他人之间的多向交流；协作性为教育者提供了更多的人—人、人—机协作完成任务的机会。教学信息化从根本上改变了传统的教学模式，它至少有四大特征。

第一，信息传递优势。现代经济学认为，获取信息是克服人类"无知"的唯一途径。信息搜寻要花费代价（即交易费用），其中，信息传递成本占据了相当的份额。传统教学采用"师傅带徒弟"式的完全面接方法，花费了大量的人力物力，这是一种社会资源的浪费。网络教学高速度的信息传递功能，无疑大大节约了全社会的信息传导成本。

第二，信息质量优势。随着"远程教育"工程的实施，学生可以共享优秀教育资源和高质量的教学信息。不可否认的是，作为知识传导者的教师，水平也参差不齐，接受者获得的信息质量也就大有差异。远程教学由最优秀的教师制作课件，可以有效保证所传输的信息质量。

第三，信息成本优势。包括接受教育在内的权力平等是人类共同追求的目标之一。但是，由于人们现实的经济环境和经济条件差异，无论是政府还是民间团体及个人如何努力，仍有相当多的青少年和成人难圆"中小学梦"或"继续教育梦"。远程教育学生可在学点或家中利用在线网上教学平台，按照相关专业的教学安排，根据自身的学习特点和工作、生活环境，进行"到课不到堂"的自主学习。远程教育的低成本运行费用带来了新的教育市场的变化，大大增加了满足更多的学生，尤其是贫困学生，以及因谋生而不得闲暇的成人们圆梦的机会。

第四，信息交流优势。教学方式现代化改变传统的以老师为主的单向教学方式，形成了以学生为主体，老师为主导的双主教学方式。教育信息化利用信息技术改变传统的教学模式，实行交互式教学，学生可以通过网上教学平台随时点播和下载网上教学资源，利用网上交互功能与教师或其他学生进行交流，通过双向视频等系统共享优秀教师的远程讲授及辅导，充分利用网络的互动优势开展学习活动。这样，每一个学生都能自由地发挥创造力和想象力，进而成长为具有探索求新能力的新型人才。

第二节　教育信息化的现状

一、我国教育信息化现状分析

据目前的最新调查显示，我国华南地区和华中地区相对西部而言，教育信息化建设的总体建设水平较高。随着西部大开发的推进，西部的教育信息化硬件建设将加快步伐。目前总体情况是地区差异大，硬件投入有限。[1]硬件投入内容主要有：校园网建设，包括信息中心、多功能教室、学校办公网、电子备课室、虚拟图书馆、计算机网络教室等；多媒体课件制作技术的应用；基于 Internet（互联网）的网上教学；数字化技术在教育上的发展与应用；教育城域网的建设，包括教育管理中心、教育城域网的远程教育中心、教育城域网的教学资源中心等。但我国教育信息化建设的地区差异比较大。各种调查数据中还显示了教育信息化投资与建设成果之间的关系：存在相互增长的内在联系，但并不成正比例关系。这就要求我们在教育信息化建设中，不仅要重视整体的投入，还应明白，不是投入了资金、拥有了硬件，就意味着教育信息化的建设已大功告成。其实，我国在教育信息技术上的总体投入并不少，但资金流向不尽合理，宝贵的资金未用在刀刃上，造成了资金的投入与在教育中产生的效果极不相称的局面。所有这些情况，一方面是因为我们对教育信息化的建设经验不足，急于求成；另一方面则是投资时缺乏结合性的长远考虑。这些都是我们以后在硬件投资过程中要认真面对的大问题。

近年来，我国教育信息化取得了重大进展，归结起来主要有六个方面的重大突破：

第一，教育信息化基础设施建设初具规模。

第二，教育软件建设硕果累累。

第三，现代远程教育工程建设取得重大进展。

第四，培养出大批适应社会需求的信息化人才。

第五，教育信息产业得到较大发展。

---

[1] 李芒. 基础教育信息化自主发展模式 [M]. 北京：科学出版社，2018：23.

第六，教育信息化政策、法规和标准的制定。

此外，从社会环境来看，教育信息化已经成为我国 IT 业必争的宝地，我国教育信息化建设将拥有坚实的经济与技术基础。信息化在全国各地、各类教育机构中迅速展开，并且形成了巨大的 IT 需求市场。这就是说，中国的教育信息化建设其实已经具备了相当的经济潜力。这将保证中国的教育信息化建设的长足发展。

当然，我国教育信息化也存在一定的发展误区。随着技术的发展和开发者对教育信息化理解的不断加深，未来的教育资源建设将会不断成熟和完善，并将向普及化、专业化、地方化、个性化四个方向发展。然而，在技术发展与运用过程中，教育信息化却出现了以下八大误区。这八大误区有的是思想意识不到位造成的，有的则是技术水平相对滞后造成的，还有一些则是缺乏统筹规划、盲目建设造成的。

（1）瓶颈现象

什么是瓶颈现象呢？瓶颈现象好比有很多水在一个瓶子里面，但是由于瓶颈太小，水无法倒出来，造成了守着水却无水喝的尴尬场面。而在我们的教育信息化过程中，只有在信息大量流通共享的前提下，才能发挥信息化的优势，才能将教育发展起来。然而，目前我国教育信息技术却出现信息进出阻滞的严重现象，其根本原因不在教育信息化，而在于信息化在我国的发展本身就存在很多需要重视和解决的不利因素。正如《2006~2020 年国家信息化发展战略》上分析我国信息化值得重视的问题中所提出的问题，都在很大程度上反映了教育信息化过程中的"瓶颈现象"。它们是：

第一，信息技术自主创新能力不足。核心技术和关键装备主要依赖进口。以企业为主体的创新体系亟待完善，自主装备能力亟须增强。

第二，信息技术应用水平不高。在整体上，应用水平落后于实际需求，信息技术的潜能尚未得到充分挖掘，在部分领域和地区应用效果不够明显。

第三，数字鸿沟有所扩大。信息技术应用水平与先进国家相比存在较大差距。国内不同地区、不同领域、不同群体的信息技术应用水平和网络普及程度很不平衡，城乡、区域和行业的差距有扩大趋势，成为影响协调发展的新因素。

（2）软件"孤岛"现象严重

目前各个软件厂商提供的应用软件缺少交互操作能力，无法共享信息和交换数据。这使得信息与数据被封锁在各自的狭小范围内，而得不到资源的共享互补。软件"孤岛"现象是多方面造成的。例如：某学校在校园教学信息化建设中利用 30 万元购得综合教学软件一套，希望能改变学校传统的教育教学模式。然后在使用过程中发现该软件有很多问题，最大的一个问题就是老师希望能通过网络视频与学习的每一个同学进行语音视频交流，其他的任何一位同学也可以随时通过语音教室或者在某个地方上网时共同参与。但是语音视频教学开通后，整个电脑的运行速度就非常慢，视频不流畅，语音时断时续。这位老师只有通过传统的口授的方式与学生讲解，但是这样一来老师课前准备的很多生动的视频材料便无法与学生同时分享。后来经过校方多次与软件生产商进行协商，生产商经过测试发现该软件最大连通数为 60 台学生机，但学校上公共课连通了 120 台，于是生产商对软件进行了改进并交付给学校。学校在使用过程中发现问题依旧，经过双方多次检查和调试，最后发现学校使用人员在软件安装与设置上都存在着诸多问题。❶

这个例子告诉我们，我国教育信息化的软件"孤岛"现象最主要的原因是：第一，软件开发周期长，产品滞后，不能适应实际教学的需要。第二，使用人员的信息化素质不够。很多本可以解决的麻烦却因为人的问题造成资源的不合理使用。

（3）综合路径缺乏，导致信息获取困难

目前的教育信息化的信息获取没有一个统一的综合路径来实现各种教育资源的传递收集。用户只有通过不同的应用软件和渠道才能获得各方面的信息，而无法通过统一的人口、统一的形式获得这些信息和数据。这就造成了用户信息收集的困难。

（4）信息管理不够，造成资源建设浪费

各种因素制约，信息化管理体制尚不完善，电信监管体制改革有待深化，信息化法制建设需要进一步加快。很多教育部门和教育机构，尤其是中小学，往往把是否建成局域网看作是教育信息化的标准，却没有考虑到建成之后对信息的管理，使得硬件强、软件弱，不能正常发挥信息化资源的优势，造成了大量的浪费。

（5）教育资源狭隘化。网络需要大量数字化教育资源内容的支撑，这导致学校对教育资源库产品的需求不断升温，但是当前的情况却不是很理想，大量的无用信息与落后资源都打着"教育资源"的旗帜招摇撞骗，这不仅冲乱了原有的教

---

❶ 李芒.基础教育信息化自主发展模式[M].北京：科学出版社，2018：23-24.

育信息结构，影响了人们对教育信息化资源的信赖，还直接导致了教育资源的狭隘化。

（6）技术落后暗藏安全隐患

在全球范围内，计算机病毒、网络攻击、垃圾邮件、系统漏洞、网络窃密、虚假有害信息和网络违法犯罪等问题日渐突出，如果应对不当，可能会给我国经济社会发展和国家安全带来不利影响。目前国内大量教育城域网的应用软件已严重落后于技术的发展，但是有的商家为了一时利益，为了抢占市场，不顾长远的发展，让学校直接操纵教育城域网中心站的数据库，导致了极大的安全隐患。

（7）使用烦琐，操作复杂

信息化的发展要求对资源的操作触手可及，可是由于现在的教育软件相对落后，使教育工作者往往要经过很多复杂的过程才能找到自己所需的数据。很多可以避免的操作，大量可简化的过程把人们挡在了信息大门之外。另外，信息资源设备的开发者在信息化产品设计上也存在着诸多不足。

（8）专业化优势不突出

评价教育资源建设成熟与否的标准是：普及化、专业化、地方化、个性化等的发展程度。而我国当前的专业化发展不很明显，主要表现在三个方面：第一，应用教育资源缺乏专业化的主导优势；第二，信息管理上没有专业化的统一标准；第三，现代教师缺少专业化的信息素养。

二、与国外相比较的现状分析

教育信息化水平受制于一个国家的社会信息化的总体水平的发展程度，而社会信息化水平的发展要受制于一个国家的经济水平的发展程度。❶我国的经济发展水平决定了我国发展教育信息化具有自己的特点。以美国为代表的发达国家在教育信息化的路子上走的是：以强大的经济实力和高信息技术为后盾，拉动教育信息化的迅速发展，再借助教育信息化的发展来大力支持教育变革的实现。在教育信息化的道路上，我们既不能走发达国家的路子，更不能走日本和新加坡那样一步登天的方式。首先我国是人口大国，再者是发展中国家，而且全国各地区的经济发展也极不均衡，这就致使我国的教育信息化建设与国外诸国相比较具有五大差异：时间差、空间差、理论差、经验差、实力差。

❶ 乜勇，张首军，傅钢善.教育信息化发展研究 [M].西安：西北工业大学出版社，2019,17.

（一）时间差

时间差是指中国教育信息化的建设在发展时间上讲，要比美国这样的发达国家晚一些，也就是在起步时间上有差异。20世纪90年代，美国首先提出了建设"国家信息基础设施"，而后又一路领先；而西方各国也不甘示弱，纷纷将教育信息化的发展列为重点。法国制定三年教育信息化发展方案，而英国也早在20世纪90年代就以立法的形式，把信息教育列为重点课程，以抢占世界教育新的制高点。而我国在1999年才将教育信息化这一名词正式用在教育政策中加以强调，并且发展起来还表现出信息化程度相对滞后，不能有效拉动教育信息化的发展问题。因此，我国教育信息化建设当然要好好地借鉴西方国家的先进经验，但是绝不能把中国的教育信息化建设等同于西方的，更不能邯郸学步地走西方的教育信息化之路。

（二）空间差

空间差是指中国目前各个地区的信息化程度差异太大。我国沿海地区经济相对发达，而内地尤其是西部地区的经济水平相比之下就要差一些。这样就使得我国在教育信息化的建设中要面临着很多复杂的问题，不仅东西南北的地区差异大，就是同在一个省，地方差异也很明显。面对这样的一个经济基础与信息化程度不一致的情况，我们当然不可能像新加坡一样"一步登天"了。

（三）理论差

所谓理论差，一方面指我国的教育信息化理论与国外相比有着历史发展的差距，这主要包括教育信息实践的经验差；另一方面指的是我国教育信息化建设的理论与国外理论相比存在很多差异，包括认识理论差、文化理论差。这就使得我国对国外信息化分析研究中，多少存在着一些误解，而且在我们借鉴学习中，也多少会影响到我们的观念。

从经验差距来看，教育信息化的发展还有待于新的教育理论的出现和技术的创新。我国的教育信息化理论发展得很快，就理论研究的发展速度而言，比西方发达国家或许还快一些。但是这种速度属于追赶速度，也就是说，我们的理论水平与已经发展起完整的教育信息化理论的发达国家相比还有很多差距。虽然这种差距在缩小，但仍然很大。

从差异情况来看，教育信息化的建设首先是从观念上转变，而观念的转变就需要我们的理论走在前面。目前，我国教育信息化建设中的理论误区就是，总是希望能从别国找到一些依据，而忽视了我国是一个超级大国，有其自身的发展特点。如果事事看他国的理论，再从中吸取经验（当然这也不失为一个好办法），那我们的理论是永远也不可能领先于别人的。这样一来，我们的观念又怎么能转变得既符合国情又顺应时代呢？所以，我们必须在吸收了国外各种先进思想的基础上，创造性地开创出具有中国特色的教育信息化理论。而目前的教育信息化的理论来源还主要是基于教育技术中的理论，而教育技术只是教育信息化的一部分而已。对于教育信息化的社会化研究，笔者就认为非常有意义。从理论上我们应当走在前列。

（四）经验差

教育信息化建设是教育行业中的新事物，对我们来讲，很多都是未知数。因此在进行教育信息化的建设当中，我们必然会因经验不足引起很多困难。一方面，我们可能会从别国的建设过程中得到一定的启示，从而解决一些问题；另一方面，由于国情不同，我们所遇到的问题未必就是人家的问题。因此，我们也要独立面对相当多的新问题。只有不断地积累更多新的实践经验，总结更多新的合理方法与思路，才能应付和解决我们教育信息化发展中遇到的新问题。这就需要我们自己去努力探索，不断研究。这样才能将教育信息化这项伟大的事业推动起来，保证我们的教育信息化能高效地引导我国的教育向好的方向改革。

（五）实力差

众所周知，我国正处在社会主义初级阶段，论国家富强、经济实力都还和西方发达国家有很大的差距，因而在教育信息化建设中，必然存在国家实力上的差异。我们知道教育信息化要建立在信息化的基础上才能发展起来，而信息化的发展就必须建立在先进的技术与强大的经济实力基础上。我国目前的经济实力总体水平还是比较落后的，我们要进行教育信息化建设，实力差异是我们必须要面对的现实。

总而言之，国内外教育信息化的热情一浪高过一浪。我国虽然奋起直追，但是就现在的情况来看，我国教育信息化的发展障碍确实是"一山过了又一山"，路不平坦，这要靠我们的步子又稳又快。教育信息化的竞争既是当前教育现代竞争的一个方面，又是未来人才竞争的前奏。要夺取教育领域的制高点，要拥有赢得未来的力量，就要直面教育信息化的五大差异，力克五大弱势；就要将人才战略同教育信息化发展战略结合起来，分析出我国教育信息化的发展现状，不断克服前进中的困难与弱点；就要了解国内外发展情况，看到不足，知道差距，迎难勇进，积极为自身的发展积累宝贵的经验与前进的力量。

第三节　教育信息化环境下的教学结构

一、新时代的教育信息化

（一）教育信息化迈入 2.0 时代

教育信息化的发展不是一蹴而就的，而是一个不断调整优化的社会过程，教学结构在这个过程中也不断变革并迭代优化。杨宗凯等将信息技术变革教育的跃迁进程分为四个阶段，即起步、应用、融合、创新阶段。《国家中长期教育改革和发展规划纲要（2010~2020 年）》提出"信息技术对教育发展具有革命性影响"，突出强调技术由应用转向支撑，便于建设优质教育资源和信息化教学环境。在"教育大数据应用技术国家工程实验室"成立启动会上，指出把办好网络教育写入党的十九大报告中，意味着我国教育信息化开始了一个新时代。2018 年，教育部印发的《教育信息化 2.0 行动计划》，将推动信息技术和教学实践的深度融合作为核心理念，从应用入手切入教学深度融合，调动全社会的力量，推动教育教学的变革与信息化发展，这也标志着教育信息化进入 2.0 时代。

（二）新时代教育信息化三个维度的转变

与 1.0 相比，教育信息化 2.0 的发展需要实现三个方面的转变，分别是资源由教育专用转变为大资源的开发应用，师生能力由应用向信息素养提升转变，由应用向创新发展转变，搭建智慧型人才培养模式。资源、平台、教学是最能体现教育信息化新时代转变特点的三个方面（见图 1-1），资源与平台的开发与优化离不开信息技术的支持，优质的资源与智能化的平台有助于实现融合学习和提高教学质量，融合创新的教学方式能培养多元创新实践的智慧型人才。

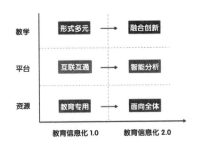

图 1-1　教育信息化新时代的三个转变

在资源方面，资源的建设不仅仅为教育所专用，所有学段、所有人群都是教育资源的受众，交互深度、虚拟强度等都有巨大提高。平台方面，依托已有的互联互通的网络学习平台，继续优化升级，依托人工智能提供个性化的教育指导与服务。教学方面，在信息化教学常态化、教学形式多元化的基础上，将新型技术与课堂内外的教学活动融合创新，提升师生的信息素养，培养多元创新的智慧型人才。

面向全球化、智能化、信息化的总体趋势，教育信息化的这种转变有助于实现人才的培养。如果将 1.0 时代的教育信息化发展视为导入外部变量，那 2.0 时代的教育信息化需要实现外生力量到内生力量的转变。如何在教学结构变革中将外生力量转变为内生力量是新时代值得思考的问题。所以在技术集成的时代背景下，教与学的变革关键还要协调两者之间的关系和目的，统筹配置教学要素及其关系，满足学生个性化的学习需求。

二、教育信息化环境下教学结构变革的三维表征

教学结构的四要素是教师、学生、教学内容与教学媒体，资源转变意味着教学内容的更迭与优化，平台转变意味着教学媒体的选择与融合，教学转变主要体现在教学方式、学习方式的变化。教学结构变革具体表现为以动态发展的教学理论为指导，将技术手段由外生力量转变为内生力量，重新配置教学系统各要素，从而达到由量变积累到质变的状态。

教学结构变革能引起教学系统中四要素之间发生相互匹配的同构性联动，实现教学结构的重构。以学习资源、学习空间等为基础，重新配置教学各要素，实现要素之间的相互联动发展，形成以信息技术为依托、融合学习为中心、创新实践为目的的全景式课堂教学场景，信息技术、融合学习与创新实践构成了教学结构变革的三维表征（见图 1-2）。

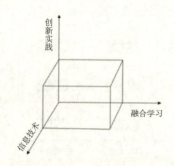

图 1-2 教学结构变革的三维表征

（一）信息技术是教学结构变革的基础支撑

信息技术已经成为人类社会发展的巨大推动力和塑造力，人们在感知和体验技术时，技术不再作为单纯的元素存在，而是相互影响，技术促进人的发展、人优化技术的功能。借助技术能够有效解决教学难题，有助于实现教学结构的变革。迈进 2.0 时代，信息技术是实现教学结构变革的基石。

信息技术环境的时空延展性为教学结构变革提供了基础，其较强的交互性能帮助实现教学重构。技术本身并不能提升学习效果，更别提实现教学重构。杜威认为体验在知识发展、技能获得与习惯的养成中发挥着核心和关键的作用。技术本身并不能培养学生的高阶思维。所以，在教学中利用技术让学生获得体验的学习，才能实现教学重构，推动教育系统的结构性变革。

技术只有与人类互相赋能，才能提高教育生产力。人类为技术赋能主要指学习者通过网络学习突破时空上的距离，不断交流，形成新的学习共同体，在其中输出知识经验并建构新的知识结构。这种学习方式出现在网络学习中，有助于网络中学习者之间建立思想关联，引发知识迁移与创造深度融合学习。技术为人类赋能主要指资源与平台的建设与优化升级，为教学活动的开展提供便捷。

（二）融合学习是教学结构变革的核心内容

教学结构的变革主要是指学习方式的转变，以重构学习方式为核心，构建信息化新时代环境下教师、学生与家长的学习共同体，并使之共同成长。目前的课堂教学变革虽有所成效，但反观当下，主宰课堂教学活动的不是学生或教师，而是技术。❶这说明很多教师就信息技术对于教学作用的误解引起了技术主宰课堂现象的出现。因此，教师要从融合学习的角度来重新思考教学问题，形成师生共生的关系，保证学习有效地发生。

一方面，教师要转变教学观点，聚焦学习过程。融合学习并不是简单地将技术与教学内容拼接起来，而是选择合适的技术手段使教学变得更有效。教师在教学中要动态地调整教学方式，教授的知识不再是固定的，而是共同建构的生成性知识。教学设计的重构是教学变革首要考虑的因素，必须体现设计思维，考虑教学系统各要素之间的交互作用等方面，以便灵活应对学习过程中的生成性。

另一方面，教师要提升自我素养，优化教学设计。很多教师会选择新颖、先进的技术应用到教学中，突出技术带来的外来效果，却忽略了重要的教学需要及

---

❶ 陶庆明.中学教育信息化探索[M].重庆：重庆大学出版社,2019：27.

技术在学生其他发展方面的价值。教师应在掌握技术应用能力的基础上，不断提升信息素养能力，创新教学活动，将信息技术合理融于教学实践。

（三）创新实践是教学结构变革的根本目的

重构课堂教学，深化智慧型人才培养模式改革，旨在培养学生的创新实践能力。智慧教育的宗旨是提高学生高级思维能力和创新、创造能力。这与教学变革的根本目的相一致。

人才培养的关键是实现粗放型教学向精准型教学的转变，主要表现在以下两个方面：一是生成性知识的实践应用。教学结构的重构并不是抛弃原有的教学理论基础与基本知识，而是以此为根基，结合当代信息知识爆炸与社会化学习特点的现实，培养学生的创新实践能力。学生只有亲身体验，才能形成自我建构，提升高阶思维能力。二是跨学科学习的创新融合。随着"互联网＋"、大数据等技术在教育领域的应用，越来越多的人意识到跨学科的重要性，不同学科的交叉融合是培养创新实践型人才的一种重要方式。

在实际教学实践中，设计基于问题、项目的学习模块，能激起学生学习的兴趣，在协作学习中实现新知识的自我建构与迁移。开设综合化的学习课程如STEAM课程[科学（Science）、技术（Technology）、工程（Engineering）、艺术（Art）、数学（Mathematics）]，能有效整合多学科内容，发展学生横向与协作能力，培养学生的创新思维，从而巩固强化学生的知识结构，深化学习效果。

三、教学结构变革的新取向——学习结构

早期的教学理论研究和实践中，教学结构通常被人们视为一种稳定的"四要素"结构。在该结构中，学生成为被忽略了的"主体"，只用来帮助教师理解学生所处的学习水平阶段。因此，信息化高速发展的 2.0 时代，需要学习结构的出现与不断实践，以此才能真正做到以学生为本位的教育教学变革。

（一）教学结构变革刻不容缓

教育进入以大数据、人工智能、云计算、物联网等为代表的 2.0 时代，原有的教学结构存在一定的缺陷与不足，不能满足当前的教学需求。利用原有的学习理论而形成的教学变革观点也已经不适用，因此，从教学结构变革的三维特征出发，理性对待目前教学结构的现状，结合新的学习理论来讨论教学结构变革变得刻不容缓。

教学结构中各要素之间并不是独立存在的，而是依据既定的教学理论形成特

点各异的交互关系，是一种相对稳定的结构形式。传统的教学结构是以教师为中心、"授受型"的课堂教学结构。何克抗倡导"教师主导—学生主体"的课堂教学结构，但忽略了信息化平台的融入。沈书生将教学结构定义为系统组织安排可能影响教学实现的各种因素，以达成特定教学目标。迈克·雅各布森等人将教学结构分为低高结构、高低结构和高高结构。2013 年，迈克·雅各布森等人提出了教学结构序列（Sequencing of Pedagogical Structure，SPS）框架，在此基础上提出了四类教学结构序列（见表 1-1 所示）。

表 1-1 四类教学结构序列

教学结构类型	解 释
高高型（high-high structure，HH）	大部分教学都是依靠教师指导
高低型（high-low structure，HL）	认知学徒制
低低型（low-low structure，LL）	教师很少提供教学指导
低高型（low-high structure，LH）	生产性失败（productive failure）

综合比较国内外对教学结构的看法，实则都大同小异，如果将其中影响教学的每个要素类别比喻为一个变量，那么，教学效果会因为教师本身对变量的理解及教学风格的不同表现出差异性。但是在现阶段的现实教育理论与实践中，学校及教师鼓励学生个性发展、倡导差异化教学与评价采用统一标准之间存在矛盾。这种教学结构中表现出来的"统一性"，让学习者在开展学习的过程中，时刻受着外部"规则"的约束，很难体现其个体学习的"选择性"和"独特性"。

（二）学习结构的凸显与优势

学习结构是基于学习本身而衍生的，笔者将学习定义为学习者能根据自我学习需求，在适当的网络学习空间中，自主选择适量的学习内容与学习方式，依据自主定下的步调开展学习，最终实现自我目标的一种过程。学习结构最为突出的优势是以学习者为本位的核心思想，陆凯莉等人认为在学习结构中，学习者在目标的引导下，自主或协作完成所有的学习活动。

学习结构凸显的原因主要有两点：一是新时代的诉求。信息化 2.0 时代要求教育变革取得明显效果，学习者能自我满足学习需求，学习结构能够实现最优化的教学效果。二是技术的快速发展引起了生活各个层面的巨大变化，教育也不例外，教

师只有根据现实社会的需求来变革培养学生的方式，学习者最终才能建立与现实社会要求相平衡的认知水平与心智结构。❶

教学结构转向学习结构，并不是完全否定原有的教学结构，而是从教育信息化 2.0 时代层面考虑发展优化了教学结构。学习平台或系统会识别学习者之间的差异性，并形成各异的学习路径，做出有针对性的评价，可以使学习者更加高效地达成学习目标。

教育信息化时代的到来势必会加速引起未来教育的深层次变革，但我们要理性地对待教学结构变革的结果，不断从经验实践中总结完善。回顾人类社会的发展史，教育的变革也是在人与环境的相互作用中持续改进的。从教学结构到学习结构的转变，不是一蹴而就的，而是一个十分缓慢的过程。

教学结构的变革在于提高教师教学的质量，提升学生高水平认知能力，旨在提高学生学习的软实力。如何将新时代的信息技术与教育教学智慧创新地融合起来，如何解决教学结构变革中遇到的问题等，需要更多的实践与反思，因为在实践过程中引导学习才能够真正体现学习的本质与意义。

第四节　教育信息化背景下中小学英语教学的新契机

一、英语教学概述

（一）英语教学的概念与内涵

由于英语是我国的第二语言，因此，缺乏一定的语言使用环境与使用对象，这就对英语教学提出了难题。可以说，英语教学能够直接影响学习者的英语水平和语言运用能力。

英语教学是一种教育活动。对教师而言，教学是引导学生学习的教育活动；而对学生来说，教学则是在教师的引导下的学习活动。学生是否得到发展，是教学能否实现其目标的关键。教学是一个师生互动的过程，是教师教和学生学，共同完成预定任务的双边统一的活动。具体来说，英语教学的内涵主要体现在以下几个方面。

---

❶ 匕勇，张首军，傅钢善.教育信息化发展研究[M].西安：西北工业大学出版社：2019：29.

1.英语教学是有目的的活动

英语教学的不同阶段有着不同的目标，而教学目标又具体分为不同的领域与层次。

2.英语教学带有系统性和计划性

这种系统性主要体现在其制定者主要为教育行政机构、教研部门和学校的教学管理者等。英语教学的计划性指的是对英语基础知识的计划性教学，如英语语音、词汇、语法、写作、阅读等具体知识和技能的传递。

3.英语教学需要采取合理的教学方法和教育技术

英语教学经过深厚的历史积淀，形成了大量有效的教学方法。现代科学技术，尤其是信息技术的发展，为英语教学提供了可以借助的多种教育技术。

综上所述，我们可以将英语教学的内涵概括为：教师依据一定的英语教学目的与教学目标，在有计划的系统性的过程中，借助一定的方法和技术，以传授和掌握英语知识为基础，促进学生整体素质发展的教与学相统一的教育活动。

（二）英语教学的本质

英语教学不仅仅是一种语言教学，同时也是一种文化教学。下面对这两个方面进行分析。

1.英语教学是一种语言教学

英语是一种重要的国家交际语言，因此，对其教学便是一种语言教学。语言教学的目的是培养学生使用语言的能力。对于中国人来说，英语作为第二语言，是一门外语，英语教学也就是外语教学。从人类外语教学的发展历史来看，外语教学离不开外语知识教学，以外语知识为基础的外语教学有利于学生运用外语能力的培养。因此，英语教学作为语言教学，其本质应该是培养学生综合运用英语的能力。

需要特别指出的是，一些以学习语言知识而进行专门研究的语言教学并不是以运用语言为目的的，因此，对其的教学并不属于语言教学的范畴，如对古希腊语的研究、古汉语的研究等。这些语言在当今社会几乎不再使用，因此，这种语言学习需要和语言教学区分开。

2.英语教学是一种文化教学

文化孕育语言，语言反映文化，二者有着密切的联系。在进行英语教学的过程中，不仅需要学习者了解基本的语言知识，同时也需要培养和提高其英语思维能力，从而便于日后的语言使用。从这个意义上说，英语教学也是一种文化教学。❶

---

❶ 冯红梅.中小学英语教育与教学策略[M].秦皇岛：燕山大学出版社，2017：24.

（三）英语教学的影响因素

1.政策因素

所谓政策因素，指的是教育行政管理部门以社会、政治、经济等方面对人才的需求等制定的相关的外语教育政策。这些外语教育政策中会对英语教学提出具体化目标，这些目标可以使教学活动更加具有针对性，提高人才培养的实用性和现实性。

影响英语教学的政策因素可以分为以下三个方面。

第一，英语教学是关系到我国 21 世纪发展和人才培养的重要因素。英语教学对学生的整体素质、能力、知识结构等产生重要影响，并且这些因素会对社会的发展产生间接影响。

第二，国家政策不仅为英语教学制定相关的政策和目标，还对教师的工作进行监督和分析、评估。国家政策对于教师的工作热情和积极性具有重要影响。奖罚分明的制度能够有利于教师在自己的工作岗位上兢兢业业、刻苦钻研、勇于付出，为国家培养出更多优秀的英语人才。

第三，学生的分配。政策所规定的学生获得的相关的证书都对其以后的毕业和工作产生重要影响。

2.环境因素

环境因素对英语教学有着重要影响，英语教学的有效实施需要社会及学校等各方面的积极配合，社会及学校的外部环境、教学设施，以及相关因素的完善与否，对中小学英语的教学质量具有举足轻重的作用。

（1）社会环境

社会环境主要指经济发展状况、科学技术水平、人文精神、社会群体等对英语学习的态度及社会对英语的需求程度等。社会因素是影响和制约外语教学的重要因素。外语教学中大纲的制定、课程标准的设置都需要以符合社会对于英语人才的需求为依据。社会环境因素对教学具有导向作用，是英语教学向前发展的动力。

（2）学校环境

学校环境主要涉及班级的大小、教学设施、教学信息、教学资料、英语课外活动、校风班风和师生人际关系等。学校是为学生提供学习场所和学习手段的最佳环境，它对英语教学的影响更直接。学校的教学质量、管理水平及各项硬件设施的完善与否，对英语教学的成败起着关键性作用。

①教学设备。教学设备是学校教学的重要组成部分，学校教学设备包括很多方面，教室、图书馆、实验楼、办公楼、宿舍等都属于学校的教学设备。教学设备的完善程度直接影响着英语教学活动的开展。好的教学设施，如教学楼、图书馆等都有助于增强学生的学习意识。一些语音教室和多媒体设备可以为学生的英语口语学习提供必要的技术支持，学生可以通过语音教室等提高自己的口语水平，这些设施也在一定程度上缓解了学生的学习疲劳，有助于激发其英语学习兴趣。总之，这些现代化的教学设备为英语教学提供了很好的环境。

②教学信息。现代化的教学设施不仅可以为学生提供一些学习的工具，还可以拓宽学生的信息渠道。学生的英语知识不仅可以通过教材和课本获得，还可以通过互联网等来获取。英语学习需要实践，只在课本中学习英语是不可能从根本上提高英语水平的，因此，现代的信息网络技术为英语学习者提供了很好的信息来源，使学生能够通过互联网与外界的英语世界进行交流与学习。

3.教师因素

教师作为中小学英语教学的重要参与主体，其在教学中的作用不容忽视，教师作为知识的传授者，是学生知识的主要来源，教师专业素质的高低直接影响着学生的英语学习效率。教师在中小学英语教学中不仅是知识的传授者，还是教学活动的主要组织者和管理者，因此，教师需要具备较强的课堂操控能力，能够调控学生的活动，能够设计出一些有助于激发学生积极性的教学活动，同时又能保证教学活动有秩序地进行，最重要的是使学生在参与教学活动的同时有所获益。

在中小学阶段，教师教授的内容不仅仅是语言知识和语言技能，同时也包括语言知识背后的百科知识。英语课本中含有大量的文、史、哲、自然科学方面的内容。因此，教师的文化素质对中小学英语教学意义重大，只有教师具有较高且全面的文化素质，才能在教学中将文化知识渗透到教学活动中，使学生在语言学习的同时了解各个国家的不同文化，建立起跨文化交流的意识。

在中小学英语教学过程中，学生会遇到很多问题，而有的问题只凭借学生的知识是不能解决的，此时就需要教师帮助学生解决这些问题。教师的心理素质也是影响中小学英语教学的重要因素之一。作为一名合格的中小学英语教师，性格应该既要外向、活泼热情、风趣幽默，同时又要沉着冷静。外向的性格特点有助于教师调节学习气氛，激发学生的学习兴趣。在教学活动中，教师应该沉着谨慎，以严谨的态度对待教学活动。

综上所述，教师在中小学英语教学中的地位至关重要，广大英语教育工作者应该不断学习，不断探索，不断完善自身素质，以使自己跟上中小学英语教学改革的步伐。

4.学生因素

除了教师之外，另一个中小学英语教学的主体就是学生。学生作为教学活动的主要参与者，其学习观念、学习策略及语言学习动机等都对中小学英语教学的效果具有重要影响。

（1）语言学习观念

语言学习观念指的是学生对语言学习的看法和观点。温登从语言学习观念的不同角度出发，将其特点总结为以下几点。

①稳定性。语言学习观念是学习者知识储备体系中的一个重要组成部分。

②可描述性。学习者可以借助于提示或者回忆对自己的语言学习观念进行描述。

③易错性。学生的学习观念都是在各种情况下产生的，并非都是正确的。

④交互性。学习观念对学习中的很多因素都会产生深远影响，学习者学习策略及学习方法的选择等都会受其影响。

学习观念是影响学生学习的最重要的内在因素之一，通过对大量的中小学英语教学实践的研究表明，成功的语言学习者对于自己的学习策略和学习方法的选择、自身的知识水平等都有深刻的认识，因此，能够针对不同的语言学习任务选择合适的语言学习方法和策略，以便于快速高效地完成任务。不成功的学习者则对于任务的完成等抱有一种消极的心态，这样也就不利于其学习策略的选择和任务的完成。

（2）语言学习策略

学习策略是学生采取的技巧、方法或者刻意的行动，其目的是提高学习效果和易于回忆语言的形式及内容。学习策略对学生的学习成功与否具有重要作用，并且对中小学英语教学的效果也具有重要影响。

①认知策略。认知策略是对知识的感知、加工、理解及记忆时使用的方法。人脑对信息的处理遵循一定的认知规律，感知、加工、记忆和提取是信息处理的主要步骤，认知策略是一种提高学生的信息处理效率的方法。认知策略对于英语基础知识以及语言技能的获得都有重要影响。语音、词汇、语法等基础知识的获得首先需要对这些知识进行感知，然后对其进行加工，最后达到提取运用的程度。听、说、读、写等语言技能的形成必须要依赖于认知策略。技能的获得需要

大量且有效的训练，在训练的同时，学生需要记录要点，不断发现自己的错误并改正，这些都离不开认知策略。

②元认知策略。元认知是对认知的认知，是一个人对自己的思维及学习活动的认知和监控。元认知能够帮助学生判断自己在学习过程中对哪些内容是理解的，哪些内容是不明白的。元认知策略还能使学生对自己的认知过程进行计划和评价。例如，制订自己的学习计划，如果在计划的制订过程中能够很好地运用元认知策略，就会从自己的实际情况出发，在制定目标时更加符合自己的现状，也就可以更好地提高学习效率。如果在计划制订的过程中没有很好地运用元认知策略，那么，计划的制订和实施可能会遇到困难。总之，元认知策略对自身思维过程的控制和监督具有重要作用。

③情感策略。情感策略是学生对自己的情绪动机、态度等的调节和控制方法。情绪、动机和态度虽然不会直接影响学生的学习效率，但是这些因素可以改变学生的学习积极性，进而影响学生的学习效率。情感策略可以有效帮助学生合理调整自己的情感，在遇到困难时，能够选择积极的情感给自己鼓励，努力调节自己的不良情绪，改善自己的精神面貌，这样更加有利于改善学习效果。只有在教学中拥有比较积极的情感，学生才能在教学活动中将自己的潜能更好地发挥出来，进而促使中小学英语教学效率的提高。

④社交策略。所谓社交策略，指利用自己的英语知识来调节自己与他人之间的关系，促使交际活动顺利进行。社交策略能促使学生在交际过程中注意文化及习俗等方面的不同，并减少错误的语言知识对顺利交际产生的阻碍。这对中小学英语阶段的学生而言至关重要。掌握社交策略可以有效提高他们在学习中对于西方文化等的接受度。❶

（3）语言学习动机

学习动机是指激发个体进行学习并使其行为朝着较高的学习目标努力的一种内在过程或内部心理状态。学习动机是促进学生英语学习的内在动力。对英语学习具有强烈动机的学生，其学习的目的明确、耐久力强、坚持不懈，学习中遇到困难之后不气馁，成绩较好。由此可知，语言学习动机对中小学英语教学的影响是内在的，只有拥有积极的学习动机，从内心想要学习英语、学好英语，学生才会全身心地投入到英语学习中。

---

❶ 冯红梅.中小学英语教育与教学策略 [M].秦皇岛：燕山大学出版社，2017：35.

二、信息化时代为中小学英语教学带来的机遇

随着教师"教"的变化，学生的"学"也随之发生变化，学生的学习观念和学习行为都发生了变化。学生由被动学习逐渐转变为主动学习，通过师生之间的互动，一方面增加了师生之间的情感，另一方面让学生可以更好地认识到自己的不足之处，从而更有针对性地学习。对学生的评价应更加全面，在传统的教学中，对学生的成绩考核主要停留在考试的分数和作业的完成情况上，这种评价方式存在很大的片面性和教师个人的主观性。在教育信息化的大背景下，除了考试成绩和作业外，更加注重学生的技能和利用所学知识解决实际问题的能力，形成老师、学生个人及小组团队等综合性的全面评价，评价体系更加合理，使学生能够从不同层面更加清晰地认识自己和了解自己。依托教育的信息化，可实现移动学习和泛在学习。[1]教育信息化背景下的学习有几个主要特征：一是以互联网为核心的信息技术作为学习支架支撑学习；二是学习资源让学习活动充分延展；三是即时反馈工具让学习效果得到监控；四是大数据积淀让学习过程进一步优化。这样的学习，本质不在于随时随地学习的表象，而是学习的观念和形态的巨大变化。学生从学习的客体真正转化为主体，带着强烈的主观意愿去学，带着问题学，以自己愿意接受的方式去学，以与自己吻合的学习习惯去学，效果当然不是传统学习所能相提并论的。

中小学生是一个朝气蓬勃的群体，在年龄和心智上都趋于成熟，自我意识增强，具有强烈的求知欲，是接受新鲜事物较快的一个群体。他们在学生期间渴求扩大自己的知识量，同时，也希望获取的知识是最新的，具有时效性和新颖性。在学习过程中，他们不满足于传统的课堂教学模式和教师单一枯燥的知识灌输，尤其是在学生的英语学习过程中，学生更需要快捷地获取大量知识，从听、说、读、写、译几个方面全面地进行学习，需要阅读大量的语言材料，进行科学灵活的语言训练，特别是口语和听力训练。而传统的课堂教学模式无法满足学生的需求。多媒体网络教学最大的优势是信息源丰富，获取方式便利。因此，只有在信息化环境下进行英语教学，才能使英语教学与时俱进，更好地满足学生的英语学习需要，满足社会对人才的需求。

首先，利用网络资源，我们可以丰富和拓宽教材、教参的内容，获取最新的信息，使得英语教学更加贴近生活，更加丰富多彩，更加实用有效。学生在学习

❶ 陶庆明 . 中学教育信息化探索 [M]. 重庆：重庆大学出版社,2019：41.

过程中只需要轻轻点击鼠标，就可以找到适合自己的学习内容，也可以从一个主题内容跳转到另一个主题内容，轻松地实现语言知识的链接。在网络教学过程中，学生还可以自主选择各种测试，同教师互动，及时解决自己学习中出现的问题；同时也可以和学生进行互动，互相交流、互相学习。网络教学环节使学生能够灵活地在不同教材内容、知识点上自由地浏览、学习、复习，极大地满足了当代学生英语自主学习的需求。

其次，信息化学习时代，学习的趣味性、知识性大增，学生学习的主观能动性得以强化，为研究性学习的推广提供了物质基础。研究性学习已倡导多年，但应用和推广一直效果不理想，重要的原因就在于它受制于研究的指导者、研究的场地、研究的资源、研究的财力和物力等，随着互联网技术的发展，这些问题基本都迎刃而解。最后，教育信息化让自主学习成为现实。通过信息化环境，学生对于研究对象可以轻松地进行全面的多角度的观察，可以对相识与陌生的人群做大规模的调研，学生依托网络确立了主体地位，摆脱了学习的被动感。

教育信息化就是为了提高教育教学效果和人才培养质量，在教育领域广泛使用现代信息技术，优化教育教学资源和方式方法，促进教育现代化的历史过程。教育信息化的核心内容就是在教材编写、教学环境构建、教学方式方法、教学管理、教学评估等教育领域积极应用现代信息技术。教育信息化是一个动态的不断发展的过程，其原始动力和直接目的是现代信息技术的教育应用，是在教育系统的各个领域充分利用现代信息技术、开发利用信息资源、促进信息交流和知识共享、促进教育现代化的历史进程。教育信息化的技术特点包括数字化、网络化、智能化和多媒体化等，可以实现具有开放、共享、交互、协作等特征的教育应用。教育信息化的内涵包括：教育教学环境的信息化，教室、实验室、图书馆、阅览室等基础教学设施的网络化，教育资源、课程教材的信息化，教学模式和教学思想的信息化，教学管理和教学评估的信息化，教学相关人员自身的信息化等。教育信息化是教育现代化的必经之路，为各个层次的教育革新和现代化及各门学科教学的创新与变革提供了新语境。当信息化进入教育系统以后，基础教育、职业教育、高等教育、远程教育纷纷开始探索现代信息技术在教学中的应用。就基础教育来说，各门学科也都本着自身的学科特点，充分利用现代信息技术优化教学方式、学习方式、教学环境和教学管理，以提高教学实效。

信息化技术已经渗透到社会的各个方面。教育领域中，一场信息化的颠覆性变革正悄悄地发生着。著名经济学家汤敏曾有这样一个设想：如果哈佛学生和斯坦福学生的课程被大部分印度年轻人掌握了，10年后几千万甚至上亿的印度年轻人都是哈佛或斯坦福毕业的。而中国的青年人才还是传统教育教出来的，怎么跟人家竞争？

在现代信息社会，互联网具有高效、快捷、方便传播的特点，在中小学学生的学习和生活中发挥着不可替代的重要作用，并成为学生们学习的好帮手。这不但有利于提高学生上网学习和交流的能力，帮助孩子们增长知识、开阔视野、启迪智慧，而且还能更有效地刺激孩子们的求知欲和好奇心，更能有效地养成学生独立思考、勇于探索的良好行为习惯，全面教育和培养祖国未来的建设者和接班人。截至2018年底，中国移动互联网用户达到15.7亿户，互联网用户从PC端向移动端迁徙已成定局。在线教育从PC到移动再到智慧互联也是可预见的未来。为此，通过在线教育，不仅能提高教育效能，而且还很可能使教育发生革命性改变。

我们要以教育信息化带动教育现代化，破解制约中国教育发展的难题，是加快从教育大国向教育强国迈进的重大战略抉择。建设基础教育"宽带网络校校通、优质资源班班通、网络学习空间人人通"，建设教育资源公共服务平台和教育管理公共服务平台，促进高等教育，发展职业教育，强化基础教育，促进教育信息化和教育公平。

（一）新的学习观念及方式的出现

教师不再是教学活动的主体，学生在教师的引导下，慢慢成为主体。在教师的引导和启发下，学生不再是被动的接受者，而是主动的学习者。教育信息化这一大背景使得学生可以通过教学信息平台获得教师提供的大量的学习资料，如慕课、微课、网络自主学习平台。学生在课前通过对这些资料的自学，在课堂上，教师对知识点进行梳理，检查学生的学习的程度，帮助学生对知识点进行内化，布置课后练习。这样，学生通过自主学习和教师进行互动，提高了学习的积极性和兴趣，大大提高了英语学习的质量和效率。

信息技术与学生英语教学的融合，为学生提供了更加丰富的教学素材及便捷的学习方式，学生能够进行自主、合作及个性化的英语学习。信息化时代的到来，让课堂单向性的知识传递方式转变为学生的自主学习方式，学生在英语学习过程中具有了更大的自主选择性。通过信息技术，学生能够随时、随地地自主选择教学方式。❶同时，在教育信息化影响下，师生之间的教学互动性也有了明显

---

❶ 高成杰．浅谈信息技术与中小学英语教学深度融合的成效 [J]．名师在线，2019(27):12-13.

增强，互联网教学平台为师生之间的及时互动提供了可能，教师能够随时掌握学生的学习进度，学生也可以随时随地向教师提出疑问，这种即时、高效、自主的学习方式对学生英语教学质量的提高有着积极的影响。

信息技术变革了学生的学习方式。传统课堂教学中，学生端坐在教室里，课桌上摆放着学生的英语教材，教师手拿教本认真讲解，学生认真听讲，偶尔做做笔记，听课成为学生学习的主要方式。❶信息技术在中小学英语教学中的应用大大拓展了课堂，丰富了教学资源的表现形式，变革了课堂的教学方式，学生学习的主体性和主动性得以发挥，学习方式从单一走向多样，被动学习逐渐变为主动学习，学生可望真正成为学习的主人。

实现网络环境下学生公共英语的自主学习，对学生也提出了更高的要求。很多学生已经习惯了课堂上被动学习的方式，习惯了教师在课堂上讲解知识点，尤其是词汇、句型和语法，口语和听力训练得很少。因此，实施了教改之后，不但部分教师不适应，而且很多学生也不适应这种新的教学模式，自主能力较差，不知道在信息化环境中如何进行自主学习。在教育信息化环境下的英语学习过程中，他们需要及时调整学习模式，摆脱对教师的依赖，从观念上成长起来，学会自主学习，自己为自己的学习负责，自己检测自己的学习。自主学习、主动学习、合作学习、个性化学习是信息化时代中小学生英语学习的主要方式。信息化时代互联网的普及增强了知识的开放性，课堂和教师不再是学生获取知识的唯一源泉，学生能够通过互联网更加方便快捷地获取多样化的学习资源。课堂不再是知识传递的场所，而是教师引导学生掌握学习策略、答疑解惑的场所。课堂教学与现代技术的结合拓宽了学生自主学习的路径，丰富了学生自主学习的资源，促进学生由"被动学习"向"主动学习"转变。学生在资源选择方面具有更大的自主性，针对一项语言技能，他可以选择本校教师的微课讲解，也可以在慕课平台选择名校名师的授课。学习时间、学习地点、学习进度更具有灵活性，只要具备智能设备和无线网络，学生可以在任何时间、任何地点学习，同时可以多次学习，打破了传统课堂教师只讲一遍的弊端。现代信息技术在英语课堂的应用也增强了学习的互动性。网上交互学习平台使师生互动、人机互动、生生互动成为可能。学习平台能全程记录和监测学生的学习过程，教师也可以随时查看学生的学习记录并及时提供反馈信息。师生之间、学生之间可以随时随地参与讨论交流，

---

❶ 高成杰 . 浅谈信息技术与中小学英语教学深度融合的成效 [J]. 名师在线 ,2019(27):12-13.

突出了英语学习的易操作性、可移动性、可监控性的特点。泛在性、自主性、随时性是信息化时代的中小学生英语学习方式的主要特征，颠覆了传统的"机械"和"被动"的学习方式。

（二）新的学习方式的出现

信息化时代，知识的开放性，为培养学生自主学习、主动学习、合作学习、个性化学习能力创造了有利条件，教师和教材不再是学生获取知识、锻炼能力的唯一渠道，互联网为学生提供了更丰富、更优质的学习资源，教学活动的开展也不再局限于课堂。教师通过将课堂与现代技术有效结合，可以进一步拓宽学生学习的途径，为学生的自主学习搭建更宽泛的平台，提供更多资源，从而促使学生转变过去被动接受知识的学习模式。此外，学生不仅可以自主选择学习内容，还可以自主灵活地把握学习的时间和地点，摆脱过去教学活动受到教室资源和师资力量不足等因素的影响。通过互联网，教学过程中的互动沟通更及时有效，对教学效果的反馈也更及时，凸显了英语学习的操作性和可移动性等优势，有利于教师进一步完善教学方式方法和教学内容，改变了传统教学模式存在的弊端，最终提高教学活动质量。

1.移动学习

据调查显示，80%~90% 的学生网民使用手机上网。随着具有操作系统的智能手机的出现，移动互联网与即时通信工具的便利使学生开始将学习英语的主阵地转移到手机上。学习英语时使用手机辅助，下载网络开放课程，安装英语学习的辅助软件（如金山词霸和微信软件等）随时随地学习。这种学习方法能高效地利用零散时间，提高学习效率。与面授课程和基于电脑的网络课程相比，手机学习课程更"微小"，更"即时"，更注重情景化学习，让用户学起来更方便、更轻松。但从另一方面来说，利用手机学习会使学生放弃传统的背诵等学习英语的方法，倾向于即时查询而非主动记忆，其最大的好处就是可以随时随地学习。

2.协作学习

协作学习是通过团队或小组，组织学生进行学习的一种学习方式或学习策略。协作小组中的个体可以将其在学习过程中获得的信息、学习资源、自己的想法和学习成果与同一个小组中的其他成员分享，或者与其他组的甚至全班同学共享。小组中的个体采用竞争、讨论、协作等方式共同完成小组学习目标。每个学习者的生活和学习经历是不同的，知识结构也不完全相同，具有一定的互补效果。这样，通过协作学习，每个人都可以从别人那里获得自己所没有的知识、方法和经验，进而提高自己。此外，学生的协作活动有利于增强学生之间的交流和沟通能力，提高对同学间差异性的包容能力，以及锻炼学生的思维能力，形成学生的创新性思维与批判性思维。网络协作学习是指利用多媒体技术和计算机网络，对于同一个学习目标和学习内容，通过多个学习者的彼此交互和协作来完成，学习活动和协作活动主要通过网络来进行。协作小组中的每一个成员既是小组中的一部分，也是积极参与的独立个体。

3. 情景学习

在信息技术高速发展的今天，情境学习不再是一场空谈，信息设备已让其成为现实。现在，几乎每个学生都拥有一部功能强大的手机。在覆盖有 4G、Wi-Fi 等无线网络的学生校园里，手机还可以随时随地上网，并且在手机上运用的学习软件越来越多，基于手机的学习软件都具有生动、活泼的特点，并能进行多媒体互动学习。再加上手机的便携性，这都使得手机成为学生主要的学习工具之一。因此，与其他形式的学习比较，手机学习具有便捷性、个性化、交互丰富性、情境相关性等特点，也是一种有效的学习方式。基于手机的情境学习就是学习者把手机当作学习工具来根据具体的情境随时随地进行学习的学习方式，它是学习者在真实的情境中进行的学习，把学与用结合起来，在实际应用中学习知识。

第二章　教育信息化与教育均衡发展

教育公平与教育均衡发展一直是全国人民共同的愿望。本章从教育均衡的基本内涵和促进作用出发，阐明了教育信息化是促进教育公平、教育均衡发展的根本途径，分析并借鉴了国内外的先进经验，在此基础上阐释了教育信息化实施过程中的具体策略。

第一节　教育均衡发展概述

一、教育均衡发展战略的提出

"均衡"的理念在我国源远流长。两千多年前，孔子在他的《治国策》中就提出了"均无贫，和无寡，安无倾"的均衡理念；孟子提出的"无君子莫治野人，无野人莫养君子"，其实也道出了社会政治生态中的均衡关系。享受均衡教育是中国人的梦想。

在普及九年义务教育之后，如何提升义务教育发展水平和质量，如何提高基础教育服务社会民生的能力，是我国进入新世纪后义务教育改革发展的一大命题，也是关系到国家未来的战略性选择。首先，我国改革开放取得了巨大成就，但在取得巨大成就的同时，也使贫富差距越来越明显。不仅如此，义务教育的发展也很不平衡，在区域之间、城乡之间和校际均存在较大差距。而社会大众对公平包括教育公平抱有极大期待，这种期待与现实的差距产生的矛盾越来越明显。其次，从世界义务教育发展的基本经验来看，追求普及之上的均衡是义务教育发展的基本路径。因此，我国在普及九年义务教育之后，办好每一所学校，让每一个孩子都上好学，让每一个家庭都能享受教育的福祉，就成了中国义务教育发展的必然选择。

鉴于以上原因，2005年，教育部颁布了《关于进一步推进义务教育均衡发展的若干意见》，第一次将"均衡"作为义务教育发展的指导思想和发展方向，指出："由于我国仍处于社会主义初级阶段，各地经济社会发展不平衡，城乡二元结构矛盾突出，尽管近年来各地义务教育都有了新的发展，但城乡之间、地区之间、学校之间的差距依然存在，在一些地方和有些方面还有扩大的趋势，成为义务教育发展中需要高度关注的问题。"

由于义务教育均衡发展的需要，2006年，全国人大对《中华人民共和国义务教育法》进行了修订，第一次把促进义务教育均衡发展上升为各级政府的法定义务，提出："国务院和县级以上地方人民政府应当合理配置教育资源，促进义务教育均衡发展。"

2010年制定的《国家中长期教育改革和发展规划纲要（2010~2020年）》（以下简称《纲要》）中把推动义务教育均衡发展列为教育发展的重要内容，提出到2020年基本实现区域内义务教育均衡发展，缩小教育发展校际、城乡和区域差距的具体思路和办法。

《纲要》在"总体战略"部分指出，要"把促进公平作为国家基本教育政策。教育公平是社会公平的重要基础。教育公平的关键是机会公平，基本要求是保障公民依法享有受教育的权利，重点是促进义务教育均衡发展和扶持困难群体，根本措施是合理配置教育资源，向农村地区、边远贫困地区和民族地区倾斜，加快缩小教育差距。教育公平的主要责任在政府，全社会要共同促进教育公平"。

《纲要》在"战略目标和战略主题"部分指出："形成惠及全民的公平教育。坚持教育的公益性和普惠性，保障公民依法享有接受良好教育的机会。建成覆盖城乡的基本公共教育服务体系，逐步实现基本公共教育服务均等化，缩小区域差距。努力办好每一所学校，教好每一个学生，不让一个学生因家庭经济困难而失学。切实解决进城务工人员子女平等接受义务教育问题。保障残疾人受教育权利。"

《纲要》在"发展任务"部分指出："巩固提高九年义务教育水平。义务教育是国家依法统一实施、所有适龄儿童少年必须接受的教育，具有强制性、免费性和普及性，是教育工作的重中之重。注重品行培养，激发学习兴趣，培育健康体魄，养成良好习惯。到2020年，全面提高普及水平，全面提高教育质量，基本实现区域内均衡发展，确保适龄儿童少年接受良好义务教育。"为了加强和保障义务教育均衡发展，2012年国务院颁布了《关于深入推进义务教育均衡发展的意见》，进一步明确了推进义务教育均衡发展的基本目标是："每一所学校符合国家办学标准，办学经费得到保障。教育资源满足学校教育教学需要，开齐国家规定课程。教师配置更加合理，提高教师整体素质。学校班额符合国家规定标准，消除'大班额'现象。"率先在县城内实现义务教育基本均衡发展，县域内学校之间差距明显缩小。到2015年，全国义务教育巩固率达到93%，实现基本均衡的县（市、区）比例达到65%；到2020年，全国义务教育巩固率达到95%，实现基本均衡的县（市、区）比例达到95%。

《纲要》和国务院《关于深入推进义务教育均衡发展的意见》的出台，使我国义务教育均衡发展从部门决策上升为国家意志，成为我国进入新世纪后教育发展的战略方针。此后，推动义务教育均衡发展成为各级政府和教育主管部门的共识。

我国现在的义务教育短板是农村义务教育，为此国家采取了多种措施扶持农村的义务教育，并对教育中的弱势群体制定了专门的倾斜性政策。在全部免除农村义务教育阶段学生学杂费、对中西部家庭经济困难学生免费提供教科书并补助寄宿生生活费和实施农村义务教育经费保障新机制的基础上，为保证义务教育均衡发展，党和政府不断加大对中西部贫困地区农村义务教育投入，先后实施了"国家贫困地区义务教育工程""国家西部地区'两基'攻坚计划""农村中小学危房改造工程""对口支援工程""农村中小学现代远程教育工程"等一系列重大举措，极大地改善了贫困地区义务教育办学条件。2011年10月起，我国还实施了农村义务教育学生营养改善计划。近年来的政策内容越发彰显出教育平等的政策导向，弱势补偿的价值取向也就成为我们今天的必然选择。

二、教育均衡发展的内涵

地区经济、文化、社会发展水平的不一致，加之教育资源在各地区、各学校分配的不均，在很大程度上会导致"教育非均衡发展"现象的产生，这是世界上很多国家都曾经历过或正在经历的教育难题。在这里，有几个至关重要的问题值得人们深思：（1）均衡发展的真正内涵是什么？均衡发展是"以一张图纸建所有学校"吗？均衡意味着没有或不要竞争吗？均衡发展和保持学校特色能共存吗？在教育均衡发展的前提下，学校发展的动力又何在？（2）如何优化教育资源的分配，在最大程度上促进一个学校、一个地区、一个国家的教育均衡发展？前一个问题关乎"教育均衡发展"的目标，后一个问题关乎教育均衡发展的途径，即达到目标所需的途径、方法或手段。

关于教育均衡发展的内涵问题，有越来越多的学者指出，教育均衡发展不应是简单的教育结果的平均化，更多的应是指机会的均等，即各级教育主管部门为不同地区的学校提供大致相等的校舍，提供大致相等的机会（如教师培训等），提供与当地物价水平相适应的工资待遇，并尽可能消除在教育管理、教育理念等方面的差距。❶具体而言，教育均衡发展主要表现为三个层面：第一，物质层面上：追求优质资源的相对均衡配置，为学习者提供相对平等的受教育条件；第二，制度层面上：采取各种激励政策以保障学习者平等权利的实现；第三，意识层面上：关注每个儿童潜能的发挥，并为之提供最适宜的环境及条件。国际上教育发达国家的经验表明，教育均衡发展是有规律、有层次的。一般而言，教育均衡发展会由低水平均衡向高水平均衡发展，由基础教育开始，再向更高层次教育扩张。这是教育发展的一般规律。

此外，教育均衡发展不应该是一个静态的均衡，而应是一种动态的过程。它应该是一种"不均衡—均衡—不均衡"的循环往复和循序渐进，最终达到相对的高位均衡。学者翟博将教育均衡发展分为四个阶段：低水平均衡阶段，初级均衡阶段，高级均衡阶段，高水平均衡阶段。不同的阶段有不同的表现特点（见表2-1）。同时，教育均衡不应该搞平均主义，不是"杀富济贫"或"削高就低"，不是限制优质资源，也不是不要学校特色，而是尽可能缩小区域间、区域内学校间的差距，把相对弱势的地区和学校扶上去，从而使基础教育在较高层次上实现整体均衡发展。这样的均衡需要在办学条件、师资配备、生源等方面有基本的均衡分配。

表2-1　教育均衡发展的四个阶段

低水平均衡阶段	以追求教育机会的均等为目的。让每一个适龄儿童都能享有教育的权利和均等的受教育机会。
初级均衡阶段	以追求教育资源合理配置为目的，确保教育资源在区域间、城乡间、学校间、群体间的优化配置，以确保教育群体和个体的权利平均、机会均等，具体体现为公民就学平等和受教育条件的均等。
高级均衡阶段	以追求学校教育发展均衡为目的，即以人的培养和发展为目标，充分尊重学生的差异和个性，让每个学生充分发挥自己的特长和学习潜能。
高水平均衡阶段	社会高速发展，人民生活水平大大提高，教育资源丰富，教育资源在社会和学校得到合理优化的配置，每个学生都能接受相对均等的教育，并能最大限度地发挥自己的特长和学习潜能。

---

❶ 杜复平，张谦.区域内义务教育均衡发展问题与对策[M].郑州：大象出版社，2015：9.

从教育均衡发展的一般规律来看，县域基础教育的均衡发展是教育均衡发展的基础，因为由于地理、历史、经济等原因，我国东西部、各省份之间经济与社会发展不均衡现象十分显著，短期内无法实现均衡发展。而县域内经济发展相对均衡，实现教育均衡发展相对容易。县级政府对基础教育的均衡发展有很大的调节作用。

第二节　教育信息化在中小学教育均衡发展中的作用

一、教育信息化在中小学教育均衡发展中的促进作用

（一）教育信息化为教师自身发展提供大舞台

网络向人们提供了丰富的信息资源，当然也包括各种教育资源。教育信息化时代，教师可以通过网络阅读教育教学论文、教学设计，观看教学课件、教学视频，参加相关的教师远程培训等。教师可以通过网络边阅读观看，边分析思考其教育教学的优缺点、应有哪些补充或删减、自己的课应该怎么去上。这样几年下来，教师的教育观念和业务水平都有了很大的提高。例如，某学校一名教师通过网站看到某一微课大赛的通知，出于对微课的好奇，上网查阅了关于微课的概念，观看微课案例，跟着微课制作教程视频下载安装了录屏软件，试着用录屏软件+PPT的方法做了第一个微课。再通过网络观看往年微课教学的活动视频，使教师对微课有了进一步的认识和理解，根据翻转课堂的理念，本着以学生为主体的原则，用录屏软件重新制作另一个微课。信息时代的地球变得"越来越小"，信息得以实时传播，知识传递打破时空限制。信息化使地球变"小"的同时，为教师提供的学习和发展的"舞台"扩大了。网络使中小学教师更新了教学理念，学到了教学技能，提升了教学能力。经过网络学习、教师培训和教育实践，教师的教育观念和业务水平会有明显的提升。

（二）教育信息化是中小学学生自主学习的诱发剂

教育信息化以其突破时空的限制、化无声为有声、化无形为有形、化静为动、实现声像同步、视听结合的独特优势，越来越多地融入课堂教学当中。我们适时适度地将教育信息技术运用于课堂，可以使教学活动中遇到的问题得到全面、深入的解决。有条件的学生还可以利用教育信息化的环境，通过检索信息，

收集信息，处理信息，创造信息，实现发现学习问题，解决学习问题，实现知识的探索和发现，这对培养学生自主学习能力，培养创新人才具有重要的意义。❶例如，教师可以通过借助从网上下载的课件和习题为学生上课，在重难点处做勾画或批注，提升学生学习的主观能动性。

（三）教育信息化架起互通的桥梁

教育信息化提供了以网络为媒介的交流平台，如 QQ、微信、校讯通等。教师可以通过登录 QQ 与群里的教师进行在线交流或查看群文件，与同行交流互学。同时，教师可以通过"校讯通"的短信平台与其他教师及学生家长进行短信交流。除此之外，教师可以将学生的在校情况、学校动态、临时通知等发送给家长，使家长能在第一时间掌握孩子的在校动态；家长也可以通过该系统上学生在家中的状况、自己在家庭教育中的困惑及对学校和教师提出意见和建议。这样，就为实时发现问题、及时解决问题、最短时间收到成效起到了保驾护航的作用，使孩子少走弯路，多体验关怀与成功，更健康茁壮地成长。

二、教育信息化在教育均衡发展中的反作用及成因

在这个信息化时代，教师的教学技术和手段有待提升。首先，技术上的瓶颈影响教学效果。如在课件制作上只会制作 PPT 课件，而 PDF 课件、ht 课件、CAI 课件等都不会做，更不用说 Flash 课件和网页课件了。很多时候对课堂设想得很好，却因技术上的缺陷而不能付诸实践，课堂达不到理想效果。另外，教育理念跟不上时代步伐。胡铁生老师于 2010 年率先提出"微课"的概念，2012 年，教育部教育管理信息中心主办了全国微课大赛，很多省市也先后举办了微课大赛，然而仍然有很大一部分教师才刚刚开始接触微课概念，后来又渐渐了解微课和翻转课堂的概念，认识到翻转课堂是对传统课堂颠覆性的转变，它变传统课堂的课上学习知识，课外内化知识为课外利用学习任务单和微课视频等资源自主学习新知，课上内化知识。从这种层面上看，教育信息化拉大了教育发展水平的差距，分析原因主要有以下几方面。

（一）区域间教育信息化发展水平的差异

教育信息化的发展水平与经济发展水平是息息相关的。一般来说，经济发达地区教育信息化程度高于经济落后地区，城市高于农村。而对于发达地区则存在一

---

❶ 殷旭彪.当代教育信息化理论与实践研究 [M].北京：中国书籍出版社，2018：76.

定程度的"信息孤岛"现象，其优秀的信息资源不能和信息水平欠佳的地区实现资源共享。"岛"内对资源交流共享，不断进步，"岛"外资源匮乏，只能原地踏步。"岛"内外之间"信息鸿沟"的形成就源于区域间教育信息化发展的不均衡。❶

（二）教育信息化优先发展程度不同

同一地区由于资金限制、学校等级等因素，政策倾向也会有所差异，重点学校的师资水平和教学设备都优于普通学校。例如，某一乡镇于 2003 年就有两所小学有了多媒体教室，而有的学校于 2010 年才有第一间多媒体教室；乡教办为全镇每位教师配备了电脑，为各班安装多媒体设备，但只有一所学校实现了网络的全面接入。

（三）教师培训与教学设施配备情况脱节

适时的教师培训有利于教师教育理念和教学技能的提高，若是教师培训尤其是技能培训脱离实际就达不到理想的效果，枉费人力和财力。教师虽然多次参加教育信息理论和技术的培训，在理念上改变很大，可技术上的进步却微乎其微，其中很大一个原因就是教学设施设备有待完善。在教师培训课上，教师们先后学了制作 PPT 课件、制作 Flash 动画、图像和声音处理、网页制作等，在培训课上边学边做，学得还好，但巧妇难为无米之炊，由于多数学校基础设施建设、环境建设、信息化资源建设不到位，这些技术在课堂上根本派不上用场。信息化设施齐备了，学到的多媒体技术由于长期没有经过实践操作，早就被忘掉了，想学却又没有条件。

（四）教师自身信息技能和观念意识的差别

在教育信息化中，人的信息化是根本。人的信息化水平包括技能和观念意识两方面，这两方面存在着既独立又统一的关系。教师应用信息技术的水平是由教师岗前接受教育程度、在岗技能培训、执教学校信息化建设情况、教育实践和教师本身信息化意识等多方面形成的。教育环境可以改善，设施可以建设，资源可配备，技术可以学会，但人故步自封、不思进取才是最可怕的。换句话说就是，技术的落后是暂时的，思想上的禁锢使差距越拉越大。

---

❶ 翟博.基础教育均衡发展理论与实践[M].北京：教育科学出版社，2013：42.

三、方法措施

（一）扩大数字资源覆盖率和宽带网络的覆盖率

我国数字资源覆盖率和宽带网络的覆盖率取得了突破性进步：截至 2019 年 6 月底，全国中小学互联网接入率达 97.9%（含教学点接入率达 94.8%），配备多媒体教学设备普通教室 348 万间，93.6% 的学校已拥有多媒体教室，其中 74.2% 的学校实现多媒体教学设备全覆盖；学校统一配备的教师终端、学生终端数量分别为 995 万台和 1469 万台，同比上季度分别增长 1.0% 和 2.1%，开通网络学习空间的学生、教师分别占全体学生和教师数量的 48.5%、66.7%。因此，发展重点应放在教育信息化落后地区。加大对落后地区的资金投入，支持边远贫困地区和农村地区学校的信息化和公共服务体系建设，努力缩小地区之间、城乡之间和校际的数字化差距，为教育均衡发展提供物质保障和信息资源。

（二）树立全局观念，建立完善的网络教育培训和学习平台

教育均衡是个相对的概念，不可能有绝对的均衡，教育信息化水平也不可能完全处于同一水平线上。以前中小学教师信息技能培训都是教师们分批分班到教师进修学校学习，县级培训上面还有市级、省级、国家级培训，这样由上到下层层学习既浪费时间和财力，又会导致培训与教师所运用教育信息化环境设备的脱节，达不到预期效果。如何改变这一现象呢？其实对操作性技术而言，运用视频教学是非常不错的选择。视频教程直观形象，可随时暂停和反复观看，弥补了传统培训内容易忘、与实际脱节的不足，一段视频上传到网上可供所有想学习的网络用户观看交流，比传统培训节省人力财力。网上已经有很多视频教程，但多数视频排放杂乱无章，质量良莠不齐，教育网站也很多，很多权限需要注册登录才能获得，注册的多了，时间一长，账号和密码容易记混或忘记，要解决这些问题就要树立全局观念，整合和集成教育管理信息系统，建设覆盖全国的教育技术支持服务体系和管理信息体系。国家、省、市、县级教育网站互通互融，根据不同群体的学习需求建设个性化的学习环境，每位教师、学生、家长只需一个账号和密码从任意一级教育网站均可登录，并且能浏览其他级别和地区的网络教育资源。那些信息化水平落后的学校，一旦条件具备就能以最短的时间上网学习，以最快的速度掌握信息化教学技能技巧，高效快速地缩小与发达地区的差距。

（三）优化教师奖惩与评价机制

在教育教学中，教师的素质水平是关键。教师素质参差不齐必然导致教育发展的不均衡。提高教师的业务水平除了完善教学设施设备，提供教学资源等外在条件，更要从奖励和评价机制入手，将教师信息化掌握和运用情况与年终考核、评优评先等挂钩，对那些在教育教学中提出新理论、开发新技术的教师及在教育信息化技能大赛中获奖的教师和学生，根据贡献大小和获奖级别给予相应的奖励，以此来推动教师转变观念去主动学习新方法、新技术，激发学生运用网络自主学习、创新学习的兴趣。建立奖励机制的同时还要建立相应的惩罚机制，对于在各类比赛中投机取巧、抄袭他人作品的要严惩不贷，让那些自己不努力、想窃取他人成果并从中获利的人抄不起，不敢抄，只有这样才能建立良好的教育教学环境，在教育教学中形成积极主动、勇于创新的氛围。

随着信息化的不断发展，信息技术已渗透到经济发展和社会生活的各个方面，人们的生产生活方式正在发生深刻的变化，为社会培养创新人才的教育领域更需要引入信息技术。教育信息化对于教育均衡发展的带动和促进作用是不可小觑的，但是如果教育信息化运用不当又可导致教育发展的更加不均衡。这就需要国家、社会与教育部门联动，从信息化基础设施建设、环境建设、资源建设、人才培养机制等方面统筹规划，真正实现教育落后地区与先进地区的资源共享，缩小"数字鸿沟"，使教育趋于动态平衡。

第三节　教育信息化促进中小学教育均衡发展的国内外经验

一、教育信息化促进中小学教育均衡发展的国外经验

（一）美国的教育信息技术发展计划

1.教育信息技术发展计划

早在20世纪90年代网络刚刚兴起之时，美国政府就敏锐地意识到教育改革中信息化建设的重要性及教育信息化对促进全美教育均衡发展的重要战略意义。当时的美国总统克林顿提出了雄心勃勃的教育信息技术发展计划："要在进入21世纪以前把每一间教室和每一个图书馆（包括所有中小学的教室和农村的图书馆）都连到 Internet 上，确保每一个儿童能够用上现代多媒体计算机，给所有教师以

培训，要求他们能像使用黑板那样自如地使用计算机，并增加高质量教育内容的享用。"❶

之后，克林顿发表国情咨文，要"让每一个人，8岁能阅读，12岁能上网，18岁青年都能受到高等教育，让每一位成年美国人都能进行终身学习"。❷同年，美国教育部发表了美国历史上第一份有关信息技术教育的正式报告——《让美国学生为21世纪做好准备：面向技术素养的挑战》，该报告提出信息技术教育的国家目标是：全国所有的教师都要接受训练，教师帮助学生学会运用计算机和信息高速公路方面上的需要都应得到支持；所有的教师和学生都能够在课堂中运用现代多媒体计算机；每一间教室都要被连上信息高速公路；将有效的软件和在线学习资源作为每一门学校课程的内在组成部分。

美国总统科技顾问委员会提出了一份有关改进美国中小学教育建议的专门报告，其中主要的建议包括：以计算机辅助学习为中心，而不是以学习计算机为中心；将信息技术贯穿于K-12课程，以提高各学科教育质量为目的；强调教学内容与教法的改革，鼓励采用以学生为中心的教学方法，重视学生高级推理与问题解决能力的培养；重视师资培养，使教师们懂得如何在教学中有效地使用技术，建议将教育技术投资中的30%用于师资培训；保障实际投资，至少将全国每年教育开支中的5%（约130亿美元）用于教育技术；保证平等使用技术，全美国学生不分地区、种族、年龄和社会经济状况，人人享有使用信息技术的权利；积极开展实验研究，建议将中小学教育经费的0.5%（约15亿美元）用于进行旨在提高K-12教育效率与费用效益的研究。

美国"国际教育技术协会"发表报告《电子化学习：将世界级的教育置于儿童的指尖》，提出了美国五个新的"国家教育技术目标"：所有的学生和教师都能够在课堂、学校、社会和家庭接触信息技术；所有的教师都能有效地运用技术帮助学生达到学业高标准；所有的学生都必须具备技术和信息素养方面的技能；研究和评估促进下一代的技术在教学和学习中的应用；以数字化内容和网络的应用来改造教学和学习。

美国进步中心（Center for American Progress）的研究表明，缺少使用互联网的机会将削弱这些孩子未来的工作能力。有机会接触网络并具备一定的网络使用

❶ 杜复平，张谦.区域内义务教育均衡发展问题与对策[M].郑州：大象出版社，2015：37.
❷ 杜复平，张谦.区域内义务教育均衡发展问题与对策[M].郑州：大象出版社，2015：37.

能力将有助于人们学习、日常生活和寻找工作。目前,几乎所有的美国公立中小学都接通了互联网。90% 的 5~11 岁的美国儿童会使用电脑,网络新增用户中绝大多数是 2~5 岁的儿童。美国中小学生使用网络的首要目的是完成学校布置的任务,其次是接收 E-mail,再次是聊天和玩游戏。

2.教师信息技术培训计划

在美国教育信息化进程中,各级教育部门一直非常重视教师信息技术培训工作。根据对上千名美国教师、学生、教育行政人员的调查显示,几乎所有年龄段的学生都比他们的教师在使用电脑方面更占优势。该报告同时指出,学生希望教师利用更多的信息技术进行教学,并且希望用电脑笔记本取代课本。多数学生认为信息技术在现代生活中的地位举足轻重,但学校中的技术应用明显不足。美国许多学者认为,计算机之所以没有发挥应有的优势是因为教师的信息意识不强,对信息技术的理解和掌握不够。鉴于此,美国未来与教育委员会要求各级学校要加强对教师的专业培训,尤其是中小学教师的信息技术培训。美国的一些大公司和社会团体也都会积极支持教师接受信息技术培训。如苹果公司,多年来一直致力于为中小学教师量身定做信息技术应用方面的培训教材和培训方案,公司推出的"明天的苹果教室"(The Apple Classroom of Tomorrow,简称 ACOT)项目是美国第一个把技术最广泛地应用到教学各方面的项目,该项目的研究表明,普通教师在使用技术时一般要经历五个阶段:入门、应用、适应、为我所用和创新。这说明,教师利用信息技术是一个漫长的过程,教师培训也应是一个循序渐进的过程。

为了鼓励、组织和支持教师使用新技术对学生进行革新教育,美国教育协会等全美教育组织机构建立了 21 世纪教师服务网络,该网络服务预计培训 10 万名美国教师,并为参加培训的教师提供交流经验的场所。全美家长和教师协会、教师联合会和美国学区委员会联合努力保证美国的教师能够像使用粉笔、黑板那样轻松自如地使用电脑。苹果公司为此设立了专门的培训网站——"21 世纪教师工作室",该网站将帮助 50 万名以上的教员学会如何利用电脑、软件和网络资源进行教学。此外,美国加州推出活动式电脑教学,在各地开展巡回演示教学工作,用于培训社区学院的教学人员和中学教师,使他们能更好地开展计算机教学。

(二)新加坡的教育信息化规划与重要举措

1.教育信息化规划

在教育领域,新加坡是世界上少数几个最早拥有教育信息化总体规划的国家之一。新加坡先后制定了两期教育信息化规划：

第一期教育信息化的总体规划（Masterplan I，1997~2002 年）和第二期规划（Master II，2003~2007 年）。第一期教育信息化规划的目标是通过信息技术在教学中的使用提高学生的思考能力、学习能力和交流能力。一期规划的主要内容包括加强信息化基础设施建设、为学生提供丰富的学习资源、在课程教学中运用信息技术并改革评价方法、对教师进行信息技术培训等。一期规划提出的目标有：到 2002 年使所有学校的学生与计算机之比达到 2：1，每两名教师拥有一台笔记本电脑，在学校的各个学习区配置电脑和数字化媒体资源；所有学校实现高速上网，为所有教师和小学四年级以上的学生提供电子邮件账号；学校 30% 的课程时间使用信息技术。整个规划共分三个阶段，1997 年首先在 22 所示范学校试行，1998 年增加 86 所试点学校，到 1999 年推广至所有学校。

新加坡教育信息化二期规划内容主要包括课程与评价中信息技术的应用、教师专业发展、学校能力培养、研发（R&D）规划、基础设施与技术支持等方面。二期规划预期的主要成果包括六方面：学生有效利用信息技术进行主动学习；应用信息技术加强课程、教学指导和评价之间的联系；教师有效利用信息技术促进职业发展和个人成长；学校有能力通过运用信息技术提升自身水平；积极开展信息技术应用于教育的研究；信息化基础设施保证信息技术的普遍和有效使用。

新加坡教育信息化的二期规划有以下特点：首先，二期规划采取整体化、系统化的解决方案，尤其在课程设计阶段即渗透信息技术的应用，使新课程的设计为信息技术的应用预留空间。其次，要在教师中推进电子化学习文化，认可教师在教学中应用信息技术的努力和创新，并有相应的激励机制。再次，要提高学校领导层的能力，给予学校更大的自主权，鼓励学校与企业界合作。最后，重视信息技术应用于教育的研究和开发工作，同时保证硬件设施的供应与更新，并为学校提供技术支持。在规划实施过程中，新加坡先选取一些学校作为试点，以点带面逐步推进的做法也是较为成功的经验。

2. 教育电子簿

在 20 世纪末，新加坡教育部开始推行"教育电子簿"试验计划。"教育电子簿"，又称"电子课业簿""电子书包"，是一台应用于课堂教学的多媒体、便携式电子阅览器，重量不足 800 克，外形和插卡式手持游戏机相似，上面有三个电子插卡槽，学生可以同时插入课本卡、作业卡及字典卡，可以通过彩色屏幕看课本并完成作业，同时它还可以发送、接收电子邮件并浏览因特网。"教育电子簿"

使课本从平面走向立体化，能够以动画的方式把复杂的学习要点呈现出来。教师可利用它来点名或向学生提供作业反馈，学生可以用它随时随地进行学习，在一定程度上提高了教学效率，改善了教学效果。

二、教育信息化促进中小学教育均衡发展的国内经验

（一）江苏省"送优质资源下乡工程"

1.工程背景介绍

为了解决农村中小学校优质教育资源不足的问题，也为了加快实现城乡教育均衡发展的目标，在经过多方考虑和准备后，江苏省教育厅于2007年组织实施了以制作、配送城市中小学优秀教师课堂教学光盘为主要内容的"送优质教学资源下乡工程"。之所以启动这一工程，主要是看到了供求两方面的可能：一方面，江苏省内有一支非常优秀的骨干教师队伍，他们拥有十分丰富且优质的基础教育资源。在国家基础教育课改实施后，全省先后开发了27种国际标准教材，每一种教材背后都是一支实力雄厚的专家和骨干教师队伍。另一方面，江苏省内基础教育优质资源在区域之间和城乡之间分布不均衡，主要集中在个别区域和个别城市，这在一定程度上阻碍了教育的均衡发展。

2.工程主要内容

"送优质教学资源下乡工程"的主要目标是：选拔组织覆盖义务教育阶段的24门学科（其中小学10门学科，不含综合实践活动；初中14门学科，不含社会、艺术、综合实践活动）的优秀教师，制作面向农村中小学生的课堂教学光盘（以英语、音乐、美术及小学语文汉语拼音等师资相对比较薄弱的课程内容为重点），总课时为2000课时（约占24门学科总课时数的1/4），配送到农村中小学。其中，为苏北、苏中经济薄弱县的农村中小学每校配送1~3套；按播放课堂教学光盘要求，为苏北、苏中教学设施条件较差的4000多所农村中小学的20 000多个班级（占这些县农村中小学班级总数的1/3）配备相应课堂教学视频播放设备。

江苏省的"送优质教学资源下乡工程"基本达到了预期的目标。目前，江苏省教育厅在总结工程经验的基础上正在努力思考下一个目标，即如何让农村地区的中小学教师转变成优质教学资源的积极使用者、校本研究的积极参与者和研究者，以及最终的优质教学资源的创造者。

（二）北京市教育信息化"三三四"目标及成效

近些年来，北京市政府一直狠抓基础教育均衡发展问题。义务教育均衡发展

意义重大，而要达到均衡发展的目标，必须要抓好以下工作："一是切实办好每一所学校；二是大力推动教师和校长的定期交流；三是进一步改革和完善中考制度；四是不断完善义务教育学校的办学行为；五是继续高度重视进城务工农民子女接受义务教育工作。"2008年，北京基础教育以"办人民满意的基础教育"为目标，在推进义务教育均衡发展方面力争落实"四个倾斜"：城乡教育向农村地区倾斜；区域教育向不发达地区倾斜；区域内教育向基础薄弱学校倾斜；教育向弱势群体倾斜。

1."三三四"目标的提出

为了更好地促进教育均衡发展，北京市委、市政府一直高度重视教育信息化工作，并将中小学教育信息化作为促进义务教育均衡发展的一个重要途径。早在20世纪90年代末制定"十五"教育规划时，北京市教委就确立了"高标准、高质量实现首都教育信息化，推动基础教育跨越式发展"的目标，具体目标内容可以简单地归结为"三个重点领域、拟建设的三种环境及四项保证措施"（"三三四"目标）（见表2-2）。"十五"结束时，北京市基本实现了这些目标，这为"十一五"及未来更长一段时间内北京市的区域教育均衡发展创设了良好的信息化环境。

表2-2 北京市教育信息化的"三三四"目标及具体内容

目标	具体内容
三个重点领域	（1）继续建设和完善北京教育信息网，加强网络的先进性、安全性和稳定性； （2）加快区县网络中心和区县城域网建设，全市中小学高速接入北京教育信息网，实现市、区县和学校三级畅通的网络体系； （3）建立分层管理、分步存储、安全、易用的数据中心，形成满足多个应用系统共享的数据支持体系。
拟建设的三种环境	（1）科学的教育行政管理应用环境，在电子政务平台、管理信息平台和学生卡应用平台的基础上，完善相关基础数据，形成科学的教育行政管理应用信息化环境； （2）个性化的教育教学应用环境，依托基础网络平台、资源平台和数字图书馆等，建立一个集网络、电视、广播等多种信息化手段为一体的远程教育教学体系，形成一个互帮互助、资源共享、共同进步的新教学环境； （3）和谐的学生参与的社会实践应用环境，借助学生IC卡的学生数据和金融、公交等功能，搭建在校内外都能广泛应用的学生卡应用平台，真正做到"一卡通"。

目标	具体内容
四项保证措施	（1）完善北京教育信息网络规划、管理和应用制度，建设安全、绿色、文明的教育城域网，实现教育数字资源建设与应用的可持续发展； （2）建立北京教育信息化建设和运转经费保障机制，进一步加大对信息化建设的投入，保障网络和信息设备正常运转和维护更新经费，不断提高网络的使用效益； （3）健全市、区和校三级培训体系，提高干部教师信息素养，建立北京教育系统人员信息技术水平考核指标体系。根据岗位职责、分级考核、持证上岗，实现面向信息化的教师专业发展； （4）建立北京教育信息化工作评估指标体系，联合市政府教育督导教师定期对区县和学校信息化建设和应用进行督导和评估。

2.教育信息化建设的成效

本着"统筹规划，协调发展；统一标准，分步实施；政府主导，社会参与"的建设原则和"从实际出发，以应用促建设，以需求促发展"的实施策略，北京市教委将教育信息化建设的重点放在基础设施建设、教师培训与发展、信息资源建设、教育管理信息化、以教育信息化促进城乡教育均衡发展等领域。经过近十年的努力，北京市教育信息化建设取得了明显的成效。

（1）基础设施建设

自2000年以来，北京市用于中小学信息化建设的资金投入累计达20亿元，其中，市区投入8亿元，区县投入12亿元，基本建成了由骨干网、区县区域网和校园网三级网络构成的北京教育信息网。18个区县都建成了与北京市教育信息网的骨干光纤相连通的区域网络中心，专职任教教师平均每两人使用一台计算机；所有中小学都完成了"校校通"工程，初步搭建了网络化学校环境，基本实现了2001年提出的中小学信息化建设的阶段性目标。

（2）教师培训与发展

近年来，北京市教委积极开展中小学教师信息技术培训，通过专家引领、反思教学、经验交流、专题培训等途径来试图提高教师的信息技术应用能力、教学设计能力及信息技术与课程教学的整合能力。此外，北京市教委还依托首都师范中小学建立北京面向信息化教师专业发展基地和实验区，开展有关互动课堂教学设计方面的创新研究、主题资源网站在课堂教学中的应用研究、基于案例学习的教师专业发展方法等课题的研究，以研究促进教师专业发展，并最终促进教育信息化的深入发展。

（3）信息资源建设

北京市制定了《关于加强中小学教育信息资源建设的意见》，坚持"统筹规划，统一标准，共建共享，开拓创新"的建设原则，采取政府指导、多方参与、市场运作、加强监管、分阶段推进的建设机制。由政府为中小学教师购买教育教学资源，全市统一向中小学教师发放电子货币，这样，老师既可以自主选择电子资源，也可以避免一次性买入大量资源而又不能满足教学需求的矛盾。

（4）教育管理信息化

北京市先后构建了全市统一的中小学管理信息网络体系，建立了学校、区县、市三级信息系统和电子学籍 IC 卡管理系统，其中可实现学习管理、教务管理、财务管理、人事管理、招生管理等多项功能。

为支持全面打赢防疫阻击战，服务全国近 1.8 亿中小学生居家学习，经过紧密筹备，教育部整合国家、有关省市和学校优质教学资源，国家中小学网络云平台于 2020 年 2 月 17 日正式开通，免费供各地自主选择使用。国家中小学网络云平台提供防疫教育、品德教育、专题教育、课程学习、电子教材及影视教育等 6 大模块的学习资源；其中课程学习模块，是从近年来全国开发的课程资源中择优选取，并根据需要由北京等地的骨干教师补充录制，课程覆盖了初高中 12 个学科；课程将分周陆续上线，第一周上线 169 节。同时，中国教育电视台 4 频道通过直播卫星向全国用户播出小学有关课程及部分初高中课程，第一周共 75 节，电视信号覆盖到了偏远农村网络信号弱或有线电视未通达的地区。

第四节　中小学教育均衡发展的实现途径

当前，各级教育部门，尤其是县级学校正在努力尝试通过不同途径实现中小学教育均衡发展的目标，比较盛行的方法包括：义务教育按学区就近入学；高中生源调配和"指标到校"；完善基础教育财政体制；均衡办学资源；改造薄弱学校；师资交流与培训政策；通过教育信息化建设实现优质教育资源共享。

一、义务教育按学区就近入学

"义务教育按学区就近入学"政策指的是在义务教育阶段，中小学校选择生源的基本原则是按照中小学生家庭居住地所在的学区就近入学，原则上，中小学生不准跨区就读，部分学校若有学区内生源不足或多余的问题，可以通过实行电脑配位来解决空余名额。就近入学政策已经是许多国家在义务教育阶段普遍实施的一项政策。在我国，随着社会各项事业的发展，九年制义务教育已经被定位为社会的公益性事业，也因此，中国大部分省份和地区的学校都在入学政策上采用了"就近入学"这一举措。这一政策在很大程度上促进了区域基础教育均衡发展的实现。

二、完善基础教育财政体制

基础教育的均衡发展离不开充足的经费支持，从世界各国经验看，凡基础教育均衡发展较有成效的国家，都重视基础教育投资，并优先保证义务教育，投资主体或是中央政府，或是州（省、邦、都道府县）一级政府。地方教育部门应制定统一的义务教育生公用经费年最低拨款标准和义务教育学校教职工工资标准和津贴福利发放标准。以此为教育均衡发展提供一定的经费保障。例如，美国基础教育通过一定的财政体制来促进基础教育的均衡发展：第一，对全国城乡公立基础教育实行一体化财政管理体制；第二，联邦和州政府通过拨款补助（财政转移支付）实现对学区义务教育的经费支持，20年来联邦和州政府对学区的转移支出资金已超过通过财产税自筹的资金；第三，州政府对学区公立中小学的教育转移支付模式采用因素法（考虑学生需求、教育水平、经济水平、价格水平等因素）客观地确定各学区的拨款额。此外，州政府已成为农村义务教育的第一投资主体。

三、均衡办学资源

办学资源的差异是"教育非均衡发展"现象的一个重要原因，因此，在区域内均衡办学资源是解决"教育非均衡发展"的有效途径。办学资源通常指的是在学校建设中的人力、物力和财力的投入数量和质量。很多地区的学校都意识到均衡办学资源的重要性，在这方面做了很好的尝试。例如，浙江省慈溪市统一实施城乡教育发展和教育布局规划，统一学校建设标准与设备设施，统一城乡教师福利待遇政策，所有地区的教育设施均规范化配置，不同区域义务教育学校的校舍、设备和师资等条件大体相当，"没有豪华的办公学校，也没有硬件很差的学校"，这些措施取得了明显成效，不仅确保"人人能上学、能读书"，而且争取"人人上好学、读好书"，义务教育均衡发展程度得以全面提升。

又例如，辽宁省107个县区全面实施巩固九年义务教育达标活动，在办学条件、经费投入、教师队伍，教育管理等方面推动区域内义务教育学校标准化建设，现已建农村九年一贯制学校389所。

辽宁省沈阳市教育局在义务教育阶段尝试"学区化"管理，在铁西区组建了一个由五所各具特色的中学（22中学、53中学、100中学、157中学和158中学）组成的"建大南学区"，学区内的各所学校做到"五统一，一共享"，即课程计划统一、教学进度统一、集体备课统一、质量检测统一、校本培训统一，共享各类教育资源。由学区统一组织教师听课、评课、主任调研周、教学主任互学互检，促进校际学习与合作。学区还建立了"建大南学区"网站。网站设有学区简介成果交流、热门下载、心灵鸡汤、论坛等多个板块，"成果交流"展现了许多教师的教学反思、感悟、经验、论文、教案设计等内容。"热门下载"为教师提供的是优秀课件、说课稿、题库等内容。通过网络平台整合教学信息，信息反馈及时、方便，资源利用率和共享率大大提高了。

四、改造薄弱学校

对于那些规模小、生源少、办学水平又比较低的薄弱学校，地方教育管理当局可以考虑撤并它们，对于那些确实需要保留的学校，教育部门可以考虑通过一些措施，如增加投入、改善办学条件、提高教师素质和管理水平等，来提升薄弱学校的教育品质。同时，还可以通过鼓励名校办分校等形式来改造薄弱学校。例如，张家港市泗港小学是当地一所有百年历史的名校，连续十年获得张家港市教育质量综合评估一等奖。闸上、杨东两所村小相继成为其分校，构建起了"1+2"模式，该校实施了理论更新、队伍刷新、管理创新和教学面议、教科面议的"三新二议"策略，有效提高了分校教师的整体素质。

五、师资交流与培调政策

师资队伍是教育均衡发展中至关重要的因素，优质学校最重要的资源是好的教师。因此，要想促进区域教育均衡发展，帮助薄弱学校追求优质教育成果，一项重要举措是提高教师队伍素质，其主要途径有二：第一，通过各种政策推动师资交流；第二，通过搭建良好的平台或增加教师培训来造就名师。

很多地方教育部门都通过各种政策来积极推动师资交流，以此作为推动教育均衡发展的重要突破口。典型的做法有：第一，通过派遣学科骨干教师从强校到薄弱学校任教，参与备课，参与学校管理来满足薄弱学校对优质资源的需求。第二，选派优秀教师到薄弱学校进行"支教"。在教师晋升和学校提拔干部时将考虑教师们的"支教"业绩。第三，学校在"结对子"学校里开展相应的教师培训活动，开展示范课、观摩课活动，等等。

除了引进和流动政策，教育均衡发展更需要在区域和学校内搭建平台培养名师，即重视教师的专业成长，挖掘他们的潜力。这需要不断地创新和突破教师培训领域。传统的教师培训通常先由培训单位列出培训计划和内容，受调教师按计划被动地接受培训内容与方式，但这样的培训很多时候效果并不好，教师经常抱怨培训形式单一、内容枯燥、需求和供给不对称。比较好的做法应该更多考虑教师需求，例如，辽宁省实验学校在对来自朝阳市喀左县中小学的 17 名骨干教师进行教学实践培训中采用集中培训和分散培训相结合的方式进行，培训的特点是"菜单式"和"一对一、面对面"培训相结合。辽宁省实验学校根据接受培训的教师提出的具体培训需求，制订培训计划、培训内容及培训方式。同时，培训单位为每位教师都安排了"一对一"的指导教师，教师每天都可以进行面对面互动交流。此外，受训教师还可以全程参与学校的教育教学和教研活动。这样的培训针对性强，培训单位和受训教师同时受益，效果很好，值得在更大范围内推广。

六、通过教育信息化建设实现优质教育资源共享

国际经验表明，信息与通信技术（ICT）是促进区域教育发展和优质教育资源共享的理想工具。目前，在全世界范围内，各地教育主管部门都想方设法地加大对各级各类学校的信息化建设投入，尤其是针对薄弱学校。❶区域教育主管部门尝试通过加大对所辖区域内学校的计算机、网络等硬件方面的投入，将优质教育资源放到网络上，实现区域内优质教育资源共享。例如，浙江省慈溪市大力推进教育信息化，经过近几年的努力，率先在所处的宁波地区实现独立光纤框架的高标准中小学"校校通"工程，全市所有中小学、幼儿园都纳入千兆主干的教育数码桥，并率先在全省开通了第一个县（市）区中小学教学资源平台。让城乡教师能共享先进的教育教学信息。

又如，湖南长沙芙蓉区通过建设教育城域网，加快教学信息在整个区域内的

---

❶ 殷旭彪.当代教育信息化理论与实践研究 [M].北京：中国书籍出版社，2018：91.

流通与应用，形成优课、优师网上传播培养和优秀管理经验、教育教学成果网上共享机制。此外，全区 8 所示范性小学与相对薄弱的学校通过"结对子"及"捆绑考核"，以强带弱，达到有效的优质教育资源共享。

不过，在学校信息化建设过程中，专家学者们也发现了一个比较普遍的问题，即硬件投入容易到位，但软件升级和教师观念转变相对困难，薄弱学校的老师对于通过网络开展学习、教学及研究，并指导学生利用网络获取信息的意识容易淡薄。因此，后续的师资培训和信息化学习环境的建设还是个漫长的过程。

第二部分　中小学英语教学

第三章　中小学英语教学理论

英语作为一门语言性的学科，只有在理解的基础上才能运用，才能达到日常交际过程中完美的沟通效果。因此，要想激发学生学习英语的兴趣和欲望，需要掌握充足的教学理论，从而提高英语课堂的质量。本章分别阐述了交际教学法理论、任务型教学法理论、情景教学法理论、语言输入理论、建构主义理论和合作学习理论。

第一节　交际教学法理论

一、交际教学法的含义

交际教学法（the communicative language teaching）是以社会语言学理论、心理语言学理论为基础，在不同语境中，相同的语法结构有不同的功能。

语言往往用于交往和交际，其交际能力反映其功能和用途，因此，语法和结构都应反映话语的功能和交际意义。例如，"I'm cold"可以是陈述、抱怨、请求等不同的语气。再如，向别人打听时间的说法有下列数种。

（1）Excuse me，could you tell me the right time，please？

（2）What time is it，please？

（3）What's the time？

（4）Time？

（5）How much longer have we got？

（6）My watch seems to have stopped.

这些表达形式都是完全合乎语法的，重要的是如何在不同的交际场合下选择合适的表达方式。

在学习过程中，学习者往往在任何场合都会选择那些过于正式的表达方式。例如，英语学习者在咖啡店里对侍者可能说"Please bring more coffee"，而较得体的表达方式应当是"Could I have another cup of coffee, please?"

因此，掌握一种语言既需要掌握这种语言的形式，又要达到语言能力，不仅指其能够造出合乎语法规则的句子，还指能够恰当使用语言。卡纳尔（Canale）和斯温（Swain）认为，交际能力由四部分组成（见图3-1）。

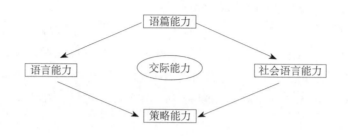

图3-1 交际能力的组成

语言能力：为了意义的表达，学习者必须掌握词汇、句法等方面的知识。

社会语言能力：了解关于目标语的社会文化知识能帮助学习者在交际过程中话语表达的适切性，知道如何询问对方及如何运用非语言交际手段达到交际目的等。

语篇能力：在语言交际过程中，无论是语言输入还是输出，都要求交际者具备感知和处理语篇的能力，以便对先前听到或读到的句子和句群进行意义解码，形成意义表征。

策略能力：当学习者的语言能力、社会语言能力和语篇能力方面的知识不够全面时，策略能力可以加以弥补。

由此可见，交际者应根据交际语境的要求，选择恰当的词汇和句法手段表现正式、非正式语体，利用语音语调的表意功能，辅以有效的肢体语言即非语言交际手段，如面部表情、身体动作等，实现成功交际。

二、交际教学法的特点

（一）教学内容以功能意念为纲

针对学习对象的不同需要加以安排，即专用英语（English for Specific Purposes, ESP），例如，科技工作者、教师、工人、农民、旅游服务人员、外交人员、经济工作者等，由于职业不同，他们的外语需要也各不相同，就应当选择实现他们某种交际最必需的语言材料，并且是最常用的结构形式。将来用什么，现在就学什么，不用的不学，急用的先学。语言形式上的难易如何，则不加考虑。

（二）教学过程交际化

教学活动以学生为主，让学生充分接触所学语言，并且要求学生讲该语国家的人在真实交际中所使用的语言。教师要提供真实的情景和创造外语环境，让学生主动地、创造性地去学习和运用语言。学生在言语交际活动中，不仅要求语言形式的正确性，而且还应注意符合说话人的场合、身份等，要得体地使用外语。

（三）不苛求纠正语言错误

语言错误是学习语言过程中一个由不完善达到完善的"路碑"，这好像是学习母语过程中存在"中介语"（interlanguage）一样，标志着语言学习中各个阶段的发展水平。由"中介语"逐步过渡到完美的语言时，语言错误会逐步消除。因此，外语教学要将学生的注意力集中在言语交际的内容上，不要集中在个别的语音、单词、语法、句子结构等语言错误上，防止因纠正语言错误而经常打断学生的言语交际的思路和影响学生言语交际的积极性。教师要鼓励学生积极进行言语交际，大胆开口说话，以求培养言语交际能力。但对一些影响交际活动的理解性的错误要注意纠正。

（四）不排斥讲解语法，也不排斥母语和翻译

交际法反对以语法为纲，不排斥语法教学。它认为，对体现同一功能的不同结构进行分析时，借助语法讲解是有利的。翻译法在外语教学中遭到否定，是因为它容易使学生把外语的某一形式和母语的某一形式机械地等同起来。交际法的前提是以功能为纲，一个功能或一个意念可以有多种表达方法。当学生有了这样的概念时，就不会在外语形式与母语形式之间机械地画等号。当免除了这种弊端时，就可以适当地利用母语和翻译。

（五）教学内容要真实

交际法强调教材内容必须是真实的、自然的语言，而不是为体现某种语法现象而特意拼凑的语言，而且真实、地道的语言材料要安排在合情合理、合乎社会交际情理的情景之中。有足够情景的话语往往超出单句的范围，成为一个语篇（discourse）。所以，交际法不鼓励教授独立的词、词组或句子，而是一段对话或一段文字（text）。它尤其反对脱离语境、脱离上下文的机械操练。

（六）交际法强调以学生为主，而不是以教师为主

从学习者的需要出发，制订教学内容，让学习者接触到尽可能多的地道的语言，而不是语法知识；学习者充分参与，而不是教师们主宰课堂。教师的任务是

给学生提供和创造真实的交际情景，使他们能主动地、自由地运用语言。这样一来，教师努力使教学过程交际化，课堂上多采用语言游戏、扮演角色、讲故事、模拟情景、解决问题等形式。

三、交际教学法的缺点

（一）交际教学法的优点

第一，重视培养学生外语交际能力。语言最本质的社会功能是交际功能。培养外语交际能力是外语教学的出发点和归宿。

第二，强调教学过程的交际化。只有外语教学过程交际化，才能有效培养学生的外语交际能力。

第三，以话语为教学单位。话语是言语交际的基本单位，培养交际能力必须在体现交际情景的话语中综合运用语音、单词、语法、句型等知识。

第四，不苛求纠正学生语言错误，允许学生犯一些不影响交际活动的语言错误，鼓励学生积极进行言语交际活动，以提高外语水平。

第五，创建按功能项目为纲的外语教学法体系，外语教学中引进功能项目有利于提高外语教学的质量。

第六，师生共同营造出一个真实的课堂语言环境，有利于学生的语言学习。一方面，学生以活动"主人"的身份参与活动，调动学生的学习积极性。另一方面，教师的指导作用和学生的主体作用都可以在课上得到有效发挥。

（二）交际教学法的缺点与难题

第一，语言的功能项目很多，而且还没有一个统一的标准。哪些功能项目应列入教学大纲，顺序如何排列，都是有争议的问题，而且不易统一。

第二，编写交际法教材时，如何使题材、功能和语法融为一体，这是最大的困难。为了表达语言的功能，应付各种交际场合，就不可避免地遇到难易程度不同的语言形式和结构。如何将这些形式和结构安排得有系统性又照顾到循序渐进，是十分困难的问题。如果处理不当，顾了功能，丢了语法，或顾了语法又丢了功能，都达不到交际法的本来目的。

第三，理想的教学效果是语言能力和交际能力同时发展，齐头并进。但是，兼顾两者并不容易。努力使课堂教学交际化的同时，往往会忽视语言的准确性。而基本功比较差的学生（如不懂得时态、变位、词性等），也不可能训练出很理想的交际能力。

第四，把课堂过程交际化是个理想，实现起来并不容易。尤其是非本族语教师，自己的交际能力还有待提高，很难脱离教案，更不用说随时用地道的外语来应付各种情况。

第五，允许学生出现语言错误。采用放任自流的态度未必明智，如何避免有错必纠和放任自流，正确对待语言错误还须进一步探讨。

第二节 任务型教学法理论

一、任务型教学法的含义

任务型教学（Task-based Language Teaching）是 20 世纪 80 年代兴起的一种以任务为中心的外语教学法。它是交际教学理念的进一步更新和方法的再进步，目的是把语言运用的基本理念转化为具有实践意义的课堂教学模式。它以设计、执行和完成"任务"为教学的主要手段和目的，把学习者个人的经历作为课堂教学的重要因素，关注学习者的学习过程。❶任务型教学模式区别于其他交际教学模式最根本的特点就是它更强调采用具有明确目标的"任务"来帮助语言学习者更主动地学习和运用语言。它强调语言学习者互相交流的重要性，有意义的语言内容的重要性及语言教学交际的准确性。

任务型教学是一种以任务为中心的英语教学法。它是师生通过用英语对话、交流、意义创设等方式，让学生完成一系列根据其发展需求而设计的教学任务，使学生通过用英语做事情去达到学习目标，实现跨文化交流和创新。英语任务型教学强调以各种各样的英语学习任务为基础，学生在完成任务的过程中必须有思考的过程，即学生首先要考虑如何完成学习任务，而不是如何学会英语语言形式。英语任务型教学关注英语学习的过程，强调学生之间及学生与教师之间的多边互动，力图创立一个自然真实的语言环境，使学生在完成任务过程中，通过意义的磋商与交流，通过做事来使用英语，从而发展学生的英语语言能力，特别是英语交际能力。

---

❶ 陈静，陶丽坤.英语实践教学反思 [M].成都：电子科技大学出版社，2017：43.

二、任务型教学法的特点

纽南总结了任务型教学的五个特点：强调通过交流来学会交际；将真实的材料引入学习环境；学习者不仅注重语言的学习，而且关注学习过程本身；把学习者个人的生活经历作为课堂学习的重要资源；试图将课堂内的语言学习与课堂外的语言活动结合起来。

总结起来，任务型教学追求的是：给学生提供大量尽可能丰富、内容广泛的输入；让学生明确自己的学习目标。它的功能是：使语言教学更有交际性；给课堂活动提供目的性。

三、任务型教学法的基本要素

（一）目标

如同日常生活和工作中的任务一样，教学任务首先具有目的性，也就是说，它应该具有较为明确的目标指向。如前所述，这种目标指向具有两重性，一是任务本身要达到的非教学目的，二是利用任务所要达到的预期的教学目的。如在"案件侦破"任务中，其非教学目的便是根据不断增加的线索进行讨论推理，直到最后找出罪犯。但设计任务所期望达到的教学目标则可能是通过完成任务过程中所产生的语言交流来感受语言，增强语言意识，提高交际能力，并在交际过程中应用诸如表示假设、因果关系，或"肯定""可能""也许"等目的语表达形式。作为促进学习的教学任务，教师更多地关注它的教学目的。

（二）内容

任务的这一要素可简单地表达为"做什么"。任何一个任务都要赋予它实质性的内容，任务的内容在课堂上的表现就是需要履行的具体的行为和活动。

（三）程序

指学习者在履行某一任务过程中所涉及的操作方法和步骤，在一定程度上表现为"怎样做"。它包括任务序列中某一任务所处的位置、先后次序、时间分配等。

（四）输入材料

所谓输入材料是指履行任务过程中所使用或依据的辅助资料。如前面提到的"案件侦破"任务，就需要打印在若干张纸条上的一系列线索，任务就从第一条线索的推理和讨论开始，在不能得到肯定的结论时，依次增加线索，直到真相大白。输入材料可以是语言的，如新闻报道、旅游指南、产品使用说明、天气预报等；也可以是非语言的，如一叠照片、图表、漫画、交通地图、列车时刻表等。尽管有些课堂任务并不一定都要使用或依据这样的输入材料，但在任务设计中，通常提倡准备和提供这样的材料，使任务的履行更具操作性，更好地与教学结合。

（五）教师和学习者的角色

任务并非都要明确教师和学生在任务履行中的角色，但任务都会暗含或反映教师和学生的角色特点。教师既可以是任务的参与者，也可以是任务的监控者和指导者。在任务设计中，设计者也可以考虑为教师和学生进行明确的角色定位，促进任务更顺利、有效地进行。

（六）情景

任务的情景要素指任务所产生和执行的环境或背景条件，包括语言交际的语境，同时也涉及课堂任务的组织形式。在任务设计中，应尽量使情景接近于真实，以提高学生对语言和语境之间关系的意识。

四、任务型教学法的实施原则

（一）真实性原则

此原则是指在任务设计中，任务所使用的输入材料应来源于真实生活，同时，履行任务的情景及具体活动应尽量贴近真实生活。当然，"真实"只是一个相对概念，任务设计的真实性原则也不完全反对非真实语言材料出现在课堂任务中，但有一点是肯定的，就是要尽量创造真实或接近于真实的环境，让学生尽可能多地接触和加工真实的语言信息，使他们在课堂上使用的语言和技能在实际生活中同样能得到有效应用。

（二）形式／功能原则

传统语言练习的最大不足之处便是语言脱离语境，脱离功能，学生可能知道不同的语言形式，但不能以这些形式得体地表达意义和功能。形式／功能原则就是在真实性原则的基础上，将语言形式和功能的关系明确化，让学习者在任务履行中充分感受语言形式和功能的关系，以及语言与语境的关系，增强学习者对语言得体性的理解。

（三）连贯性原则

这一原则涉及任务与任务之间的关系，以及任务在课堂上的实施步骤和程序，即怎样使设计的任务在实施过程中达到教学上和逻辑上的连贯与流畅。任务型教学并非指一堂课中穿插了一两个活动，也并不指一系列活动在课堂上毫无关联的堆积。任务型教学是指教学通过一组或一系列的任务履行来完成或达到教学目标。在任务型教学中，一堂课的若干任务或一个任务的若干子任务应是相互关联、具有统一的教学目的或目标指向，同时在内容上相互衔接。

（四）可操作性原则

在任务设计中，应考虑到它在课堂环境中的可操作性问题，应尽量避免那些环节过多、程序过于复杂的课堂任务。必要时，要为学生提供任务履行或操作的模式。

（五）实用性原则

任务的设计不能仅仅注重形式，而不考虑它的效果。课堂任务总是服务于教学的。因此，在任务设计中，要避免为任务而设计任务。任务设计者要尽可能为学生的个体活动创造条件，利用有限的时间和空间，最大限度地为学生提供互动和交流的机会，达到预期的教学目的。

（六）趣味性原则

任务型教学法的优点之一便是通过有趣的课堂交际活动有效地激发学习者的学习动机，使他们主动参与学习。因此，在任务设计中，很重要的一点便是考虑任务的趣味性。机械的、反复重复的任务类型可使学生失去参与任务的兴趣，因而任务的形式应多样化。需要注意的是，任务的趣味性除了来自任务本身之外，还可来自多个方面，如多人的参与、多向的交流和互动，任务履行中的人际交往、情感交流，解决问题或完成任务后的兴奋感、成就感等。

五、任务型教学法的实施要求

（一）任务的选择

教师在准备设计课堂任务时，要考虑到任务既要难度适中又要有目标性。任务如果太容易则缺乏挑战性，会使学生失去参与活动的兴趣，学生也学不到什么东西；如果任务难度过大，会占用大量的课堂时间，尤其会影响学习困难学生的自信心。同时任务的选择也应考虑到学生的兴趣，兴趣可以激发学生的求知欲，可以顺利导入到课堂的任务实施中去。所以在这一环节中，教师在准备任务时要考虑选择以下情况：一是实际生活场景，如订机票、租房、填表格、写支票、买衣服、度假、借图书、听新闻、听天气预报并决定自己的出行，利用这些日常生活场景，让他们实际操练如何去面对和应付。二是选择简单的背景材料。如人物传记、文学人物、国家地理等让学生进行讨论、预测或想象。

（二）任务的呈现

任务的呈现是任务型课堂教学的开始。呈现的目的是让学生从课堂一开始就明确要完成的任务，然后在任务的驱动下学习语言知识和训练语言的基本技能。好的呈现方式可以提高学生的学习兴趣和强化学生的学习动力。任务的呈现可以利用提问、图片、哑剧、歌曲、多媒体动漫画，也可利用虚拟的生活场景，让学生饶有兴趣地接受教师所设置的教学任务。

（三）任务的实施

在任务实施过程中，教师应把任务分切成各种形式的课堂交流活动来进行。让学生在交际活动中使用外语，体会运用外语进行交际所带来的愉悦，从而提高应用语言进行交际的能力。最常见的课堂活动形式有对子活动和小组活动、角色扮演、哑剧、面谈、复述、辩论或演讲等。所有这些课堂活动中最常用于教学的是对子活动、小组活动和角色扮演。这三种课堂活动都要求外语学习者能积极参与其中，让他们有更多的机会实际使用所学的语言进行交际，从而更快地提高其语言表达能力，也让他们有更多机会自由地创造性地发挥，有助于他们培养分析问题和解决问题的能力，有助于发展学习者的个性，提高智力水平。

（四）任务的完成

任务的完成是任务型教学程序的最后环节，学生可以通过完成任务学得知识和习得技能。任务完成的结果为学生提供了自我评价的标准，并使其产生成就感。这会转化为今后学习的兴趣与动力。同时，教师也能及时得到学生的信息反馈，了解学生在多大程度上掌握了所设置的任务，所要求的内容、要点和能力，从而更好地查漏补缺。

六、任务型教学法的优缺点

（一）任务型教学的优点

第一，任务型教学注重真实场景下的、以明确目标为导向的语言交际活动，它要求学生通过完成任务的学习活动来掌握真实、实用和有意义的语言。学生在参与课堂活动时是带着极大的兴趣和热情的，所以整个课堂是一种积极有效的学习过程。

第二，它提倡以教师教学为主导、以学生的学习为主体的教学活动。在教学过程中，教师不再是高高在上的权威和主宰，而是以组织者、引导者、顾问或者同伴的身份出现，学生的学习也成为一种满足需要、发展兴趣、提高能力的过程。

第三，它倡导体验、实践、参与、探究、交流和合作的学习方式，学生在参与教师或教材精心设计的任务活动中认识语言、运用语言、发现问题、找出规律、归纳知识和感受成功。

第四，激发学生的学习兴趣。由于有意义的真实任务活动贴近学生的生活、学习经历和社会实际，能引起学生的共鸣，并能激发学生积极参与的欲望，使学生有话可说。一个人只有对某事产生了兴趣，才会主动去寻找解决的办法，才有可能充分发挥自己的聪明才智。

第五，以学生为主题，有利于培养学生的创新意识和创新能力。任务型教学中，教师是从学生"学"的角度来设计教学活动的，不论是什么内容，教师只给出一些原则上的要求，从形式到内容都由学生自己去构想、去设计，使学生的发散性思维活动得到充分的解放。在完成任务的过程中，学生大脑始终处于一种激活状态，他们获得的不仅是语言知识，还有运用语言的能力，而且通过亲自动手，多次实践，锻炼了独立思考的能力，培养了创新精神。

第六，有利于培养学生的合作意识和团结精神。小组讨论不仅给学生提供了大量的口头操练的机会，而且是一个相互交流和学习的过程，学生们通过互相配合，培养了团结协作精神，体会到了共同攻克难关、分享快乐的愉悦。这对于性格内向或学习有困难的学生尤其有益处。

（二）任务型教学的缺点

在目前我国大多数中小学中，尤其是在广大农村学校大班额的条件下，任务型教学便明显地显示出其不足之处。

第一，课堂效率低，难以保证大班额课堂教学任务的完成。

任务型教学以学生的学习为中心，把课堂学习的主动权交给了学生，虽然教师可以根据课堂实际情况对课堂进度进行调控，但由于目前班级的实际情况（大多数班级人数在50左右，有些学校甚至更多），课堂所设计的任务或项目一般都很难在规定的时间内完成。所以教师往往采取的做法是要么缩短任务完成的时间，要么把部分任务放到课后去完成，这样就造成课堂任务完成的质量难以保证，甚至任务的执行也成为形式和走过场。

第二，课堂的组织和任务的设计与实施过分依赖教师的教学能力和教学水平，所以目前很难保证大幅度的教学质量的提升。

有的教师对于任务型课堂教学的模式把握得并不是很理想。有的教师按部就班地完成课本上的教学步骤，造成学生单词、语法、句式等基础知识严重缺乏，影响其今后的进一步学习；而有的教师则还是沿袭传统的 3P 教学，强化单词和语言的输入，把教材上的活动任务作为练习和补充，这样，学生的基础知识是扎实了，但又严重脱离了任务型教学的初衷，把原本要还给学生的课堂又变成了以教师为主的练兵场了。

第三，课堂中学生的个体活动难以有效监督和控制，反馈效率低。

任务型课堂教学的特点就是把课堂活动任务化，让学生通过完成一系列的任务习得语言知识。在实际教学中，当教师布置了任务并分好小组进行时，却往往发现部分学生在交流中并没有使用目的语，而是运用母语进行，虽然反复强调，但效果并不是很好。毕竟初始阶段的学生用目的语言的表达能力有限，同时对学习英语的目的性不是很明确，他们为了能尽快完成任务，因而在交流中一遇到困难就立即使用母语进行。同时，由于任务的完成需要一定的时间，所以对于学生学习和知识掌握情况的接收也就相对较慢，造成课堂教学时间和教学进度很难把握。

第三节　情景教学法理论

一、情景教学法的含义

情景教学法是教师根据课文所描绘的情景，创设出形象鲜明的投影图片，辅之生动的文学语言，并借助音乐的艺术感染力，再现课文所描绘的情景表象，使学生如闻其声，如见其人，仿佛置身其间，如临其境；师生就在此情此景中进行着一种情景交融的教学活动。因此，"情景教学"对培养学生情感，启迪思维，发展想象，开发智力等方面确有独到之处。

二、情景教学法的特点

第一，形象逼真。情境并不是实体的复现，而是简化的模拟。能获得与实体相似的形象，所以给学生以真实感。

第二，情深意长。情境教学是以生动形象的场景，激起学生学习和练习的情绪和感情的体验。通过教师的语言，把情感寓于教材内容之中，在课堂上形成一个广阔的"心理场"，作用于儿童的心理。

情境教学倡导"情趣"和"意象"，为学生创设和开拓了一个广阔的想象空间，情境教学所具有的广阔性，能促进学生更深刻地理解地掌握教材，激发学生的想象力。

第三，知、情、意、行融于一体。情境教学为了创设一定的教学情境，就要运用生活显示情境、实物演示情境、音乐渲染情境、直观再现情境、角色扮演情境、语言描绘情境等方法，把学生引入一定的情境和一组情境之中，使他们产生一定的内心感受和情绪体验，从而克服一定的困难和障碍，形成一定的志向，积极地进行练习，这样，就能把知、情、意、行融成一个整体。

三、情景教学法的理论依据

（一）情绪心理学

情绪心理学研究表明：个体的情感对认知活动至少有动力、强化、调节三方面的功能。动力功能是指情感对认知活动的增力或减力的效能，即健康的、积极的情感对认知活动起积极的能动和促进作用，消极的、不健康的情绪对认知活动起阻碍和抑制作用。[1]情景教学法就是要在教学过程中引起学生积极的、健康的情感体验，直接提高学生对学习的积极性，使学习活动成为学生主动进行的、快乐的事情。情感对认知活动的增力效能，给我们解决目前中小学生中普遍存在的学习动力不足的问题以新的启示。情感的调节功能是指情感对认知活动的组织或瓦解作用，即中等强度的、愉快的情绪有利于智力操作的组织和进行。而情绪过强和过弱及情绪不佳则可能导致思维的混乱和记忆的困难。情景教学法要求创设的情景就是要使学生感到轻松愉快、心平气和、耳目一新，促进学生心理活动的展开和深入进行。课堂教学的实践中，也使人深深感到欢快活泼的课堂气氛是取得优良教学效果的重要条件，学生情感高涨和欢欣鼓舞之时往往是知识内化和深化之时。

（二）思维科学的相似原理

相似原理反映了事物之间的同一性，是普遍性原理，也是情景教学的理论基

---

[1] 田春艳.现代教育信息化理论的整合与创新研究[M].西安：西安交通大学出版社，2018：56.

础。形象是情景的主体，情景教学中的模拟要以范文中的形象和教学需要的形象为对象，情景中的形象也应和学生的知识经验相一致。情景教学法要在教学过程中收入或创设许多生动的场景，也就是为学生提供了更多的感知对象，使学生大脑中的相似块（知识单元）增加，有助于学生灵感的产生，也培养了学生相似性思维的能力。

四、创设情景的方法

我国的中小学生学习英语缺少英语语境，这是众所周知的事实。《英语课程标准》指出：现代外语教育注重语言学习的过程，强调语言学习的实践性，主张学生在语境中接触、体验和理解真实语言，并在此基础上学习和运用语言。英语课程提倡采用既强调语言学习过程又有利于提高学生学习成效的语言教学途径和方法，尽可能多地为学生创造在真实语境中运用语言的机会。因此，作为中小学英语教师，应在教学中根据学生的发展水平与接受能力，创设真实的英语情景，激发学生参与课堂的积极性。具体来说，教师可以通过以下几种方式来创设语言情景。

（一）用英语上课，创造良好的英语环境

在中国目前这个大环境下进行英语教学，其主要矛盾之一是汉语环境与英语学习之间的矛盾。平时学生所听、所说、所读、所写全是汉语，只有英语课堂才是学生接触英语的主要场所。若教师在英语课上用汉语大讲特讲，这对英语学习极为不利。美国著名学者罗伯特·W. 布莱（Robert W. Blair）曾指出，只要学习外语的人沉浸在丰富的、强化的、持续不断的外语环境中，而且能有办法理解语言的内容，并去接受这些语言内容，那就会达到最有效的外语学习效果。因此，教师在英语课堂上必须尽量用英语上课。这样就能为学生创造一种浓厚的英语气氛，使学生自始至终都用英语思维。这是一种较难被其他方式替代的真实语言情景。教师应从第一堂课开始就讲英语，不能迁就学生。时间久了，学生就会慢慢地养成"借助情景理解英语"的习惯。

（二）利用直观教具或实体，进行情景教学

利用实物、图片、简笔画、动作、表情或实体进行教学，有助于清楚地把所要教的单词、短语或句子及其概念建立最直接的联系，有利于训练学生"用英语思维"，避免不必要的翻译。中小学生活泼好学，模仿性强，对具体形象的内容较易接受，但他们的注意力容易分散，自制力较弱，如果采用这种教学方式，就

能引起他们浓厚的学习兴趣，吸引其注意力，也使他们把生动的直观形象与抽象的思维结合起来，从而加深理解和记忆。例如，教师讲句型 "What's this?What's that? It's a..." 时，教师可以拿一个茶杯放到讲桌上，问学生："What's this?" 学生就能回答："It's a cup." 通过不断地变换实物，如钢笔、书本、刀子等，学生对这一句型也就很快掌握了。

（三）把游戏引入课堂，进行情景教学

中小学生喜欢游戏，他们对游戏不仅兴致勃勃，而且喜欢在游戏中表现自己的机智。在英语教学中适当引进游戏，可以使学生在十分自然的情景中学会单词、句型，掌握一定的语言材料，还可以发挥学生使用语言的积极性和独立性。例如，学习初中英语第 2 册第 4 课人体各部位名称时，可以让学生做"摸五官"的游戏，先叫几个同学上台表演，当教师说 "Touch your nose"，他们可以马上做出判断，用手摸鼻子，教师再说 "Touch your ears"，他们又迅速做出反应，用双手摸耳朵。如果有人做错了，下面的同学就会喊 "XXX is wrong"。最后让同座位的同学互相做这种游戏，一个学生说，另一个就来摸五官，交换进行。这样，课堂上既紧张又活泼，在畅快的笑声中学生兴趣盎然地巩固了知识，进一步熟悉了 ear、nose、mouth、eye 等词。

（四）配合适当表演，模拟生活情景

语言学家吕叔湘先生曾说过："外语教师在课堂上应是个演员，要能表演，要手舞足蹈，用手势、动作、表情、语调传神。不要温文尔雅，死板地坐在讲台上，也不下来走走，这样的教师是不会成功的。"这里需要一提的是，目前在多媒体运用广泛的情况下，很多教师受制于课件与电脑，上课时只顾操作电脑，无暇顾及学生并走到学生当中来。情景教学要置学生于尽可能真实的情景中学习英语，这要求教师应具有一定的表演才能。

（五）通过角色扮演，创设故事情景

扮演角色能使学生身临其境，这也是创设情景的一种方式。教师可以从教学内容出发，从学生的生活经验和常识出发，让学生分别担任不同角色进行会话表演；也可以制作简单的道具，利用讲台做舞台，让学生演小话剧。

另外，随着学生年龄的增长，所学知识的增加，在课堂上运用语言表达的情景教学就显得很有必要。这就是单纯用语言描述某一情景，来激发学生的情绪和想象力，从而体验情景。

五、运用情景教学法应注意的问题

情景教学法在教学过程中的运用，其关键在于引入或创设恰当的教学情景。以下是几个应该注意的问题。

（一）情景要切合学生的实际

在创设具体的情景时，一定要考虑到学生现有的知识水平、学生的生活经验，不要超出学生的实际，过分追求情景。

（二）情景要切合教材内容的实际

情景创设一定要紧扣教材。难易要适中，长短要恰当，生词量要少。做到不脱节、不扯远、不落课。通过情景教学达到复习旧知识、教授新知识的目的。

（三）情景要切合语言交际的实际

情景是语言交际的具体场合，没有情景便没有语言交际活动，反之，没有语言交际活动，情景就失去了意义。因此，情景创设要促进交际双方相互理解和表达思想，激发彼此交流信息的愿望和兴趣。这要求教师在轻松愉快的情景中引导学生产生各种问题意识，展开自己的思维和想象，寻求答案，分辨正误。如果气氛搞得很紧张，则效果不会太好。

（四）情景要形象感人

教学过程中创设情景主要是达到动学生之情，从而使之晓理的目的。因此，创设的情景一定要形象鲜明，这样才能打动人的心弦，达到感人动情的目的，从而激发学生的探索愿望。

（五）情景要新颖而富于启发

创设情景只有新颖奇特且引起学生的注意和探索愿望时，才能发挥情景对教学的作用。否则，学生对创设的情景无动于衷、习以为常，则很难达到预期的目的。

（六）情景要切合生活实际

学校教育的性质决定了情景主要是模拟情景，而非自然情景。情景创设可以有真有假，有虚有实，但情景必须来自生活。我们只要细细观察，潜心挖掘，诸如学生的思想表现、日常生活、社会现象、古今中外历史、名人小传、自然常识等，都是取之不尽、用之不竭的情景资源。凡是形象思维、语言描述、出示图表、演示教具、模仿声腔、特殊环境的布置、教室情景的利用等，皆属模拟情景的范围。

第四节　语言输入理论

一、语言输入假说

著名美国语言教育家斯蒂芬·克拉申（Stephen D. Krashen）在 20 世纪 80 年代，提出"语言输入假说"。他主张学习者在学习目的语时，输入的语言信息既不能过难，也不能过易。为了使学习者有所进步，向其输入的信息只能稍微超出其目前所处的水平。该假说是克拉申语言输入学习理论的核心。[❶]他认为理想的语言输入应具备以下四个特点：第一，输入是可理解的。可理解性（comprehensibility）输入语料是语言习得的必要条件；不可理解输入对习得者毫无意义。第二，输入是有趣或相关的。要使语言输入对语言习得有利，必须对意义进行加工。语言材料有趣、关联，学习者就会不知不觉习得语言。第三，非语法程序安排（not grammatically sequenced），输入不按语法顺序进行。语言习得的关键是足量、可理解性输入，目的是"习得"而非"学得"，按语法程序安排的教学不必要且不可取。第四，输入必须有足够的数量。习得新语言结构需要连续不断地广泛阅读和大量会话才能起效。

克拉申试图用这一假说解释学习者怎样习得语言，尤其是外语。他认为单纯地主张输入是不够的，学习者需要的是"可理解输入"（comprehensible input），习得者的内在加工机制才能够运行。在这个假说中，只有当习得者获得比他现有语言水平略高一点的第二语言输入，而他又能把注意力集中到对内容的理解而不是形式时，语言习得才能产生。这就是克拉申著名的"i+1"公式。i 代表习得者现有的水平，1 代表略高于习得者现有水平的可理解的语言输入。如果语言交际获得成功，语言输入可被理解且保证有足够的输入量，那么 i+1 会自动提供给习得者。也就是说，如果习得者首先理解语言的意思，语言结构便会自然习得。

输入假说还强调，语言使用能力不是教出来的，而是随着时间的推移，通过接触大量的可理解输入后自然形成的。因此，这一假说关注的是语言"习得"而非"学得"。当语言输入大大超出学习者现有的水平，缺乏趣味性或相关性时，

[❶] 陈静，陶丽坤.英语实践教学反思 [M].成都：电子科技大学出版社，2017：64.

学习者就难以理解所输入的材料，此输入在习得中就没有价值。

二、情感过滤假说

在情感过滤假说（The Affective Filter Hypothesis）中，克拉申强调：在外语习得过程中，足量的语言输入并不能确保外语习得的顺利进行；学习者的态度、自信心、动机和焦虑感等都会在一定程度上制约其接受语言输入的速度与程度。也就是说，学生的情感因素对语言的吸收与否有着重要影响。如果学习者有明确的目的、较强的自信心和学习动机、适度的焦虑感，则情感过滤就弱，在此基础上，接受语言输入的效果就好，反之，接受语言的量就会减少。也就是说，如果学生喜欢学英语，并且有一些具体的英语学习目标，小则可以流利地唱一些英语歌曲或者看懂英语影视剧，大则可以和外国人进行日常的会话交流，那他们学习英语的动力就会胜过一般学生，他们学习英语时，效果就会比动力不足的学生好多了。

三、克拉申语言学习理论对外语教学的启示

克拉申的语言学习理论认为，发展语言能力的最佳途径是"可理解的输入"，输入越多越有利于语言能力的形成。该理论还指出，人们在掌握语言的过程中，其接受性语言能力（听和读），要远远高于其表达性语言能力（说和写），因此，应该首先发展"输入"能力，即听和读。只有达到足够的输入量，才能有说和写的"输出"。该理论特别重视增加阅读量，认为学生每天坚持 10~30 分钟泛读，读那些有吸引力的材料，对掌握语言极为有益。这恰如我国唐代大诗人杜甫所说的"读书破万卷，下笔如有神"。

国内对于第二语言习得的研究，已经产生了很多成果，这些成果对于中国的外语教育起到了积极影响，也让中国的外语教师对外语输入有了更多思考。以下是我国学者贾冠杰关于第二语言学习理论对外语教学启示的论述。

（一）学生第一，教师第二

输入理论认为，理想的输入应具备四个特点：可理解性；既有趣，又有关联；非语法程序安排；要有足够的输入。在外语教学过程中，要求我们强调学生的作用，学生第一，教师第二；在强调输入的同时，重视学习者的输入；鼓励学生自主学习和创造性地学习；重视激发学生内在的学习机制；关注学习者是如何学习的；支持合作学习；关注学习者的学习动机和学习效果。

（二）先听读，后说写

克拉申的输入假设理论认为输入至关重要，从微观上讲，这个理论强调先听后说，先读后写，这符合我国中学阶段外语学习的状况（小学强调先听说，后读写），其理由如下：第一，大多数中国人学习外语是为了提高阅读和视听能力，而不是为了口语交际，其中相当一部分是为了考试过关、得高分（包括出国学习），并且目前大部分重要的考试只考阅读和听力，不考口语。这就要求在听说读写顺序上，听读（输入）领先，说写（输出）跟上，并从提高学生的接受能力开始，逐步提高他们的表达能力。第二，班级人数多，重视听读有利于教学，有利于对学生进行大量输入。第三，语言的输入主要是听和读，在外语学习中，听和读既是手段，又是目的，因为听和读本身就是能力。第四，阅读在操作上方便、简单、易行，有时间、有书就行，听也相对容易。在外语学习中，听、说、读、写四种能力相比，读最容易，其次是听，再次是写，最后才是说，说最难。应大力提倡重视阅读，因为对中国学生来说，现在不是书读得多，而是读得太少。在我国，阅读的重要性无论如何强调都不过分。对中学生的阅读要求若仅限于课本是远远不够的，必须增加中小学生的课外阅读量。听也必须跟上，在重视阅读的同时，还要重视听，听不懂就无法和别人交谈，实际上也就影响了输入，大量的听读有利于学习者说写能力的提高。

（三）重视课堂教学的质量

克拉申认为，对初学者来说，即使有了合适的环境，但接受的若是大量的不理解输入，听不懂，就等于浪费时间，还容易失去信心。根据他的观点，我们应重视课堂教学，因为理想的输入应具备的条件中有两条是很重要的：第一，可理解性。为了使输入易于理解，在课堂教学中，教师要注意发音清楚、语速正常；多用常用词，少用生僻词；多用规范语言，少用俚语；多用简单句，少用复合句；给学生提供难易适中的阅读材料。第二，输入应引起学生的兴趣。教师在讲解时，输入要由易到难，由浅入深，其中包括讲话和阅读材料的提供。难度太大，学习者会被迫用汉语理解其内容或经常分析语法形式以便弄懂词义、句义，而不是用外语思考，从而影响学生的学习兴趣。如果生词过多，学生会频繁查词典来理解语义，那就会影响他们的学习兴趣。这符合克拉申提出的"i+1理论"，只有难度适中时，学习者才有可能自觉地理解外语。

（四）重视情感教育

"情感过滤假设"对教师最大的吸引力是能及时应用于课堂教学，使教师能理解为什么在同等条件下，有的学习者学得好，而有的学得差。教师应重视发挥学生的情感因素作用，学习一门新语言容易在学习者心中筑起心理屏障，如焦虑、抑郁等，这种心理负担越重，语言信息输入就越不易。中国学生大多性格内向、爱面子、说外语怕出错，这就往往令其失去了很多接受输入的机会。在外语教学过程中，教师要帮助学生减少焦虑，多鼓励，少批评。对后进生采取特殊教学方法，帮助他们树立学习外语的信心，鼓励学生多交际，不要怕出错，克服羞怯心理，降低监察意识。另外，影响学生输入的因素还有动机、态度、自信心等。多数人认为，一个性格开朗、自信、没有顾虑的学生会去主动接触讲外语的人，大胆地和别人说外语，从而接受更多的输入。外语教师还应该注意激励学生的学习动机，培养他们正确的学习态度，使学生的过滤程度始终保持在最低限度，使他们接受更多的输入，为其更好地输出奠定坚实的基础。

（五）正确使用语法

克拉申的"自然顺序假设"就是"自然习得语法顺序假设"，这个假设并不强调语法的重要性。他认为，语法在外语学习中并不起重要作用，这个假设的目的主要是澄清关于夸大第一语言干扰作用的事实。根据克拉申的"监察假设"，语法在外语教学中的主要作用应是监察作用。外语教学的目的之一就是鼓励学生正确运用语法，使理想的监察充分发挥作用，在不妨碍正常交际的情况下运用语法规则，如学生在写作时因有充裕的时间运用语法规则，故可要求其努力使作品更加完善。在会话时，监察系统不发生作用，外语教师就应鼓励学生尽量多讲，不必受语法规则的限制。

（六）合理使用母语

根据克拉申"自然习得语法顺序的假设"，学习者学习外语时，母语和外语几乎有完全相同的习得语法顺序。他重新评价了第一语言在第二语言教学中的作用，对以前夸大第一语言在第二语言学习中起干扰作用的理论进行了纠正。我国外语学习者大都是在汉语环境中学习外语的。若把汉语视为学外语的障碍而在教学活动中不许使用汉语，那在有些情况下势必影响大量的输入和输出。我们学外语不是为了忘掉汉语，而是要借助汉语更好地学习外语。外语教学中，适当运用汉语可以帮助学生更好、更快地理解外语，加速学生对外语的习得。

（七）重视习得和学习相结合

根据克拉申的观点，运用第二语言的流利程度不是通过学习语言规则达到的，而是在合适的输入环境中慢慢形成的。学习第二语言时，习得是首位的，学习是第二位的。根据中国外语教学的现实，学生不可能在外语环境中习得外语，最终获得的外语能力主要来自课堂上的正确学习，对他们来说，学习和习得同等重要。当然，外语教师要尽量创造和利用外语学习环境，使习得与学习更好地结合起来。

克拉申的第二语言习得理论尽管有许多不足之处，但它的提出对第二语言习得理论的发展和第二语言教学产生了积极的影响，起到了重大的促进作用，特别是输入假说与情感过滤假说，对外语教学与实践有着重要的指导意义。

克拉申第二语言学习理论可归结为以下两点：一是习得比学得更重要。二是为了能够习得语言，必须具备两个条件。首先，能理解的语言材料（如果是理解了的语言材料更好）应该是i+1，即稍稍超过学习者的目前水平。其次，心理障碍应该小，以便语言材料能进来。

对于在非母语环境中的外语学习来说，学得是不可替代的学习方式。因此，学校对于初学者来说，是最理想的习得场所，这比他置身在国外母语环境中自然习得还好。因为教师可以根据学生的水平保证学生接触的都是"可理解的输入"。为此，我国的外语教育政策制定者和各级教育行政部门管理者应大力营造外语教育的大环境，各级学校领导和外语教师要努力创造本单位外语教学的小环境。这样，我们就能进一步完善外语教学，实现培养学生外语交际能力的教学目标。

第五节　建构主义理论

一、建构主义理论的含义与教学设计原则

（一）建构主义理论的含义

建构主义（constructivism）理论也译作结构主义理论（结构主义是structivism，两者既有联系，也有区别），是认知心理学派中的一个分支。建构主义理论的一个重要概念是图式，图式是指个体对世界的知觉理解和思考的方式。也可以把它看作是心理活动的框架或组织结构。图式是认知结构的起点和核心，或者说是人类认识事物的基础。因此，图式的形成和变化是认知发展的实质，认知发展受三个过程的影响：同化、顺应和平衡。

（二）建构主义理论的教学设计原则

建构主义理论强调以学生为中心，认为学生是认知的主体，是知识意义的主

动建构者；教师只对学生的意义建构起帮助和促进作用，并不要求教师直接向学生传授和灌输知识。在建构主义学习环境下，教师和学生的地位、作用和传统教学相比已经发生了很大的变化。[1] 近年来，教育技术领域的专家们进行了大量的研究与探索，力图建立一套能与建构主义学习理论及建构主义学习环境相适应的全新的教学设计理论与方法体系。尽管这种理论体系的建立是一项艰巨的任务，并非短期内能够完成。但是其基本思想及主要原则已日渐明朗，并已开始实际应用于指导基于多媒体和 Internet 的建构主义学习环境的教学设计。建构主义使用的教学设计原则如下。

1.强调以学生为中心

明确"以学生为中心"，这一点对于教学设计有着至关重要的指导意义，因为从"以学生为中心"出发还是从"以教师为中心"出发，将得出两种全然不同的设计结果。至于如何体现以学生为中心，建构主义认为可以从三个方面努力：要在学习过程中充分发挥学生的主动性，要能体现出学生的首创精神；要让学生有多种机会在不同的情境下去应用他们所学的知识（将知识"外化"）；要让学生能根据自身行动的反馈信息来形成对客观事物的认识和解决实际问题的方案（实现自我反馈）。

以上三点，即发挥首创精神、将知识外化和实现自我反馈，可以说是体现以学生为中心的三个要素。

2.强调"情境"对意义建构的重要作用

建构主义认为，学习总是与一定的社会文化背景即"情境"相联系的，在实际情境下进行学习，可以使学习者能利用自己原有的认知结构中的有关经验去同化和索引当前学习到的新知识，从而赋予新知识以某种意义；如果原有经验不能同化新知识，则要引起"顺应"过程，即对原有认知结构进行改造与重组。总之，通过"同化"与"顺应"才能达到对新知识意义的建构。在传统的课堂讲授中，由于不能提供实际情境所具有的生动性、丰富性，因而将使学习者对知识的意义建构发生困难。

3.强调"协作学习"对意义建构的关键作用

建构主义认为，学习者与周围环境的交互作用，对于学习内容的理解（即对知识意义的建构）起着关键性的作用。这是建构主义的核心概念之一。学生们在

---

[1] 陈静，陶丽坤.英语实践教学反思[M].成都：电子科技大学出版社，2017：79.

教师的组织和引导下一起讨论和交流，共同建立起学习群体并成为其中的一员。在这样的群体中，共同批判地考察各种理论、观点、信仰和假说；进行协商和辩论，先内部协商（即和自身争辩到底哪一种观点正确），然后再相互协商（即对当前问题摆出各自的看法、论据及有关材料并对别人的观点做出分析和评论）。通过这样的协作学习环境，学习者群体（包括教师和每位学生）的思维与智慧就可以被整个群体所共享，即整个学习群体共同完成对所学知识的意义建构，而不是其中的某一位或某几位学生完成意义建构。

4.强调对学习环境（而非教学环境）的设计

建构主义认为，学习环境是学习者可以在其中进行自由探索和自主学习的场所。在此环境中，学生可以利用各种工具和信息资源（如文字材料、书籍、音像资料、CAI 与多媒体课件及 Internet 上的信息等）来达到自己的学习目标。在这一过程中，学生不仅能得到教师的帮助与支持，而且学生之间也可以相互协作和支持。学习应当被促进和支持，而不应受到严格的控制与支配；学习环境则是一个支持和促进学习的场所。在建构主义学习理论指导下的教学设计应是针对学习环境的设计而非教学环境的设计。因为，教学意味着更多的控制与支配，而学习则意味着更多的主动与自由。

5.强调利用各种信息资源来支持"学"

为了支持学习者的主动探索和完成意义建构，在学习过程中要为学习者提供各种信息资源（包括各种类型的教学媒体和教学资料）。这里利用这些媒体和资料并非用于辅助教师的讲解和演示，而是用于支持学生的自主学习和协作式探索。对于信息资源应如何获取、从哪里获取，以及如何有效地加以利用等问题，是主动探索过程中迫切需要教师提供帮助的内容。

6.强调学习过程最终目的是完成意义建构

在建构主义学习环境中，强调学生是认知主体，是意义的主动建构者，所以是把学生对知识的意义建构作为整个学习过程的最终目的。教学设计通常不是从分析教学目标开始，而是从如何创设有利于学生意义建构的情境开始，整个教学设计过程紧紧围绕"意义建构"这个中心展开，不论是学生的独立探索、协作学习还是教师辅导，总之，学习过程中的一切活动都要从属于这一中心，都要有利于完成和深化对所学知识的意义建构。

三、建构主义教学策略

（一）支架式教学（Scaffolding Instruction）

支架式教学被定义为："支架式教学应当为学习者建构对知识的理解提供一种概念框架（conceptual framework）。这种框架中的概念是为发展学习者对问题的进一步理解所需要的，为此，事先要把复杂的学习任务加以分解，以便于把学习者的理解逐步引向深入。"

支架原本指建筑行业中使用的脚手架，在这里用来形象地描述一种教学方式：儿童被看作是一座建筑，儿童的"学"是在不断地、积极地建构着自身的过程；而教师的"教"则是一个必要的脚手架，支持儿童不断地建构自己，不断地培养新的能力。支架式教学是以苏联著名心理学家维果斯基的"最近发展区"理论为依据的。维果斯基认为，在测定儿童智力发展时，应至少确定儿童的两种发展水平：一种是儿童现有的发展水平，一种是潜在的发展水平，这两种水平之间的区域称为"最近发展区"。教学应从儿童潜在的发展水平开始，不断创造新的"最近发展区"。支架教学中的"支架"应根据学生的"最近发展区"来建立，通过支架作用不停地将学生的智力从一个水平引导到另一个更高的水平。支架式教学由以下几个环节组成：

搭脚手架——围绕当前学习主题，按"最近发展区"的要求建立概念框架。

进入情境——将学生引入一定的问题情境。

独立探索——让学生独立探索。探索内容包括：确定与给定概念有关的各种属性，并将各种属性按其重要性大小顺序排列。探索开始时要先由教师启发引导，然后让学生自己去分析；探索过程中，教师要适时提示，帮助学生沿概念框架逐步攀升。

协作学习——进行小组协商、讨论。讨论的结果有可能使原来确定的、与当前所学概念有关的属性增加或减少，各种属性的排列次序也可能有所调整，并使原来多种意见相互矛盾，并且态度纷呈的复杂局面逐渐变得明朗、一致起来。在共享集体思维成果的基础上达到对当前所学概念比较全面、正确的理解，即最终完成对所学知识的意义建构。

效果评价——对学习效果的评价，包括学生个人的自我评价和学习小组对个人的学习评价，评价内容包括：自主学习能力，对小组协作学习所做出的贡献，是否完成对所学知识的意义建构。

（二）抛锚式教学（Anchored Instruction）

这种教学要求建立在有感染力的真实事件或真实问题的基础上。确定这类真实事件或问题被形象地比喻为"抛锚"，因为一旦这类事件或问题被确定了，整个教学内容和教学进程也就被确定了（就像轮船被锚固定一样）。建构主义认为，学习者要想完成对所学知识的意义建构，即达到对该知识所反映事物的性质、规律及该事物与其他事物之间联系的深刻理解，最好的办法是让学习者到现实世界的真实环境中去感受、去体验（即通过获取直接经验来学习），而不是仅仅聆听别人（例如教师）关于这种经验的介绍和讲解。由于抛锚式教学要以真实事例或问题为基础（作为"锚"），所以有时也被称为"实例式教学"或"基于问题的教学"或"情境性教学"。

抛锚式教学由这样几个环节组成：

创设情境——使学习能在和现实情况基本一致或相类似的情境中发生。

确定问题——在上述情境下，选择出与当前学习主题密切相关的真实性事件或问题作为学习的中心内容。选出的事件或问题就是"锚"，这一环节的作用就是"抛锚"。

自主学习——不是由教师直接告诉学生应当如何去解决面临的问题，而是由教师向学生提供解决该问题的有关线索，并特别注意发展学生的"自主学习"能力。

协作学习——讨论、交流，通过不同观点的交锋，补充、修正、加深每个学生对当前问题的理解。

效果评价——由于抛锚式教学的学习过程就是解决问题的过程，由该过程可以直接反映出学生的学习效果。因此，对这种教学效果的评价不需要进行独立于教学过程的专门测验，只需在学习过程中随时观察并记录学生的表现即可。

（三）随机进入式教学（Random Access Instruction）

由于事物的复杂性和问题的多面性，要做到对事物内在性质和事物之间相互联系的全面了解和掌握，即真正达到对所学知识的全面而深刻的意义建构是很困难的。往往从不同的角度考虑可以得出不同的理解。为了克服这方面的弊病，在教学中就要注意对同一教学内容，要在不同的时间、不同的情境下，为不同的教学目的，用不同的方式加以呈现。换句话说，学习者可以随意通过不同途径、不同方式进入同样教学内容的学习，从而获得对同一事物或同一问题的多方面的认识与理解，这就是所谓的"随机进入教学"。显然，学习者通过多次"进入"同一教学内容将能达到对该知识内容比较全面而深入的掌握。这种多次进入，绝不是像传统教学中那样，只是为了巩固一般的知识、技能而实施的简单重复。这里的每次进入都有不同的学习目的，都有不同的问题侧重点。因此，多次进入的结果，绝不仅仅是对同一知识内容的简单重复和巩固，而且是使学习者获得对事物全貌的理解与认识上的飞跃。

随机进入教学主要包括以下几个环节：

呈现基本情境——向学生呈现与当前学习主题的基本内容相关的情境。

随机进入学习——取决于学生"随机进入"学习所选择的内容，而呈现与当前学习主题的不同侧面特性相关联的情境。在此过程中，教师应注意发展学生的自主学习能力，使学生逐步学会自己学习。

思维发展训练——由于随机进入学习的内容通常比较复杂，所研究的问题往往涉及许多方面，因此，在这类学习中，教师还应特别注意发展学生的思维能力。

小组协作学习——围绕呈现不同侧面的情境所获得的认识展开小组讨论。在讨论中，每个学生的观点在和其他学生及教师一起建立的社会协商环境中受到考察、评论，同时每个学生也对别人的观点、看法进行思考并做出反应。

学习效果评价——包括自我评价与小组评价，评价内容包括：自主学习能力，对小组协作学习所做出的贡献，是否完成对所学知识的意义建构。

四、建构主义的局限性

（一）教师及知识传递的作用被忽视

"知识并不都是由认知主体被动地接受而来，而更多地是由认知主体主动建构而成。"就这一主张来说，建构主义强调的是认知主体自我学习的主动性，认为没有经过学习者自身的主动建构，知识是不可能由他人传递给认知主体的。然而，广大教育者基于对这一理论内涵的理解，认为建构主义教育思想的核心是"以学生为中心"，学生是自己的知识建构者。据此，很多教育者片面地接受并应用建构主义的指导思想于教育教学中，过分强调学生在学习过程中的主动建构，从而忽视教师在课堂教学过程中的辅助作用。

（二）过分重视意义建构

建构主义理论将"意义建构"作为学习过程的最终也是最难达到的目标，因此，教育者非常重视意义建构在教学过程中的作用。知识是在学习过程中变化与演进过来的，当学生自我建构出现偏离的时候，教师如何能够及时发现并对其进行指导，使学习者修正自我的建构，最终进行正确的知识建构，才是课堂教学所发挥的作用。如果教师不能及时发现并修正学生错误的建构，让学生在偏差的道路上越走越远，最终可能将错误的知识进行识记并应用于学习过程中或者现实生活中。建构主义理论影响下的教学中还有一个矛盾，即学习时间有限与知识无限之间的矛盾。如果单纯地任由学习者自主学习建构知识，课上的那几十分钟是否充足？学习者是否可以在规定的时间自我建构出正确的知识，不至于出现盲目、低效的学习？教育者在教学过程中应用建构主义理论时，一定要特别关注这些问题。

（三）过度使用建构主义理论，不利于常识性知识和实际知识内容的学习

建构主义理论认为学习是学习者在新旧经验的相互作用下，通过学习者的自我建构形成、丰富和发展自身的认知结构的过程。但是这一观点在倡导意义建构的同时忽略了外部技能的训练和间接经验的学习重要性。首先，不是任何性质的知识都能通过意义建构的方式习得，外部技能的知识就只能通过熟能生巧的方式获得（如体育运动）。其次，也不是每类知识都可以通过意义建构获取，死亡、灾难等这类知识是不可能创设情境的，只能通过间接经验去学习。如果教师要求学习者在没有到达一定的学习程度时进行建构，这样的做法对学生而言就是一种无形的压力，在实践中亦会陷入无尺度的虚无主义，走向另一个极端。

（四）强调创设情境的重要性，导致重理论轻实践

建构主义者认为，知识是在具体情境下和可感知的活动中形成的。与传统教学相比，突出了创设情境的重要性。因此，基于建构主义的观点，研究者提出可以指导教学设计、适应教学环境设计的新的方法与原则。随着新课程改革的到来，理论指导思想日益完善，但是教育教学实践的"真正"改革却没有完全实现。课堂讲授主要还是借助计算机讲解演示来辅助进行，即使是像现代教育技术、信息技术、计算机基础等课程中，媒体的使用也基本是用于支持教师讲授、学生被动接受的教师中心模式，而很少开展一些以学生为中心的教学活动。理论的指导存在，却没有真正做到理论与实践相结合，更没有落实到具体的教学实践中。

第六节　合作学习理论

一、合作学习的含义

合作学习（cooperative learning）是 20 世纪 70 年代初兴起于美国，并在 70 年代中期至 80 年代中期取得实质性进展的一种富有创意和实效的教学理论与策略。由于它在改善课堂内的社会心理气氛，大面积提高学生的学业成绩，促进学生形成良好非认知品质等方面实效显著，很快引起了世界各国的关注，并成为当代主流教学理论与策略之一，被人们誉为"近十几年来最重要和最成功的教学改革"。自 20 世纪 80 年代末 90 年代初开始，我国也出现了合作学习的研究与实验，并取得了较好的效果。●

合作学习是一种结构化的、系统的学习策略，由 2~6 名能力各异的学生组成一个小组，以合作和互助的方式从事学习活动，共同完成小组学习目标，在促进每个人的学习水平的前提下，提高整体成绩，获取小组奖励。

二、合作学习的理论基础

一般认为，合作学习是指在教学过程中，以学习小组为教学基本组织形式，教师与学生之间、学生与学生之间，彼此通过协调的活动，共同完成学习任务，并以小组总体表现为主要奖励依据的一种学习方式和教学策略。合作学习的产生和发展有着坚实、科学的理论基础。合作学习的理论基础主要表现在如下几个方面。

（一）建构主义学习理论

建构主义学习理论认为学习过程不是学习者被动地接受知识和由外向内地传递知识的过程，而是积极地、主动地建构知识和经验的过程，也就是说，学习的结果不是学生接受了知识，而是学生个体知识经验得到了改组。教学要增进学生之间的合作，使学生看到那些与他不同的观点。学生在教师的组织和引导下一起讨论和交流，这样，教师和学生每个人的观点、智慧都可以共享，整个学习群体共同完成所学知识的意义建构。因此，合作学习得到建构主义者的广泛重视。

● 田春艳.现代教育信息化理论的整合与创新研究 [M].西安：西安交通大学出版社，2018：69.

（二）最近发展区理论

维果斯基在文化历史心理理论的基础上提出了著名的"最近发展区"的理论假设。他认为"儿童的心理发展存在两个水平：第一是实际发展水平；第二是潜在发展水平，儿童在别人帮助或与同伴合作的情况下解决问题所表现出来的心理发展水平。这两个水平之间的差异称为最近发展区"。因此，教学应该先于儿童的发展，以创造最近发展区，促使儿童达到潜在的发展水平。在这两个水平的动态交互作用的过程中，儿童的心理水平不断由低向高发展。儿童在彼此最近发展区内合作，会表现出比单独活动更为高级的行为。不同的学生可以在合作中取长补短，加深对问题的理解，促进学习质量的提高。

（三）社会互赖理论

在一个合作性的集体中，具有不同智慧水平、不同知识结构、不同思维方式的成员还可以互相启发、互相补充，在交流的撞击中，产生新的认识，用集体的力量共同完成学习任务。在合作学习中，学生不需要担心个人学习的失败和紧张，也不必畏惧教师的权威。他们有一个共同的目标，相互依靠，为个人提供了动力，使他们互勉、互助、互爱。教师是以总体表现为奖励依据，对那些动机、毅力、责任心差的学生会产生积极的群体压力，从而产生学习的动力，提高学习的效果。

三、合作学习的基本要素

目前，实践中运用着的合作学习方法或策略种类繁多，异彩纷呈。约翰逊兄弟（Johnson D.W. & Johnson R.T.）认为，对于任何一种形式的合作学习方法来说，有五个要素是不可缺少的。

（一）积极互赖

要求学生们知道，他们不仅要为自己的学习负责，而且要为其所在小组的其他同伴的学习负责。小组成员之间是沉浮与共、休戚相关的关系。强调小组成功需要每一个小组成员的努力，每个小组成员由于彼此在角色、资源和工作责任上的关联，对小组都会有其独特的贡献。在合作学习中，每个学生都有两个责任：一是学会分配学习材料；二是要确保所有小组成员都学会。

（二）面对面的促进性互动

要求学生进行面对面的交流，组内学生相互促进彼此学习的成功。教师要尽量多地提供学生互相帮助、互相支持、互相鼓励的机会，并对他们彼此为学习而做出的努力给予肯定和赞扬。

（三）个人责任

要求小组中每个成员承担一定的学习任务，并要掌握所分配的任务，小组的成功取决于所有成员个人的学习。为了鼓励每个成员参与活动，在进行小组活动时必须分工明确，责任到人。

（四）社会技能

要求教师教会学生一些社交技能，以进行高质量的合作。小组社会技能主要包括：彼此认识并相互信任；正确无误地进行沟通；相互接纳且相互支持；能建设性地解决冲突。这些社会技能是有效互动的重要条件，在合作学习教学中应教给学生。

（五）小组自评

要求小组定期地评价共同活动的情况，检讨小组运行情况和功能发挥程度，以保持小组活动的有效性。

四、合作学习的特点

（一）激发学生的自主学习

在建构主义关于合作学习的理论指导下的英语教学中，教师不再直接把现成的英语知识教授给学生，而是在确定教学目标后，发动或引导学生自己去查阅资料，独立地去探索或发现新知识。在这一过程中，每个学生都根据自己的特点、采用不同的方式、通过不同的渠道来学习同样的教学内容，积极主动地获取自己所需的第一手资料，从而获得对同一问题多方面的认识和理解。

（二）培养学生用英语进行交流的习惯

以合作学习小组的形式促使学生用英语讨论自己对所学内容的理解，交流对英语知识的认识，展示自己学习英语的成果。由于家庭背景、遗传因素、性格、智力、兴趣爱好、语言能力存在差异，每个学生对所学的英语知识都会产生自己独特的见解，对同一问题会产生多种观点和答案。只有通过不同观点的相互作用，才能加深对学习内容的理解，推动知识意义的建构。在师生/生生讨论、交流、辩论、共享思维成果的过程中，学生学会分享各自的长处，以补充、加强自己不足的地方，最终对所学的英语知识形成一个比较全面、深入的理解，达到认识上的飞跃。

（三）促成和谐、融洽的新型师生关系

英语教师的作用不应局限于布置任务和促进学习者之间的互动，更应该为学习者创造良好的学习氛围，一种可以激励学生学习和使学习变得轻松的环境。英

语教师要为学生创造愉快和谐的英语学习环境和民主融洽的学习氛围，就要放下教师的架子，和学生打成一片，与之建立平等、开放、互助、合作的师生关系，以缓解学生的紧张情绪，激发其表现力和创造力，使他们对英语更感兴趣，学习更加轻松，综合运用语言的能力更上一层楼。

（四）改进学习氛围

在合作学习的过程中，教师的鼓励和启发及同伴的激励，可以促使学习者之间形成一种你追我赶、相互学习的风气。在这种氛围中，学生们会更加积极、主动地投入到教学活动中，激发出学习英语的热情，积极地展示自己学习英语的成果，从而使集体智慧为个体所共享。这样不但能拓宽个体的知识，使个体的智慧得到提升，还能发挥学生学习的创造性，锻炼与他人合作的交际能力，主动探索知识的能力，表达、沟通和分享的能力，独立思考和解决问题的能力，同时提高用英语交际的能力及组织活动的能力，从而推动学生英语学习的进程。

五、合作学习的作用

合作学习是现代教育的重要方式，是提高课堂主体参与效率、增强学习密度、拓宽学习情感交流的重要方法。合作学习有其独特的优势，以其科学的方法对我国传统的教学方法提出了挑战，为我国基础教育改革提出了一个很好的方法。具体地说，合作学习的作用有以下几点。

（一）提高学习者的学习成绩和学习动机

合作学习的大多数提出者都认为，在一个异质团体中学习对所有学生都有益。能力较差的学生通过和能力强的学生一起学习可以学到更多，而后者则通过扮演传授者的角色获益。而且合作学习能够提高学生对学业学习的价值判断，并改变对于成功的一些看法。同时，合作学习可以提高学生的学习动机，可以激发学生的潜能，从而提高学生的创新能力。

（二）提供对多样性的宽容和接纳

合作学习的另一个作用在于让不同种族、文化、社会阶层的人更加宽容和相互接纳。也可以让不同个性、能力、价值观、习惯的学生学会相互尊重、宽容。合作学习为不同背景和条件的学生提供了一个相互依赖、共同解决问题的机会，通过合作学习，使学生学会互相欣赏，形成尊重他人的良好品质。

（三）提高学生的合作意识和集体观念，提高他们的合作技能

在成人社会中，大量的工作在大型组织与合作下完成，这要求个体的技能要

有文化多样性和全面性。可是，许多成人和年轻人一样缺少有效的社交技能。在一个竞争的环境中，学生间的交流会变得很少，学生间的相互帮助也减少了，同学和教师之间互不尊重、互不交流，竞争与个体化的学习情境阻碍了学生的有效学习和才能的发展。因此，学生必须将同学与教师视为合作者，而不是自己学习和个人成功的障碍。所以，教师的任务是构建学习环境，让学生们在一起合作学习，使他们获得更大的收获。学生进行合作学习的机会越多，他们越能提高合作技能，从中获益越大。

（四）有利于建立和谐、民主、合作的新型的师生关系

合作学习并不是要简单地否定班级授课制，而是针对班级授课制的弊端进行尽可能的改革和改造。它强调班级教学和小组教学相结合。在合作学习中，教师的领导力量减弱。不是权威，而是顾问、同伴、帮助者、促进者的角色。这样不仅减轻了学生的负担，同时也提高了学生学习的积极性与参与度。在合作学习中，建立了师生互动、生生互动的多方面的关系，这样使得学生主体性得到了体现，自然会产生求知欲望，会将学习当作乐趣，最终进入会学和乐学的境界，因而有利于建立和谐、民主、合作的新型的师生关系。同时，在合作学习中，由于允许学生以自己的速度学习不同水平的单元知识，并对每个小组的学习结果进行统计，这种方法将个人责任与集体责任有机地统一起来，做到因材施教。

第四章　中小学英语教学内容

　　基础教育阶段英语课程的总体目标是培养学生的综合语言运用能力。综合语言运用能力的形成，建立在学生语言技能、语言知识、情感态度、学习策略和文化意识等素养整体发展的基础上。本章分别从语言知识教学、语言技能教学、语言文化教学、情感与学习策略教学等几个方面进行了详尽的阐述。

第一节　中小学英语语言知识教学

一、中小学英语语音教学

（一）语音教学在英语教学中的重要性

1. 语音是英语语言学习的基础

　　语音是构成语言的三大要素之一，是语言学习的基础。英国语言学家吉姆森说："要学会讲任何语言，一个人只需它的 50%~90% 的语法、1% 的词汇便足够用了，但语音知识却必须近乎 100% 掌握。"学英语，语音是第一关。就好比建房子，语音相当于房子的地基，地基不打好，整个房子自然建不牢固。掌握扎实的语音基础，可以激发学生的学习兴趣，提高学英语的自信心。一个人说英语结巴，当他发现自己的语言表达有问题，别人不爱听时，久而久之，他也不爱说了。所以，语音是语言教学的基础，语音教学在语言学习中起着举足轻重的作用。

2. 语音是表达情感的基本工具

　　语音包括语言的声音系统、重音和节奏、语流和语调。语音好比是语言的外壳，最先让人们触及感知一个人的情感，在表达意思上也更具有生动性。衡量一个人的英语水平如何，语音是关键因素之一。英语是一门语言，是人们用来互相沟通交流的工具之一，它是有声的，从说话人声音的高低、语气的急促与否，听话者就可以感知说话人的情绪，比如"你怎么还不来？"这句话可以传达出多种意思，如果说话人用短而冲的语气说，我们就知道他一定很生气；假如换一种语气，慢慢地、柔柔地说，那他的心情或许还不错，这就是语气语调不同所表达出不同的情感效果。语音赋予语言以灵魂，赋予语言以生命力。

（二）中小学英语语音教学的原则

语音是中小学生英语学习的关键性因素，教师在教学中应坚持以下原则。

1.模仿与实践相结合

模仿是学生学习语音的重要途径。语音教学主要靠教师示范，辅以音像资料的视听。教师示范时，口形、舌位要正确，并适当讲解要领，让学生在听清看明的基础上进行大量模仿和操练，形成正确的发音技能。在课外，如果学生能在真实的交际活动中练习，则能取得更大的进步。低年级音标教学的重点应当放在教授字母发音、单词音素发音、韵律和语调等方面。学生正处于乐于模仿，乐于开口的时候，教师可设计一些让学生多听、多模仿原声活动。

2.准确性与可理解性相结合

在教学中，教师的发音要力求准确、清晰，强弱轻重有节奏，语调规范。但是，在评价学生语音学习结果时，不能追求百分之百的正确，更不能要求他们发音像说母语那样流畅、纯正，富有异国情调，而是要宽容学生的错误，因为错误是任何学习过程中自然的、不可缺少的部分。只要是可理解的发音都是可接受的，让人听懂是更为现实的语音学习目标。

3.部分与整体相结合

为了方便学习，我们可以将语音教学分成若干部分（元音、辅音、重读、节奏、语调等）分别开展教学，这样既有利于学生各个击破，也便于教师评价和反馈，确定教学的重点和难点。但是，语言知识与语言能力、形式与意义、准确与流畅等在教学中应协调处理，不可偏废。"部分不等于整体，整体大于部分之和"，因此，学习这些语言"碎片"的同时，应加强从单词到句子再到语篇层面的听说读写活动，让学生学以致用，在运用中学习、巩固语音知识和语音技能，发展学生的整体语言素质。语音教学不可孤立进行。教师要将语音教学同字母教学、单词教学、句型教学、阅读教学有机结合起来，渗透在语音课堂教学中。《英语课程标准》中强调英语课程改革的重点之一是发展学生的综合语音运用能力。所以，在教授拼读识词的基础上，教师同时还要注意培养学生整体感知语言和运用语言的能力。

4.集中学习与分散巩固相结合

教师既要有计划地安排教学内容，又要有不断复现、提高语音技能的长远打算。26个字母和48个音素，不同字母和字母组合的发音，轻重音，以及听说读写的各个教学环节，从小学到高中都要准确地把握各个阶段的语音教学内容、任务和要求，常抓不懈，贯穿始终。因此，中小学英语教师一定要熟悉《英语课程标准》中有关语音学习的要求，做到在教学中有的放矢。

5.全面性与针对性相结合

语音教学应关注语言教学的整体，关注学生语言素质的全面发展。但是，教学更应关注的是学生的个性，主动选择那些最适合学生的教学内容和教学方法，开展针对性的语音教学。此外，还应针对母语或地方方言对学生的影响和可能出现的困难进行重点操练，加强个别辅导，重在纠音，避免形成语音、语调的后遗症。

6.趣味性与实效性相结合

语音学习是枯燥的。因此，语音教学活动、教学方法、教学手段要力求有趣，力避形式单一、枯燥乏味，以吸引学生的选择性注意，激发学生的学习兴趣。有趣，才能吸引学生对新学内容的主动感知。就纠正学生语音错误而言，有趣则是裹在"良药"外的"糖衣"。因此，要处理好趣味性和实效性的关系，确保服务于有效学习。

7.长期性与阶段性相结合

语音教学是贯穿英语教学始终的，不同阶段有不同的侧重点。作为教师，首先应该做到节节坚持，逐步渗透。随着学生水平的提高，教学中减少纯技能训练，增加语言运用时语音的指导。其次，要对语音教学的长期性有足够的认识。中小学生学习英语缺少客观的英语语言环境，这就需要教师充分利用课堂教学对学生进行语音训练。根据《英语课程标准》，从小学到高中，均有对语音的要求，这就说明英语语音学习与教学并非在某一阶段就可完成，而是需要一个长期的过程。当然，在不同的学习阶段，也应该有相应的侧重。比如，在初中英语语音教学中，我们一般将其分为三个阶段。

第一阶段属于起始阶段，是学生对语音语调的感性认识和模仿阶段。这个阶段应以语音、语调的输入为主。因此，教师在起始一年级的单词/音素教学中，要注意词形和音素的整体呈现，教授一些简单的拼读规则。教师要多给学生语音的输入，训练学生大量地听和模仿。语音能力培养主要应以听说模仿、认读为主。语音语调的学习主要以感知为主。教师应注意培养学生良好的语言习惯。

第二阶段为语音、语调输入和拼写阶段。这个阶段，学生语音能力的发展特点是：对发音规则有了一定的认识，但仍然处于模仿阶段。因此，这个阶段的教学任务是继续听说认读的训练，拼写跟上。教师要注意培养学生的语音意识，训练学生掌握拼读规则，音节、语句重音和英语的基本语调及其表达的意义，培养学生能根据拼读规则和字母组合发音规则见词能读、听词能写的能力。

第三阶段为语音、语调输入和拼写并行阶段。这个阶段的学生已经有了一定的语音语调基础，了解了一些拼读规则。在教学中，教师要训练学生掌握一些英语中的典型发音特征。如连读、失爆、弱读、同化、停顿、节奏等。这些发音特征的掌握有助于学生听力、口语表达、阅读及写作能力的发展。

（三）中小学英语语音教学的有效策略

1.营造轻松愉快的语音学习环境

语音学习与学生的自我认知和自信程度密切相关，语音实践教学的一个新的发展动向就是强调学习的情感域，而不是传统的知识获取。身体放松、情绪平静的状态才是接受学习的最佳状态。一定程度的自信心能够促进语言学习者进行语言输出。因此，创造一个相对轻松的语言学习环境是现代语音教学中教师首要关心的问题。教师在教学中可以采取很多办法，比如，课前播放一首英文歌曲让学生听，既可以放松心情，又能提高学生的学习兴趣，同时这其实也是英语语音教学的一部分，让学生感受英语歌曲的节奏和语调。教师也可以讲个英语小笑话或短故事，活跃课堂氛围。

2.采用传统与创新相结合的教学方法

在传统的听录音、读句子等语音教学方法的基础上，教师应创新英语语音教学方法，如音频视频教学法、模仿电影对白、练习绕口令、唱英文歌曲、背诵英文歌谣、表演英文戏剧等。其中，多媒体的运用尤为重要。多媒体在英语语音教学中有着其他教学工具无法比拟的优势。这种全新的教育模式集文字、图像、动画、声音为一体，可以满足学习者视觉、听觉等全方位的感官需要。[1]多媒体信息处理系统具有播音、录音及声音剪辑功能，解决了困扰电脑辅助语言教学中的声音问题，实现了通过有声语言进行人机对话的梦想。多媒体技术使电脑辅助语言教学登上了一个新的台阶，不但可以运用于词汇、语法、阅读等方面的辅助学习，而且为语音教学的革新提供了前所未有的可能性。现在农村中小学逐步实现了班班通，为运用多媒体英语语音教学提供了基础条件。

---

[1] 刘磊.试论多媒体在中小学英语教学中的应用 [J].理论观察,2014(12):177—178.

3.培养学生语音学习的自信

在语音学习中，有些学生常常因为掌握不了语音语调而产生焦虑和紧张情绪，甚至丧失信心。有的学生非常害羞，在他们眼中，所谓的"面子"比学到知识更重要，他们担心如果读错了会被同学和老师笑话，还有一部分学生是完美主义者，没有足够的把握他们绝不回答问题。教师应该经常鼓励学生，善于发现学生的闪光点，并找到适当的机会加以放大。在平时的学习生活中，教师一句简单的鼓励的话，一个由衷的表扬，甚至一个赞许的眼神，都能使学生的自信心高涨。

有这样一个学生，性格自卑，从不与人交谈，更不要说主动回答问题。笔者在课堂上经常点名让他回答问题，鼓励他开口。刚开始他一句也不答，可是经不起老师的持续关注，慢慢地也能回答一两句，这个时候笔者就及时表扬："你的发音真不错！""你的语调非常好！"有一次布置了背诵任务，第二节课上问谁可以背诵一下，举手的人寥寥无几，却很明显地看到那个学生怯怯地把手举得低低的，于是笔者就让他站起来背诵，他背诵得出乎意料的好，语音语调拿捏准确，班上同学纷纷为他送上了热烈的掌声。后来，这名学生逐渐对英语学习产生了自信，英语成绩也越来越好。

3.培养学生良好的发音习惯

英语语音的学习是个持续的过程，需要学生养成持之以恒的好习惯。英语语言的学习不是有"童子功"就行了，一个学了两年英语的人一旦停止了英语学习，过一段时间后就会发现英语运用起来不怎么顺溜了。如何培养学生学习英语语音的良好习惯？教师可以让学生每天听英语新闻，只是让他们听听，不要求听懂，这种做法是为了培养学生的语感。教师也可以让学生每天读个英语故事，如"Frog's Treasure（青蛙的宝藏）"，或者每天练习一个简单的绕口令：

The eel is ill and the sheep is in a ship.

I eat eel while you peel eel.

A cheap chocolate chip for busy bees.

I see green seaweed by the seashore.

学生经过这样每天的反复持续练习，逐渐就能够把英语语音渗透到实际的英语语言交流中去，英语语音教学也就能达到事半功倍的效果。

二、中小学英语词汇教学

（一）中小学英语词汇教学的意义

英国著名的语言学家威尔金斯（George W. Wilkins）在《语言学与语言教学》中提出："从某种意义上来讲，在语言学习中，单词比语法更重要。没有语法尚可以传递有限的信息，但是，如果没有单词，则任何信息都不可能传递。"威尔金斯精辟的论述阐明了单词在语言学习中的重要地位。语言离不开单词，因为单词是组成语言的最基本材料，没有单词，也就无所谓句子，更无所谓语言。英语教学离不开词汇教学，不掌握一定量的单词，听、说、读、写等各方面技能就无法顺利进行，学生应用语言的各种技能的形成和提高也就无从谈起。

第二语言习得理论同样认为：大量的再认单词是培养语言技能的基础，对于初学者来说，词汇量远比结构准确性重要。研究听力教学的学者们都知道，作为英语知识基础的单词在听力培养中的重要性。他们认为，词汇量的大小从一个侧面决定了听力理解的程度。可以毫不夸张地说，词汇量是制约外语学习效率最重要的因素。纵观国内外语言教学理论与实践，单词学习在外语教学中的重要地位已不言而喻，可以说，词汇量的大小是衡量一个外语学习者水平高低的最重要标志。词汇量达不到要求，学生在听说方面感到困难，听说能力差，自然读写方面也受到影响。因此，单词教学与听、说、读、写能力的培养有着密切联系。

对中小学生而言，他们正处于英语学习的起步阶段。打好单词学习的基础，对他们以后的学习与自学具有深远意义。因此，在中小学阶段，英语教师要注意研究词汇教学方法，激发学生学习英语的兴趣，引导学生逐步掌握单词学习的技巧，适当扩大词汇量，为他们将来的英语学习与发展奠定扎实的基础。

（二）中小学英语词汇教学的原则

1.兴趣性原则

基础阶段英语课程的目的是激发学生学习英语的兴趣，培养他们英语学习的积极态度，使他们初步建立学习英语的自信心，为今后的英语学习奠定基础。中小学生学习英语能否取得成功，在很大程度上取决于他们的学习兴趣。因此，英语教学应当注重激发学生学习英语的强烈愿望，使他们乐于学，并通过多种激励方式，使他们最大限度地保持学习英语的兴趣。教师要注意结合青少年的心理和生理特点，根据他们好动、善模仿、爱说、爱唱、爱表演的特点进行教学。教学方法要灵活多样，通过对话、谜语、故事、绕口令、歌曲、游戏、短剧等生动活泼的课堂活动及竞赛、表演等课外活动，把学习英语与用英语做事情联系起来，鼓励学生积极参与学习活动，大胆实践，体验成功。中小学英语教师必须探索一种符合青少年生理、心理的教学方法，才有利于英语教学的健康发展。初学英语的学生，对英语学习有一种特别的渴求，常常因为会讲几个英语单词而"沾沾自喜"。教师应充分利用和保护他们的这种学习热情，及时给予表扬和鼓励，让其在获得成就感后激发更大的学习热情。在课堂上开展形式多样的个人与个人之间、小组与小组之间的比赛、竞赛、游戏等活动，可以寓教于娱乐之中，从而激发学生的求知欲，使他们积极向上的进取心得到充分发挥。

2. 直观性原则

教育家乌申斯基从儿童心理特征出发，强调直观性原则的重要性，他认为儿童是依靠形式、颜色、声音和感觉来进行思维的。直观教具是多种多样的，包括真实的事物、典型化的模拟物、代替物和象征物、图片、挂图、简笔画、动作、表情等传统直观教学手段，以及录音、录像、电影、电视、多媒体计算机等现代教育技术手段。

目前，中小学英语教材所涉及的单词大多是一些常用的与直接观察到的事物相联系的名词、动词、形容词和人称代词。这类单词都可以通过直观教具或教师的体态语讲授。这样的教学方式既符合青少年好奇心强、对直观教具兴趣浓厚和形象思维比较发达的特点，又能充分调动学生多种感官的参与，使他们在看得见、听得到和摸得着的教学过程中学习单词。在教授单词时，教师可以采用以下三种直观的教学方法。

（1）实物直观教学

即用实物直接呈现所学单词。这要求教师能够就地取材，灵活利用教室中的各种教学资源，或预先准备物品作教具，以直观的实物调动学生学习单词的积极性。

（2）形象直观教学

即运用模型、图片、卡片、简笔画或电教设备等呈现语言，以调动学生的学习兴趣。

（3）言语、动作直观教学

主要指教师运用说、做、唱、演、画的才能，通过生动的语言、丰富的表情和形象的动作吸引学生的注意力。

3. 情景性原则

中小学英语词汇教学中的具体情景是指实际生活情景、模拟生活情景、表演情景和想象情景等。学生在教师语言的引导下，置身特定的学习情景中，使抽象知识具体化和形象化。❶在具体情景中实施词汇教学不但有助于学生在交际中恰当地使用所学单词，而且有利于激发学生的学习兴趣。在具体情景中教单词，不但有助于学生理解，而且有助于学生在交际中恰当地运用。教师在设计词汇教学时要始终坚持一个理念：情景，互动。在情景中呈现、运用，在互动中操练、掌握。在教一些表示具体动作的词，如 walk，run，jump，sing，dance，stand up，sit down 等词时，就要真正动起来。在一些意义具体的单词教学中，要尽量使学生积极主动地把多方面的感知活动加入单词学习中去，如教 cake，hamburger，hot dog，French fries，bread，coke，milk，coffee，tea，juice，water 等词时，教师就可以把课堂变为麦当劳或肯德基专卖店，让孩子们看、触摸、吃、喝这些东西，并进行操练：I like hamburgers/hot dogs/French fries/chicken/coke... What would you like? I'd like some milk/a hot dog...

总之，单词学习不能孤立地进行，词汇教学也不是单词教学，应该结合句子和篇章，帮助学生在情境中理解词义和识记单词，达到记忆和运用的目的。

4. 系统性原则

词的音、形、义之间及单词与单词之间都有一定的联系。英语单词是由音、形、义三要素构成。学习单词首先要学习它的读音，把音读准了，就会为以后记忆单词打下良好的基础。读音的正确与否往往和词的掌握程度成正比。词的拼写也是单词学习的一个重要内容，掌握词的拼写是记忆单词的重要条件，教师要指导学生注意拼读、拼写规则，将词的拼读、拼写同词的发音联系起来。词义的教学是词汇教学的重点，包括单词意义和语法意义。每一个说的和写的词都有固定的一个或多个含义，根据一定的语言规则和约定俗成的语法限定，这些词可以排列成一句句话语，供人们进行交流。总之，要把音、形、义三者作为一个有机结合的统一体来处理，不可偏废，也不可孤立。

5. 词不离句原则

词汇教学不是孤立的英语单词教学，单词只有在形成短语和句子以后才能实现它的交际功能。所以，词汇教学一定要注意其与具体的语境结合，只有让学生真正理解了单词的意义和用法，才能记得牢、用得准。学习单词的目的是要掌握词义、词的搭配和用法，以便能用词造句，表达思想，因此，要把单词放在

---

❶ 刘欣，王瑛．创新教育理念下的中小学英语教学模式初探 [J]. 亚太教育，2019(07):93—94.

句子中来学习、理解和记忆。中小学阶段所学材料相对简单一些，教师在教学中应注意整句教、整句学，学了就能用。如果不考虑教学对象和教材内容，一开始就教单词，看起来是由简入繁，实际上使简单问题复杂化了。在学习一类新的单词时，最好先整句教，在整句操练中如发现学生在某个单词上有困难，教师要随时针对问题进行单项操练，单项的困难解决后应立即再回到整句操练上来，这种"词不离句"的教学方法可以使学生领悟和学会单词的实际意义和用法。

单词的意义存在于特定的语境中，只有联系上下文词义才能明确和具体。如果脱离语境进行词汇教学，即使学生记住了单词的形式和意义，也很难将其运用于实际交际活动中。因此，词汇教学应融入句子和语篇的教学中，做到词不离句，句不离篇。教师应为学生创设运用所学语言的语境，帮助学生在语境中熟悉词义，掌握其用法，深化对单词的理解。

6. 复现与反复性原则

根据艾宾浩斯的遗忘曲线，遗忘的进程是不均衡的，在识记后最初的一段时间遗忘比较快，而后逐渐变慢。在英语词汇教学中，教师应遵循记忆规律，针对青少年学生记忆力好、学得快忘得也快的特点，及时复习单词，使所学的单词有计划地复现，达到使其在学生记忆中"保持"的效果，以便他们在以后的学习中能够"再认"或"回忆"。复现是词汇教学的法宝。有研究认为，学生要真正掌握一个词需要接触该词5~16次。因此，教师应了解复现的重要性，教学中组织和安排复现所教过的单词，在不同的时间、用不同的方式帮助学生复现所学过的单词，尽量减少遗忘率，增强单词的保持和记忆。

中小学英语词汇教学还应遵循高频率及反复性原则，经常以旧带新地进行复习，甚至将词汇教学拓展到课外活动（单词游戏、竞赛等）及家庭作业（向父母展示、手工制作、在外语角与外国朋友打招呼等），让学生充满学习的成就感，激起强烈的学习欲望。

7. 文化性原则

语言和文化相互影响、相互作用。词语是文化信息的载体，各种文化特征都会在该语言的单词里留下它们的印记。英语单词作为语言的构成部分，其词义结构和搭配也被深深地打上了英语国家的文化烙印。在英语中，概念意义与母语中一致的两个词很可能在文化意义上大相径庭。如在西方文化中 dragon（龙）是凶残肆虐的怪物，是邪恶的代名词，而龙在中国文化体系中是高贵、神圣、伟大和强大生命力的化身。因此，在英语教学中导入与目的语语义和目的语语用相关的文化内容是很有必要的。教师在教会学生掌握单词的概念意义的基础上，不仅要挖掘单词内容的文化因素，展示其中的文化内涵，还要善于揭示单词的文化特征，进行英语单词和汉语单词的跨文化对比，使学生在学习单词知识的同时提高跨文化意识。总之，教师在词汇教学中坚持文化性原则，不但能够加深学生对英语文化本质特征更深入的了解，而且还可以培养他们对英语文化和英语学习的兴趣，从而提高他们跨文化交际的意识和能力。

8.情感性原则

单词学习同语音、语法相比，更为艰苦，所以非智力因素的作用，就更加重要。大量集中识词，就是对意志的考验和锻炼。在词汇教学中，要时刻培养中小学生浓厚的兴趣、明确的动机、坚强的意志、合作的态度和愉快的情绪，这些都是提高学习效率的关键。在充分调动学生学习积极性的同时，要帮助学生克服学习过程中的负焦虑（保持中等焦虑，学习效果最佳）。

（三）中小学英语词汇教学的有效策略

1.清楚授课层次

如今新课程标准背景下，在中小学英语词汇教学过程中，教师需要明确授课层次，这样才能保证课堂教学顺利展开。这样，学生在学习过程中，能够掌握更多词汇量，对词汇有更好的理解，能够将词汇熟练使用。所以，在中小学英语词汇教学过程中，教师需要根据英语教学大纲要求，从听、说、读、写四个方面向学生传授词汇。对每个单元不同单词展开分层次教学，了解侧重点，哪些单词是必须掌握的，哪些单词只需要简单了解，这些问题教师需要做到心中有数。这样不仅在教学过程中能够提升教学质量与教学效率，还能够使学生对单词有更好的理解与掌握，调动学生的学习积极性。例如，friend是学生需要重点掌握的单词，那么，教师在教学过程中，反复强调，告诉学生该怎么拼写、怎样正确发音、能够应用在哪些语句当中。与此同时，教师需要对传统教学模式进行改革与创新。传统教学模式虽然能够在一定程度上帮助学生学习英语，但是在如今社会快速发展的背景下，已经无法适应学生的发展。所以，在中小学英语词汇教学过程中，教师可以适当改变教学模式。采用做游戏或者演唱歌曲的形式，让学生对词汇有更好的理解和运用，加深学生对词汇的记忆。

2.加强英语语境的引入

单词与语境之间相辅相成，学生学习词汇的最主要目的就是将其应用在各种语境当中。所以，在中小学英语词汇教学过程中，教师需要结合语境向学生讲述单词，利用语境让学生对词汇的运用有更好的理解。例如，在向学生讲述 dog 一词时，教师可以利用多媒体向学生展示出一只小狗的图片，并提问学生 "What's on the screen?" "On the screen is a little dog." 然后将屏幕上的一只小狗换成两只小狗，并提问学生 "How about now?" "Two dogs." 通过提问与回答的方式，不仅加深学生对 dog 的记忆，还能够利用语境的方式，让学生学会应该怎样使用词汇，从而将其应用在未来学习或者生活当中。

3. 采用不同教学方式

因为中小学生正处在成长阶段，所以对事物的认知水平有限。而在中小学英语词汇教学过程中，教师则需要结合学生特点、学习状况等采取不同教学方式，从而不断增加学生词汇量。具体可以从以下几点展开：第一，重复法。重复法就是学生跟随教师反复对词汇进行阅读，大声朗读，增加记忆。重复法是一种较为传统的教学方式，但是能够在很大程度上起到作用。但是重复法存在一定缺陷，那就是在学习过程中更加注重单词发音，对单词真正含义的理解造成忽视。所以，如果在中小学英语词汇教学中使用重复法，需要注意对单词含义的讲述。第二，对比法。在中小学英语词汇教学中还可以采用对比法，强化学生对单词的记忆。例如，black 与 white。对比法更加方便学生对单词的理解，为学生未来更好地学习英语奠定基础。

三、中小学英语语法教学

（一）中小学英语语法教学的意义

我国英语教学法专家胡春洞教授在谈英语的教与学中曾把英语学习概括为两点："第一，学习英语必须学习语法，因为语法体现了语言的规律，而语言规律的学习又凸显了学习过程中学生智力参与的重要性。第二，英语的学习必须学习文学，文学体现了人的情感和人性的美。""英语教学必须依赖于两个翅膀的提升，才能真正飞起来。"英国语言学家威尔金斯说过："没有语法就不能很好地表达，而没有单词什么也不能表达。没有基础，怎能有用英语思维和表达的能力。无基础知识、基本技能，字之不识等于文盲，是空谈能力。"交际语言教学观认为：语法知识是交际能力的组成部分。为了提高英语交际水平，学生必须掌握比较系统的英语语法知识。

对英美国家的学生而言，英语是他们的母语（Mother Tongue），他们有这样优越的语言发展自然环境，但还觉得语法的教学有助于增进他们的 speaking correctly and writing accurately 语言能力，而对于把英语作为外语（Foreign Language）来学习的中国学生来说，我们缺乏习得英语的语言环境，英语课堂教学所提供的语言环境，不可能像习得母语那样自然形成语感和习得语言。因此，基础语法的教学对我们学习英语的重要性应当是不容置疑的。

有些教师认为，只要交际双方能沟通和交流，语言形式和语法运用的对与错是无关紧要的。部分教师片面强调培养学生的语言交际能力，误认为语言基础知识的教学，特别是语法教学已经不重要了，甚至简单地认为实施新课程就要淡化语法教学。不少教师（尤其是青年教师）既不关注语法教学，也不研究语法教学的教学理念和教学方法，只是将教科书上的语法练习轻描淡写地过一遍，导致不少学生由于基础语法知识掌握得不牢，不仅不能运用准确和得体的英语进行口头表达，也写不出几句完整的句子。

胡春洞教授曾说过："语言既是交际的工具，又是思维工具；既有交际属性，又具有认知属性；既是行为习惯，又是结构模式；既是功能系统，又是规则和知识系统。实践性强的语法知识，特别是语法知识可使学生越学越明白，越学越聪明，越学越容易，越学越轻松，从而激发学生深层的、持久的学习兴趣。语法教学在任何时候、任何阶段、任何情况都不能淡化。"

我国著名英语语法学家章振邦也说："语法毕竟是语言的一个重要组成部分，它是语言的组织规律，向读者提供词形变化及如何组词成句的规则。在任何一种语言中，不管是语音系统还是语义系统，都与语法有着不可分割的联系，基础阶段的语法教学应该成为整个英语教学的一个重要环节，不仅不可轻视，而且必须搞好。"

中国学生缺乏运用英语的学习环境，难以获得足够的英语语言刺激，难以自然习得英语。中国学生的英语学习主要通过有意识的学习，而掌握基础英语语法规则可以帮助学生较快地掌握语言形式。因为语法知识可以揭示词形变化和遣词造句的规律，学习语法有助于培养学生正确理解英语和准确运用英语的能力，可以使中国学生在学习英语的过程中少走弯路。

同时需要指出的是，即使是在欧美国家，学生也是需要学习语法的。语言学家对加拿大的"浸入式课堂"进行研究之后发现，外语学习者即使接触了大量的语言输入，仍然会犯很多语法错误，比如，时态和单复数问题。也就是说，对于外语学习者来说，语法一定是要专门学习的，靠大量输入培养起来的所谓"语感"往往是靠不住的。

（二）中小学英语语法教学的原则

1.培养语法意识原则

语法意识提升能引导学习者把注意力集中到语言形式上，进而深刻理解、准确使用语言形式。语法意识的提升强调学习者自己分析、理解和发现语言使用规则，因此，它有助于提高他们的认知能力，培养良好的学习习惯，开发智力。中小学阶段是学生学习英语的基础性阶段，教师除了要培养学生基本的语言应用能力，还要培养学生外语学习的各方面意识，如语音语调意识、语法意识、跨文化交际意识等。

语法作为中小学英语教学和学习的重要内容之一，除语法本身，教师尤其要注意培养学生的语法意识。增强学生的语法意识，教师首先要明确指导思想。在中小学英语教学中，急需教师更新语法观念，提升语法意识。那么，教师应从哪几个方面培养学生的语法意识呢？我们认为，主要从以下七个方面入手。

（1）综合—分析语意识

现代英语属于综合—分析型语言，中小学生对英语形态变化表达词性、性、数、格、时、体、语态、语气、人称、比较级、非限定性动词等语法意义并不十分熟悉，因而时常出现语法表达错误。中小学英语教师要自始至终强化"形态变化"的普遍性和强制性意识，这是学习英语这门精微语言的前提条件。

（2）形合法意识

英语注重语言结构形式及其内部关系，其句子是通过连接词、关系词、介词等显性衔接手段来表示词、词组、分句之间的关系，这种构句方式称为形合法。通过种种连接手段，英语句子成分有长短不一的短语和从句。但中学生英语写作中多出现儿化简短句，难寻"繁简交替、长短交错"句式，这说明他们对英语形合法缺少一定的理性认识。受母语副迁移的影响，我国中小学生英语表达缺少理性的"法治"意识，而多了感性的"人治"意识，常常"跟着感觉走"，这是学习英语的致命弱点。因此，教师要帮助学生体会英语形合法的阳刚之美：逻辑性、组织性、理性，牢固树立英语表达"法治"意识（即遵从语法规则），从而克服语言表达的随意性，增强逻辑严密性。

（3）句型意识

根据《英语课程标准》要求，中小学生应该重点学习英语结构语法，牢固掌握句子结构，才能做到准确造句。在英语学习中，许多学生习惯于背单词、记词组，却很少把重点放到句型上，缺乏应有的句型意识，结果说出的话支离破碎，写出的句子生搬硬套。因此，教师在中小学阶段就应强化句型意识，对基本句型进行分析总结，帮助学生理解英语句子的基本结构特点和造句规律。

（4）搭配意识

词的搭配是指词的横组合关系，即个别词项和其他词项组成更大的语言单位，习惯上连在一起使用。英语中，词的搭配关系十分常见，中学生学习英语尤其要注意词语的搭配，因为英语很多搭配和汉语不同，而搭配失当可导致理解困难甚至歪曲原意。中学生学习动词不仅需记住其汉语释义，而且还要注意该词的语法意义及其前后词的搭配关系，否则一用就错。因此，这就需要教师有意识地收集整理关于单词方面的搭配知识，帮助学生总结其中的规律，并能灵活运用。

（5）惯用法意识

惯用法是语言群体普遍接受并有牢固基础的行文说话习惯，是沿用已久、约定俗成的语言表达方法，是如何使用语言的惯例、常规。惯用法不断发展、变化，是语法的基础，语法在某一段时间内相对稳定。作为教师，要告诉学生学习英语时既要遵从语法规则，又要更多地掌握习惯用法，使用习惯用法，这样"习惯成自然"就为期不远。

（6）词性意识

英语单词的词性直接决定单词的用法，掌握单词的词性是单词学习的必然要求。词汇教学不仅仅包括语音、语义，还应该特别强调词性。中小学生学习单词注意词性，有助于理解该词或该词构成的词组在特定句子中发挥什么语法功能，从而正确表达自己的句子。在教学中，教师要随时总结单词的用法，强调培养学生的词性意识。

（7）交际语法意识

语法教学内容应该包括语法形式/结构、语意、语用三个方面。语法教学不仅要使学生掌握语言形式和意义，更要使学生学会正确运用语言形式，赋予语法形式交际意义，如果只重视形式而离开其表意功能，就不能真正达到交际目的。中小学英语教师如能指导学生带着"我怎样运用语法进行交际"这个问题学习语法，这样的语法教学和学习才是有意义的。

2. 循环重复原则

如何让学生掌握繁多复杂的语法项目呢？我国外语教育专家王宗炎教授认为，语法教学较好的办法是循环反复、多次回顾，但每次回顾都以旧带新，把学过的旧项目运用于新的语境中。埃利斯的"螺旋式"大纲就是指语法结构在课程中的循环复现。努南也认为语法学习的关键是重复，因为学生不可能接触某个语法项目一次就可以掌握，在课堂上，语法项目的分散操练和循环出现很重要，一个语法项目分四次、每次 15 分钟训练的效果要比一次一个小时训练的效果好。语法项目的复现率也是评价一套教材的重要标准。因此，我们在语法教学中应注重语法项目的复习，用旧知识引出新知识。例如，在学习过去进行时的时候，可以复习一般过去时，并将两种句型进行比较。这种比较不仅是语法知识的比较，更多的是语篇中的比较，强调在运用中恰当地使用。

3. 大量语言输入原则

根据克拉申的输入假设理论，可理解的语言输入有助于习得。除了教材中的课文和录音资料外，教师的课堂话语也是学生获得语言输入的途径之一。无论是口头进行语法操练，还是布置语法任务或呈现某语法结构的情境运用，在课堂上教师都应尽量用英语。另外，教师应有针对性地指导学生在课外进行大量的阅读并收听、收看英语节目。学生在接触这些鲜活的语言材料时，可以感知语言材料中隐含的语法规则，而这将成为他们语感形成的基础。

4. 个性化原则

努南认为，将教学内容个性化可以将学生的常识或经历和将要学习的语法联系起来，而且个性化任务可以鼓励学生表达个人真实的情感、态度和见解。例如，下面是根据努南改写的 enjoy doing 和 enjoy not doing 的一个语法任务。

Step 1　List ways in which you spend your time：

a. Activities I enjoy doing in my free time（I do them and I enjoy them）；

b. Activities I enjoy not doing in my free time（I don't do them and I enjoy not doing them）；

c. Activities I don't enjoy doing in my free time（I do them，but I don't enjoy them）.

Step 2　Describe the activities to your partner and present your findings about each other to the rest of the class.

这个任务让学生使用 enjoy doing 和 enjoy not doing 结构谈论自己的业余活动，活动与学生生活紧密相关，既体现了任务教学法的理念，又具有可操作性和趣味性。

5. 演绎法与归纳法相结合原则

演绎法和归纳法各有优缺点。使用演绎法讲授语法，规则清楚明了，学生容易明白规则的内容；教师直接讲解要点，省时，学生有更多的时间操练和应用。但这种方法往往难以调动学生的积极性和主动性。由于规则基本上是教师"灌"的，学生对规则的印象不可能牢固，还容易让学生产生误解，认为学语言就是学习规则。归纳法以学生为中心，要求他们观察语言现象，比较和分析现象的差异并总结出规则。学生通过自己思考发现规则，这样印象会比较深。但归纳法比较耗费时间。在有限的时间内归纳出正确的规则，对有些学生来说难度较大，而且有时学生归纳的规则也会有错误。我认为，在讲授语法知识的时候可以采用两种方法相结合的方式，即把语言现象先告诉学生，让他们利用课余时间对语言现象进行分析和对比，并把语言现象进行归纳，以此作为家庭作业。在课堂上，教师综合学生的意见，把语言现象归纳为语言规则。然后，代之以演绎法的讲授，教师以演绎法的方式指导学生进行口头或笔头的句型操练，以对归纳出来的规则进行验证和理解。这种归纳法和演绎法并用的教授方式，既能调动学生的学习主动性和积极性，又能把知识讲授和技能训练结合在一起，可以加深学生对语言规则的理解，加快规则的内化。

6.语言输出原则

根据斯温的输出理论，语言输出活动可以促进语言学习，有利于提高学习者的语言流利性和准确性。我们看看下面的例子是如何通过说和写这两种输出活动来教间接引语的。请一位同学到讲台上，由教师就某个有趣的话题采访他两到三分钟，同时请其他同学用间接引语记录下来，就像新闻采访和报道的形式一样。然后组织小组讨论，收集大家的记录，由小组代表向全班同学汇报。课后要求学生就某个话题采访某人（可以用母语），然后用间接引语写成一篇小报道。以上任务既有课堂上说和写的活动，也有课后写作安排，而且此任务可以激发学生的广泛参与。

7.形式、意义和运用相结合原则

《英语课程标准》在语法项目表的说明中首次运用功能语言学的观点和交际教学理念，明确提出语法教学的目的是运用，是为了提高学生的交际能力。它明确了语法的三个维度：形式、意义和运用，明确了语法教学要使三者有效结合，使学生能够既了解语言形式，又知道它的表意功能，并且能够在交际中恰当地、有效地加以应用。《英语课程标准》提倡中学的语法教学要从用的角度出发，发展学生比较强的语法意识，并提倡用探究的途径学习；要重视语法的表意功能，重视在运用中学习语法，充分利用课本所提供的真实交际来综合运用语言。

作为中小学英语教师，在语法教学时，有必要对 focus on forms 和 focus on form 进行了解。一般将"形式"翻译为"form"，那么"forms"又该如何理解呢？我们从 focus on forms 和 focus on form 的概念界定中可以得到答案。focus on forms 是指"课程或教学是以单个语言项目（如结构、单词项目等）的教学为主"，而 focus on form 是指"在以意义为导向的活动中引起学生对于语言形式的注意"。埃利斯认为 focus on forms 与 focus on form 的根本区别在于学生在学习中的角色是语言的使用者还是学习者。两者最本质的区别在于，传统的形式中心教学（focus on forms）把语言成分与使用情景割裂开来，而 focus on form 则始终以交际为先决条件。由此可见，现代中小学英语的语法教学应更加注重 focus on form，帮助学生成为语法的使用者，运用语法进行语言交际。

8. 注重实践，精讲多练原则

英语语法教学的目的，是使学生通过学习基本语法，更好地进行听、说、读、写等语言实践活动，提高运用语言的能力。换句话说，英语语法教学是手段，其作用在于提高学生语言实践的自觉性，减少盲目性。语法教学要精讲多练，讲练结合。让学生在大量的语言实践活动中逐步发现和认识语法规则，归纳语法规则。

9. 交际性原则

中小学英语的语法教学目的有两个，一是培养学生的语法意识，二是为听、说、读、写技能的发展提供支持，为交际能力的培养打下语言基础。因此，基础教育的语法教学应该贯彻交际性原则。在必要的意识增强活动和语法操练的基础上，尽可能地创设交际性语言环境，运用幻灯、动作、实物、图片、表演、电化等设备，创造真实、半真实的交际活动，使学生于活动之中感知、理解和学习语言，发展语法技能。

10. 综合性原则

综合性原则包括以下内容：第一，归纳与演绎相结合。语法教学不能只采用归纳的方式，也不能只采用演绎的方式，两者应该有机结合，以归纳为主，适当演绎。第二，隐性与显性相结合。语言学习过程本来就是隐性和显性的结合，语法教学中也必须遵循语言学习的规律，以隐性教学为主，适当采用显性的教学方式，通过隐性培养语言使用能力，通过显性增强语法意识。语法与听、说、读、写活动相结合。语法是为听、说、读、写技能服务的，语法教学应该在听、说、读、写的活动中培养，使语法真正服务于交际。

11.适当集中原则

目前使用的中小学英语教材中语法教学内容分散，不利于学生系统地学习，往往是前学后忘，普遍存在费时多、收效低的问题，集中语法教学符合学生的认识规律，有利于听、说、读、写各方面能力的提高。所谓语法教学的适当集中原则，就是指教师教授某一语法项目时，运用超前、随机、综合的手段合理地处理课本中出现的语法材料，将与之相关的问题进行系统的归纳、训练，提高语法学习的效率，以避免语法项目学习的"碎片化"现象。例如，在讲授现在进行时态时，可将其肯定句、否定句、一般疑问句及其回答，以及现在分词的变化规则一次性完成，而不一定按部就班地根据教材分多次讲解。

（三）中小学英语语法教学的策略

1.在语境中教学语法

语境即言语环境，它包括语言因素，也包括非语言因素。上下文、时间、空间、情景、对象、话语前提等与语词使用有关的都是语境因素。语境无论对于语用学研究还是人类实际的语言使用与理解都是至关重要的。因为语言的使用与理解一定是发生在某种特定语境之下的。没有语境，交际中的具体意义就无法确定。

著名语言学家布鲁姆指出，成功的外语课堂教学，应在课内创造更多情景，让学生有机会运用自己学到的语言材料。在语法教学中，教师首先要高度重视语境的作用，应注意在语境中让学生掌握语言基础知识，启发学生在语境中运用语言材料归纳出语言规则，这不仅培养了学生的言语交际能力，而且激发了学生的学习兴趣和学习的积极主动性。例如，在学习 be/get used to 时，教师可以创设以下语境：

Jane is English but she has lived in China for three years. When she first drove a car in China, she found it very difficult because she had to drive on the right instead of on the left. Driving on the right was strange and difficult for her because；

She wasn't used to it,

She wasn't used to driving on the right.

But after a lot of practice, driving on the right became less strange. So：She got used to driving on the right.

Now after three years, it's no problem for Jane；She is used to driving on the right.

在学生掌握了 be/get used to 之后，教师可以设置以下真实语境让学生进行交际：

A : l used to study in Taihu Middle School and I used to live at home. But now I'm a student in this high school. At first, I was not used to studying here. But now I've got used to it.

B : ...

在教学中，教师应发挥学生的学习主动性，培养学生的观察能力和思考能力，尽可能地为学生创设贴近实际生活的真实语言情景，让学生在懂得语言意思的同时，掌握语言的形式，使学生流利地使用英语，从而逐步发展用英语进行日常交际活动的能力。

2.进行综合训练式语法教学

传统语法教学的操练与巩固活动大多是以教师为中心的，以句型套用、中英文例句互译为主要训练手段。虽然教师现在仍然可以使用上述方法操练语法，但这类方法总体说来显得枯燥、乏味、单调和陈旧，教学效果不甚理想。教师应根据所教语法项目的交际功能，创设运用所教语法项目的情景，将语法教学与听、说、读、写活动结合起来，将语法知识的学习与综合技能训练结合起来。仍以 NSEFC Book 1 A Unit 3 为例，要让学生掌握该单元现在进行时形式表示将来意义这一语法项目，教师必须把握该语法项目最主要的交际功能是与表示"完全确定的将来计划"。为此，教师应围绕"确定的计划"和学生感兴趣的话题创设运用该语法项目的语境，设计运用该语言形式的听、说、读、写活动，让学生依据创设的语境，通过活动熟悉、巩固和掌握该语法知识。举例如下：

教师先让学生听读下面一小段对话，让学生明确活动要求。

A : What are you doing tomorrow?

B : I'm seeing my sister off at the airport in the morning. She's leaving for New York and staying there for three days.

A : Are you doing anything special tomorrow afternoon.Then?

B : No. I'm staying at home.

A : But I'm playing tennis with Tom. I'm meeting him at 3 : 30. Will you join us?

B : Great!

然后，教师要求学生按以下步骤开展学习活动。第一步：学生两人一组编一小段对话，其中必须含有 5 个以上用现在进行时表示已经安排好的活动的句子；第二步：学生组成 4~6 人小组，练习表演小对话；第三步；每个 4~6 人小组推选其中最好的两人组合，并帮助他们修改和充实其对话，做好在全班呈现的准备；第四步：教师请一个两人组合代表（可用抽签形式决定）在全班表演他们的对话，同时要求各小组记录他们听到的用现在进行时表示已经安排好的活动的句子；第五步：由记录句子最多、最准确、并能快速重复所听句子的小组表演他们的对话；最后教师讲评，并给以学生鼓励。这个活动既能调动全体学生参与学习活动，又能将语法教学与激发兴趣、形成性评价和听、说、读、写综合技能的培养融合在一起，较好地体现了新的语法教学观。

3.进行任务型语法教学

这里所讲的任务比一般的操练活动更接近学生的实际生活。任务完成后要有一个展示学习成果的"大活动"。在语法教学中，教师应设计一些任务，让学生通过完成任务学习、掌握语言形式和语言规则。任务的设计一般应围绕以下两条主线进行：其一，所学语法项目的主要语言功能；其二，学生感兴趣的、熟悉的、有话可说的某个话题。以下仍以"现在进行时形式表示将来意义"这一语法项目为例，介绍一个任务的设计。

任务：接待外国学生网友最佳计划创意大赛。要求：

第一，学生每人写一份接待计划，文中至少包含 8 个用现在进行时表示已经安排好的活动的句子。一般情况下，教师可以在学生写计划之前通过头脑风暴做铺垫，列出一些学生可能会使用的语法结构，以及能够在该语法结构中使用的动词或者动词短语，如 come, go, arrive, return, meet, leave, climb, do, start, invite, stay, spend one 's holidays, take a boat ride, see a play, have dinner, play tennis, show sb. around 等。

第二，学生在四人小组内讲述自己的安排。

第三，各小组挑选出最有创意的一份安排，集体对它进行补充和修改，形成小组成果。

第四，抽出 3 个小组在全班呈现其成果；其他小组从以下 4 个题目中抽取一个话题进行准备，在听完呈现小组的发言后轮流发言。4 个话题如下：

① Whose plans sound like the most fun? Why?

② Whose plans sound like the most boring? Why?

③ Whose plans sound like the easiest to arrange? Why?

④ Whose plans sound like the most original? Why?

第五，3 个小组的代表发言后，其他小组对照 3 个计划安排，按照抽到的题目进行准备。

第六，按照4个话题的顺序，先让抽到话题①的几个小组代表发表本小组的看法，然后进行话题②的讨论，一直进行到话题④，争取每个小组都有发言机会。

第七，教师进行简要点评后，让每个小组课后再次修改他们的计划，并张贴在班级的"英语园地"中，由各小组投票评出前三名。

第八，基础较好的学校和班级还可以增加一个说的活动，即在下一次课堂活动中，让各小组以上述4个话题作为评价标准，再根据其是否至少包含8个用现在进行时表示已经安排好的活动的句子，发表口头评价意见，评选出一个最佳创意的接待计划（可以自荐）；最后全班对各小组的口头陈述及其书面接待计划进行综合评价，评出前三名。

4.进行探究式语法教学

中学语法教学也可以采用探究式学习和合作学习的方法。学生组成学习小组，根据教材内容，在教师的引导下围绕某一个语法项目查阅资料，收集、筛选、分析、处理和运用各种信息；再通过小组成员之间的互动交流、互相启发和互相学习，从而降低学生作为被动学习者的焦虑感，使学生成为学习的主人。例如，有一位教师让学生组成八人小组，每学期轮流在课下准备一个语法项目，并预先制作电脑课件，推选两个学生展示对该语法项目的理解和掌握情况，并且解答全班学生的质疑和提问；教师则充当助手，对学生的讲解做必要的补充，并将学生在此项活动中的表现纳入平时的形成性评价。

5.进行佳句格言记忆式教学

实施新课程并非全盘否定传统的教学方法。教师仍可以运用传统语法教学中有效的记忆语言形式的方法。比如，教师可以精选一些包含某些语法结构的句子，让学生背诵和运用。这样，学生既能记忆一些实用的经典句子，又能熟悉和运用某项语法形式。例如，学生通过背熟和运用"What are you doing tomorrow morning?"记住了"某些动词可以用现在进行时表示安排好的将要发生的事情"这种较为特殊的语法规则。以下佳句或谚语、格言都包含一个语法结构：How time flies!/Seeing is believing./To see is to believe./Eat to live, but not live eat./Never too old to learn./It is no use crying over spilt milk./Rome was not built in a day./When you are at Rome, do as the Romans do./Never put off till tomorrow what may be done today./Where there is a will, there is a way.

第二节　中小学英语语言技能教学

一、中小学英语听力教学

（一）中小学英语听力教学的目标

《英语课程标准》分别对小学阶段（二级）、初中阶段（五级、六级）、高中阶段（七级、八级）的英语听力教学提出了明确的要求（见表4-1）。

表4-1　《英语课程标准》对各阶段英语听力教学的要求

级别	目标描述
二级	1. 能借助图片、图像、手势听懂简单的话语或录音材料； 2. 能听懂简单的配图小故事； 3. 能听懂课堂活动中简单的提问； 4. 能听懂常用指令和要求并做出适当的反应。
五级	1. 能根据语调和重音理解说话者的意图； 2. 能听懂有关熟悉话题的谈话，并能从中提取信息和观点； 3. 能借助语境克服生词障碍，理解大意； 4. 能听懂接近自然语速的故事和叙述，理解故事的因果关系； 5. 能在听的过程中用适当方式做出反应； 6. 能针对所听语段的内容记录简单信息。
六级	1. 能抓住所听语段中的关键词，理解话语之间的逻辑关系； 2. 能听懂日常的要求和指令，并能根据指令进行操作； 3. 能听懂故事或记叙文，理解其中主要人物和事件及他们之间的关系； 4. 能从听力材料、简单演讲或讨论中提取信息和观点。
七级	1. 能识别语段中的重要信息并进行简单的推断； 2. 能听懂操作性指令，并能根据要求和指令完成任务； 3. 能听懂正常语速听力材料中对人和物的描写、情节发展及结果； 4. 能听懂有关熟悉话题的谈话并能抓住要点； 5. 能听懂熟悉话题的内容，识别不同语气所表达的不同态度； 6. 能听懂一般场合的信息广播，例如，天气预报。

级别	目标描述
八级	1. 能识别不同语气所表达的不同情感； 2. 能听懂有关熟悉话题的讨论和谈话并记住要点； 3. 能抓住一般语段中的观点； 4. 能基本听懂广播或电视英语新闻的主题和大意； 5. 能听懂委婉的建议或劝告等。

（二）中小学英语听力教学的有效策略

1. 精听与泛听有机结合

训练听力的主要途径是平时的泛听。泛听的渠道是多方面的，有课堂教学中师生间的英语交流，还有英语磁带、英语广播、英语电影、英语演讲等，而对于每个学生来说，精听可能是一种比较好的方法。多进行各种题型的听力训练既能锻炼听力，又能培养听力技巧。另外，精听应运用到判断所听内容具体细节的听力活动；泛听应运用到判断所听内容主旨大意的听力活动，泛听也同样有利于培养学生掌握英美真实英语的语速和语音语调。只有做到精听、泛听有机结合，才能达到全面发展。课堂上多数的听力操练，多属于精听的范畴，但有时在课堂的结尾安排一个英文动画片片段，也会起到泛听加精听的效果。

2. 集中训练、分散训练和谐统一

语言是交际的工具，听力训练也应该在交际活动中实施。由于听力的重要性越来越突出，老师们肯定会反复安排专门时间进行听力训练。这种在规定时间内对规定内容的集中训练称为强化训练，这种强化训练可以让学生感受到已经身临中考、高考或交际。在专项训练时，教师还可以将录音带录制成有音乐伴音的语言材料，背景音乐称之为干扰音，这样的高难度训练能极大地提高学生的辨音能力和捕捉信息能力。正式考试时，一旦干扰音被取消，学生听起来就会很轻松，那种紧张的情绪就会松弛下来，从而达到最佳效果。但是这种集中训练是非常有限的，许多学生在能力上存在非常大的差异，每个学生都应该根据自身实际，有针对性地选择难易程度适中的材料进行个别训练或分散训练。要充分利用手头可利用的各种资源和设备，如手机、掌上电脑、录音机、随身听、复读机等，不失时机地进行课外听力训练，并且分散训练的题材要尽量广一些。从最近几年的中考试题来看，听力中的对话均涵盖了日常生活的方方面面。因此，在平时的分散训练中多留心、关注生活语言中的细节。通过集中训练与分散训练的完美结合，学生的应试技能不断得到提高，听力将不再成为学生的难关。

3. 听、说、读、写融为一体

随着英语教学的不断改革，听力教学的内容很可能要减少小对话，增加语段。因此，听力测试的难度也将随之加大。听力理解是一种由多项能力共同参与的复杂活动，训练听力也必须辅助于听以外的手段。会听首先必须会读，语音不准的同学是难听懂人家说话的。听力测试强调的是听懂；"懂"就是"理解"，而"理解"与"阅读能力"有关。可以说，读是听的基础，只有多开口读，才能形成语感，领悟词法、句法、句子间的逻辑关系等。平时的写作训练与听力也有直接的联系。多进行写作训练可以巩固和提高我们平时已学的语言知识的应用能力，增强语感，从而更深入理解和记忆语言现象。因此，听、说、读、写四方面的训练和能力是融为一体，但又互相制约的。只有四种训练并举，学生的英语运用能力才会得到全面发展，综合能力是突破听力难关的"后劲"保障。

4. 听与说结合

以口语突破听力。一些教学实践证明，听力的真正突破是以口语的突破为基础的，那种为听而听的听力训练其实存在着较大弊端并且收效甚微。学习语言和其他学科比起来，环境更加重要，学语言需要有个可供学习者反复磨炼的语言环境，无论是听还是说，都需要有一个交流的对象，所以要注意有意识地给自己营造一个语言环境，平时要积极参加一些用英语交流的活动，如英语报告、英语角等，这样才能将脑子里记忆的知识实际运用起来。若只想将自己闷在屋子里埋头苦读，结果只能是费了很大的功夫，但一出门，还是听不懂、说不出。指导学生每天进行大量说的练习，让他们成为语言实践活动的主体，教师的任务是充分调动学生的参与意识，鼓励学生勇敢去听、去说、去交流，把学生推到语言运用的最前沿。只要发音纯正，用法地道，相信他们的听力水平必将一日千里！那么，如何做到发音纯正，用法地道呢？首先，在刚开始的时候，要注意给学生选择一套地道的教材和磁带，让学生模仿，养成良好的英语习惯。其次，要让他们学会时刻有意识地收集地道的句子，然后反复大声说若干遍，边说边在脑海中想象一下这句话所描述的具体情景，直至脱口而出。然后举一反三，活学活用，彻底内化。

5. 听与读结合

平时训练千万不要将"听"与"读"分家。因为"读"不出自己的发音有问题，听到后来就会反应不过来，也就听不好，这是许多同学的真实感受。随着电脑和多媒体的广泛应用,我们获取语言的渠道不再是单一的,而是"视、听、说"结合。将自己学过的单词、句型、课文大声朗读出来,让自己先熟悉它们,成为听力刺激,培养迅速反应能力,这样,以后无论从他人口中,还是从各种材料中听到它们,都会对这些词和句型有感觉了!但应清楚,文字语言和口头语言是不完全相同的。如果用文字语言的语法准确性标准来衡量自然的、自发的口头语言,会发现口头语言有很多"错误"。实际上,这些"错误"是正常的。

6.加强听力测试的应试技巧指导

不少学生上课时表现不错,都能听懂老师和同学的英语交流,但就是听力考试成绩不佳。为了让学生能在考试时对所听内容做到理解其内在联系,领会其主旨大意和抓住其重点内容,加强对学生进行应试技巧指导显得尤为重要。笔者以为主要方法如下。

(1)听前把握情绪,了解并预测有关信息

听力测试在很大程度上可以称为对考生心理素质水平的测试。如何克服焦急情绪,是克服"听力恐惧症"的关键。在听力测试之前要努力稳定情绪、放松自己,以最佳的心理状态进入测试(试卷分发和播放试音阶段是稳定和调整情绪的最佳时机)。为了提高答题的正确率,考生非常有必要在每段材料播放前对有关题干和选项中的信息做好预读,通过比较三个选项的异同,对将听内容进行预测,从而确定所听内容的关键,这样便于在听中做到有的放矢,重点突出。

(2)听中边听边记,捕捉主要信息

在材料播放时,考生的注意力应放在整体内容及和问题有关的信息上,千万别放在个别单词或句子上。对于一时听不清的内容千万不能停留,要舍得放弃。为了便于记住重要信息,有必要做到边听边记,把重要信息(如时间、地点、事由、原因、方式、程度、数字、选择等)的关键词记下来,从而迅速捕捉所听内容的主要信息。同时要善于对所捕捉的信息进行处理,联系题干和选项内容快速做出判断,对把握不大的题目可使用排除法做出选择,对于不会答的题目应暂时放弃,决不能优柔寡断,拖延答题时间,从而影响下段内容的预读,那真是得不偿失。

(3)听后理顺关系,把握中心问题

听力测试是一个预读、信息输入、存储和信息加工的复杂过程,而整个过程又必须在短短几秒钟内完成,在整个过程中,信息加工显得尤为重要。对于听前和听中得到的各种信息,要做到前后联系,迅速优化组合,从中找出说话者的思路（如目的、内容、观点、事由、时间、地点等），要善于把第二次听到的信息用来补充和修正原来漏听或者有疑问的信息。这样一来，听力测试的正确率就会更高。

7.精心设计课堂听力活动

英语听力教学的实质是交际，是通过活动表现的。活动是更新教学观念，开创英语教学新局面的一个重要支撑点。活动是转变教学方式的关键。课堂教学中主体作用的发挥更是通过学生参与的主体活动实现的，因此听力教学要精心设计主体活动。

组织活动要了解主体、客体、环境等方面的情况。主体情况指学生的认知水平、英语基础；客体情况指英语特征、教学的目的和内容；环境指英语输入和输出的外部条件。精心设计主体活动就是要根据阶段性教学要求，把主体、客体、环境等方面联系起来，并寻找出三者间相互作用的最佳联结点，使学生能够参与、乐于参与并在参与中得到听说的有效训练。

按照英语课堂教学的一般程序，听力教学活动也可以分为：呈现活动、练习活动、交际活动。每一类听力活动都有很多方式，很多活动是可以交叉进行的。教师在设计这些活动时要考虑以下几点：

第一，呈现听力活动的设计要以旧带新，在复习旧课的基础上创造情景，呈现新的教学内容，要力求生动形象，使学生处于积极状态。

第二，听力练习活动的设计要多层面，要考虑不同程度学生参与课堂教学的可能性，要创造适合每个学生的听力练习活动。无论在听力内容还是在参与形式上，让不同层面的学生都有一个机会可锻炼，可自我展示。

第三，听力交际活动要从头抓起，从培养听力交际意识到交际能力要循序渐进，教师要善于在课堂教学中开展师生活动、学生活动，使交际活动在模拟的或课堂教学本身真实的环境中展开，从而真正能提高学生的听力水平。按照学生学习英语的一般过程，可将学习活动分解为理解—操练—表达三部分。教师教学中要抓住教材特点，抓住学生学习语言的一般规律，恰当地选择教法，让学生有效地参与时要兼顾以下三点：情景中引出教学内容，降低学生理解语言的难度；操练时要从视听入手，处理好仿说、替换、复用的关系，做到逐层递进；语言表达设法在情景中进行，激起学生表达情绪，引导学生结合生活实际选择话题，表达思想。当然，要提高学生的听力水平必须提高学生的英语综合水平，学生的英语综合水平提高了，听力水平也肯定不错。

二、中小学英语口语教学

（一）中小学英语口语教学的目标

《英语课程标准》分别对小学阶段（二级）、初中阶段（五级、六级）、高中阶段（七级、八级）的英语口语教学提出了明确的要求（见表4-2）。

表4-2 《英语课程标准》对各阶段英语口语教学的要求

级别	目标描述
二级	1. 能在口头表达中做到发音清楚，语调基本达意； 2. 能就所熟悉的个人和家庭情况进行简短对话； 3. 能运用一些最常用的日常用语（如问候、告别、致谢、道歉等）； 4. 能就日常生活话题做简短叙述； 5. 能在教师的帮助和图片的提示下描述或讲述简单的小故事。
五级	1. 能就简单的话题提供信息，表达简单的观点和意见，参与讨论； 2. 能与他人沟通信息，完成任务； 3. 能在口头表达中进行适当的自我修正； 4. 能有效地询问信息和请求帮助； 5. 能根据话题进行情景对话； 6. 能用英语表演短剧； 7. 能在以上口语活动中做到语音、语调自然，语气恰当。
六级	1. 能传递信息并就熟悉的话题表达看法； 2. 能通过重复、举例、解释等方式澄清意思； 3. 能有条理地描述个人体验和表达个人的见解和想象； 4. 能用恰当方式在特定场合中表达态度和意愿； 5. 能用英语进行简单的语言实践活动，如访谈。
七级	1. 能在日常交际中对一般的询问和要求做出恰当的反应； 2. 能根据熟悉的话题，稍做准备后，有条理地做简短的发言； 3. 能就一般性话题进行讨论； 4. 能根据话题要求与人交流，合作，共同完成任务； 5. 能用恰当的语调和节奏表达意图。
八级	1. 能在交流中使用恰当的语调、语气和节奏表达个人的意图和情感等； 2. 能根据学习任务进行商讨和制订计划； 3. 能报告任务和项目完成的过程和结果； 4. 能经过准备就一般话题做3分钟演讲； 5. 能在日常人际交往中有效地使用语言进行表达，例如：发表意见、进行判断、责备或投诉等； 6. 能做一般的生活翻译，例如，带外宾购物或游览。

（二）中小学英语口语教学的有效策略

1.坚持在日常课堂教学中培养学生英语口语能力

充分利用好每次早读课的时间，让学生多听，多模仿地道、标准的录音材料。培养学生良好的朗读习惯。同时，可根据学生的学习程度，选择一些难易程度适中、原汁原味的小短文，让学生多背诵，增强语感。这不但对进一步开口自由说英语有帮助，而且对学生将来的写作也能打下良好的基础。

（1）每堂课前组织5分钟的英语口语训练时间

在刚开始上课前，学生还没有进入上课的状态，以这种方式可调动学生的注意力，并培养学生开口说英语的积极性。我们可根据学生的学习程度，采用多种方式，或经常变换方式，以调动学生的学习兴趣，引导学生开口说英语。在初学英语的阶段，当学生的英语熟练程度还不够高时，可根据学生所学内容，设计一些浅显的话题，给出一些问题和关键词，让学生两人一组进行对话。然后，鼓励他们逐组进行表演，并及时给予褒奖和鼓励。另外，我们也可以用话题的方式进行自由发言。每堂课以一定的顺序指定一名学生做值日生报告。询问一些诸如"Is everybody here today? What's the weather like today?（所有人都在这儿吗？今天天气怎么样呢？）"等简单的问题。刚开始由学生自选话题进行演讲。也可以在课堂上，对同学就所演讲的内容进行发问。接下来，我们可以选择中学生所熟悉的话题或者给出一些图片或相片，在课前几分钟告知值日学生，让他们做短暂的准备，然后在课堂上进行演讲。同时，及时给予简短的评价，并记载作为学生的平时口语测试成绩。实践证明，学生对参与此项活动的积极性很高，每次下课以后总是非常关心自己的评分。到后来，学生自发收集各种各样的话题或上网去下载一些有用的图片等资料来组织和参与这项活动。学生的学习兴趣调动起来了，而且在这样的口语训练活动中，大家的口语能力得到了很大的提高。

（2）坚持以英语来组织课堂教学

作为一个母语为非英语的国家的学生，接触英语的环境是有限的，我们老师有责任为他们营造这样的环境。对单词的讲解应多运用浅显的英语解释，有时也可以借助实物、图片、手势或多媒体设备来向学生解释。坚持为课文内容创设情景，让学生在情景会话中去理解新单词和新表达。另外，当学生在课堂有一些如看窗外、做小动作等个别行为，我们也可以利用这一情况进行英语口语交际练习：Would you like to tell me what you have seen after class? Hello!Could I have your attention, please? 使大部分所学的语言知识能在课堂用语的反复使用中得到巩固。

（3）创设各种口语交际活动机会，让学生广泛地参与到活动中，以提高口语的交际能力

青少年学生正处于学习语言的黄金时代，他们学习语言的可塑性极强。语言技能的提高需要在不断的交际活动中来实现，因此，需要老师为他们精心设计各种交际活动。将学生根据课堂活动需要按座位进行分组，有时可采用两人一组，有时采用4~6人一组的形式，注意不同层次学生组合搭配，在课堂上以小组为单位进行会话表演、做访问调查、讨论、归纳总结，这样使学生都有实践的机会，从中又得到巩固，收到一举两得的效果。

（4）充分利用现代化的教育技术手段，优化英语课堂教学方式和结构，让学生更广泛地接触英语的世界

现代教育技术在学校教育中的应用，从录音机、投影仪、幻灯机，到闭路电视、语言实验室、电脑、多媒体设备、校园网的建设，给教育带来了勃勃生机。使用多媒体辅助语言教学，可以把真实的语言环境引进课堂，或给学生创造一个模拟的语言环境，使学生全方位地感受语言的刺激，从看、听、模拟到自己亲身参与，于无形中增强学生的记忆力，使其很好地掌握语言知识，更进一步提高语言的应用能力。

2.组织丰富多彩的课外活动，帮助学生提高语言交际能力

参与各式各样的课外活动，有利于展现个人才能，发挥潜力，发展智力。把语言学习和现实生活联系起来，让学生投入到广泛的交际活动中来学习英语，提高语言的交际能力。具体来说，可以给学生布置口语作业，让同学们利用课余时间围绕一定的话题，如同学的住址、生日、父母的职业、家乡的调查等进行对话，并适当做一些记录。在第二天，由小组选派一个同学汇报，老师及时给予评价，这既节约了课堂时间，又能让同学们得到口语交际能力的锻炼。另外，举办英语角、英语沙龙、英语演讲比赛、故事会、辩论赛、英语晚会等活动，给学生展现自我才能的机会，在真实的语境中感受英语，从而锻炼和提高口语运用能力。

3.鼓励学生大胆开口说英语，以宽容的心态对待学生所犯的错误

在学生进行口语交际活动时，老师应该多给予关注，认真聆听，及时发现他们的优点和进步，给予他们鼓励性的评价，以激发他们说英语的自信心，调动他们开口说英语的积极性。而对于他们在说英语的过程中所犯的错误，不要马上指出，不断地指出他们的错误，可能会伤害他们的自尊心，给他们带来不安。老师应给予宽容的态度，委婉地、探讨性地指出他们的错误。

4.在学期测试中增设口语测试，与笔试成绩一起计入英语考试成绩

随着英语教学改革的深入，我们有必要在平时的学期测试中增设口语测试。英语教师可按照实际情况采用"人机对话"或"人人对话"的形式。口试的考查内容可以是朗读短文、对话、口头作文等，并把口试的成绩按 10% 算入学期测试成绩里。通过口语测试，可及时发现口语教学中存在的问题和不足之处，了解学生在学习上的困难、教学上的薄弱环节，从而改进教学。在英语新课改的浪潮冲击下，英语课程应从仅仅关注知识与技能的培养提高到对学生整体素质的培养，使学生既有较强的英语语言运用能力，又有自主学习的能力和良好的个性品格，从而为终身学习和发展打下良好的基础。英语教师应充分领会这种导向，不断进取，努力提高自身的素质和专业水平。

三、中小学英语阅读教学

（一）中小学英语阅读教学的目标

《英语课程标准》分别对小学阶段（二级）、初中阶段（五级、六级）、高中阶段（七级、八级）的英语阅读教学提出了明确的要求（见表4-3）。

表4-3　《英语课程标准》对各阶段英语阅读教学的要求

级别	目标描述
二级	1. 能认读所学词语； 2. 能根据拼读的规律，读出简单的单词； 3. 能读懂教材中简短的要求或指令； 4. 能看懂贺卡等所表达的简单信息； 5. 能借助图片读懂简单的故事或小短文，并养成按意群阅读的习惯； 6. 能正确朗读所学故事或短文。
五级	1. 能根据上下文和构词法推断、理解生词的含义； 2. 能理解段落中各句子之间的逻辑关系； 3. 能找出文章中的主题，理解故事的情节，预测故事情节的发展和可能的结局； 4. 能读懂常见体裁的阅读材料； 5. 能根据不同的阅读目的运用简单的阅读策略获取信息； 6. 能利用字典等工具书进行学习； 7. 课外阅读量应累计达到 15 万词以上。

级别	目标描述
六级	1. 能从一般文字资料中获取主要信息； 2. 能利用上下文和句子结构猜测词义； 3. 能根据上下文线索预测故事情节的发展； 4. 能根据阅读目的使用不同的阅读策略； 5. 能通过不同信息渠道查找所需信息； 6. 除教材外，课外阅读量应累计达到 19 万词以上。
七级	1. 能从一般性文章中获取和处理主要信息； 2. 能理解文章主旨、作者意图； 3. 能通过上下文克服生词困难，理解语篇意义； 4. 能通过文章中的线索，进行推理； 5. 能根据需要从网络等资源中获取信息； 6. 能阅读适合高中生的英语报纸、杂志； 7. 除教材外，课外阅读量应累计达到 25 万词以上。
八级	1. 能识别不同文体的特征； 2. 能通过分析句子结构理解难句和长句； 3. 能理解阅读材料中不同的观点和态度； 4. 能根据学习任务的需要从多种媒体中获取信息并进行加工处理； 5. 能在教师的帮助下欣赏浅显的文学作品； 6. 除教材外，课外阅读量应累计达到 33 万词以上。

（二）中小学英语阅读教学的原则

1. 整体性原则

在教学中，教师要从单元整体出发，整体把握教材的逻辑体系，通盘考虑教材处理：其一，将一单元中各课的内容和教学过程所涉及的有关环节做整体安排和设计，使各部分、各环节构成一个合理、优化的整体，在不同的阶段有所侧重。从阅读教学而言，教师应当清楚在一个单元中，哪些听、说、写的内容与阅读有关，教师应当有意进行铺垫，或利用之进行扩展。其二，是指在阅读教学中采用语篇教学法。语篇教学法是指从语篇分析入手，把语篇作为一个整体来考虑，要求学生从其层次结构及内容上入手，最大量地获取和掌握文章所传递的信息，同时逐步培养其恰当使用语言的能力，以达到把语篇分析、打好语言基础及提高交流能力三者有机结合起来的目的。

2. 交际性原则

学习语言是为了交流。交流可以是口头的（听说），也可以是书面的（读写）

阅读教学，也应注意突出"交流"二字，既要理解文字的含义，更要注意语境及角色。在阅读教学中，要将阅读与口语、写作等语言技能结合起来。例如，教师可以让学生在读前或读后，就相关问题进行讨论。在读后，可以让学生写读后感，或以口头形式汇报阅读的主要内容等。

3. 实践性原则

初中英语课堂教学形式的实践性表现在教师的主导作用及学生的主体地位上，即学生在教师的指导下进行丰富多彩的语言实践活动。现代外语教学的核心理念之一是以学生为主体。以学生为主体的课堂具有以下特点：第一，学生的心理需求得到关照，教师善于觉察到学生在外语学习中各种认知的或情感的需要，并能及时采取相应的措施；第二，最大限度地让学生积极和自主地学习，在心理上、学习资源上为学生自主学习创造条件；第三，师生关系是合作的、互动的，教师协助学生学习而不是主宰学习。由此可以看出，教师的角色并非课堂的主宰者而应是学生学习的协助者。在阅读课中，可以根据阅读材料，创造一些相关的课堂活动，充分发挥学生的学习主观能动性，体现学生的学习主体地位，让学生有更多的机会去实践语言，巩固所学的知识，体现"在用中学，在学中用"的学习策略，从而内化所学到的语言知识。

4. 精泛结合原则

精读和泛读是阅读的两个方面。精读属于分析性阅读，它对课文中各种语言现象进行分析，并详细讲解其内容。精读是使学生获得语言知识的重要途径。而泛读则是综合性阅读，它不进行语言形式的分析，只要求了解阅读材料的内容。泛读是扩大语言知识和吸收信息的重要手段。由此可见，精读和泛读的教学目的和教学要求是不同的。在入门阶段应以精读为主，教给学生基本的语音、语法、单词、句型等基础知识，让学生尽量多地背诵一些课文。在基础阶段应将精读和泛读结合起来，训练学生掌握基本的阅读方法、阅读技能与技巧。随着学习的逐步深入，泛读的比例应逐渐增加，在大量的阅读中熟练阅读技能技巧，提高阅读速度，养成良好的阅读习惯。只有精读与泛读相互结合，才是真正意义上的阅读。

5. 兼顾听说写原则

阅读并非只强调重视阅读技能的训练，而是以阅读为突破口带动其他几项技能的训练。全日制中学英语教学大纲明确规定：中学英语教学的目的，是"侧重培养阅读能力"。这里的"侧重"除了指从总的教学目标和安排出发，提出教学重点之外，还有另一个含义：指在不同的教学阶段可以有不同的教学侧重点，着重培养某一两项语言技能称之为"阶段侧重"。听、说、读、写四种技能是相互影响、相互促进的。因此，在教学中，我们能在不同的时间、不同的场合有所侧重，而不能只重视阅读就不顾其他技能的发展。在阅读教学中，要融入写作训练，要兼顾听说训练，让学生有充分的语言输入，也有充分的语言输出，提高英语思维能力和英语综合能力。

6.课内外阅读相结合原则

《英语课程标准》在英语语言技能目标中对阅读提出如下明确要求：五级应达到"阅读课外阅读量应累计达到 15 万词以上"；六级应达到"除教材外，课外阅读量应累计达到 19 万词以上"；七级应达到"能阅读适合高中生的英语报纸、杂志，除教材外，课外阅读量应累计达到 25 万词以上"；八级更要求"能在教师的帮助下欣赏浅显的文学作品，除教材外，课外阅读量应累计达到 33 万词以上"。依照新课程标准精神，教材中的阅读材料只为学生提供了一定数量的阅读典范，仅依靠有限的课堂阅读资源是很难培养学生的阅读能力的。因此，更为重要的是要鼓励学生课后进行大量的自主阅读。教师应根据学生的个性与兴趣，为学生推荐合适的课外英语读物，指导学生利用网络资源、多媒体、报纸杂志等信息资源扩大阅读量。

（三）中小学英语阅读教学的有效策略

1.读前活动

（1）阅读策略活动

①设定阅读目的。这里指学生对阅读材料的理解到何种水平，阅读的速度如何，需要学生掌握哪种词汇和语法知识。

②确定语言能力和背景知识需求，激活图示。这一点上，学生差异较大，要因材施教，耐心启发。

③确定自上而下阅读，还是自下而上阅读。

（2）阅读技能活动

①预览活动：篇章结构预览、体裁预览、图标预览、预习。

②预测活动：语词预测、语言结构预测、篇章预测。

③准备活动：语词准备、结构准备、知识准备、能力准备、兴趣准备。

2.读中活动

（1）阅读策略活动

①确定预测是否正确。

②确定重点与非重点内容。

③重复阅读以检测是否理解。

④寻求帮助。

（2）阅读技能活动

①词汇攻略活动：识别、分析、预测、求助等。

②理解技能活动：扫读、略读、细读、重复阅读等。

③流利技能活动：按照意群阅读，扩大阅读视域，获得词汇处理技能，获得理解技能等。

3.读后活动

（1）阅读策略活动

①用任务来评估是否理解阅读语篇。这时教师最好要设计好恰当的问题，以便检测学生对阅读材料是否真正理解。

②评估阅读是否进步。

③确定策略是否恰当，是否符合任务需要。

④若有需要，调整策略。

（2）阅读技能活动

①理解评价活动：检测、推测后续发展。

②批判性阅读活动：分析，讨论，辩论，提出不同看法或新的思路表达感想。

四、中小学英语写作教学

（一）中小学英语写作教学的目标

《英语课程标准》分别对小学阶段（二级）、初中阶段（五级、六级）、高中阶段（七级、八级）的英语写作教学提出了明确的要求（见表4-4）。

表4-4　《英语课程标准》对各阶段英语写作教学的要求

级别	目标描述
二级	1.能基本正确地使用大小写字母和标点符号； 2.能写出简单的问候语； 3.能根据图片、词语或例句的提示，写出简短的描述。

续 表

级别	目标描述
五级	1. 能根据写作要求，收集、准备素材； 2. 能独立起草短文、短信等，并在教师的指导下进行修改； 3. 能使用常见的连接词表示顺序和逻辑关系； 4. 能简单描述人物或事件； 5. 能根据所给图示或表格写出简单的段落或操作说明。
六级	1. 能用恰当的格式写便条和简单的信函； 2. 能简单地描述人物或事件，并简单地表达自己的意见； 3. 能用恰当的语言书写问候卡； 4. 能给朋友、笔友写信，交流信息和情感； 5. 能对所写内容进行修改。
七级	1. 能用文字及图表提供信息并进行简单描述； 2. 能写出常见体裁的应用文，如信函和事务通知等； 3. 能描述人物或事件，并进行简单的评论； 4. 能填写有关个人情况的表格，如申请表等； 5. 能以小组形式根据课文改编短剧。
八级	1. 能根据所读文章进行转述或写摘要； 2. 能根据文字及图表提供的信息写短文或报告； 3. 能写出连贯且结构完整的短文，叙述事情或表达观点和态度； 4. 能在写作中做到文体规范、语句通顺。

（二）中小学英语写作教学的有效策略

写作教学策略是指教师为了实现写作教学预期效果所采取的一系列有效的教学行为。中小学英语写作教学，一般可以采用以下教学策略。

1. 写与听说相结合

写作与听说相结合，就是把写作作为强化听说学习、训练内容的辅助手段，在巩固听说涉及的单词、句型的同时，使学生的写作能力借助听说训练的机会得以强化。

这种教学策略主要渗透在两个环节：第一，学生在听说活动之前事先动笔写出有关语言材料中需要识记的重点单词和句型，这样，学生对听说内容的把握就会扎实得多。第二，学生在听说之后把有关语言材料的支撑性知识，特别是关键单词、句型结构和主要内容写出来，以此来提高听说训练的效果。写的方式可以采用听写、默写、改写、续写、概括写等。通常听说训练之前的写主要是笔头练习，而听说训练之后的写用于训练学生表达感想，具有写作意义。

2.读写结合

写作与阅读相结合的策略就是借助阅读来巩固写作知识和技能。这种策略一般有两种：一种是读后写结构分析。阅读后学生在教师的指导下，分析阅读材料的文体结构和归纳主旨大意，然后把阅读材料各段落的主题句、支撑句和结尾句写出来，再用自己的话概括每个段落的主旨大意。另一种是读后写感想。阅读后学生根据阅读材料的主题思想，用自己的话写感想，可以认同作者的观点，也可以反驳作者的观点。通过读后写作，培养学生的发散思维和思辨能力，以此强化阅读理解的效果。实践证明，结合阅读训练写作是培养学生写作能力行之有效的教学策略。

同伴互评（Peer Editing）又称为同伴反馈、同伴反应、同伴评论、同伴评估等。在同伴互评中，学生结对或是结成小组，阅读同伴的作文，提出问题并给出相应的评语或建议。同伴互评能帮助学生增强读者意识，降低写作焦虑，弥补自己作文中的不足，促进文本输出的质量，是调动学生写作积极性及促进写作水平提高的有效评价方式。同伴互评根据其评价标准不同可以有多样的评价开展方式。对于英语水平有限的中学生来说，同伴互评需要在评价导引的指引下进行。有了评价导引，同伴互评就有了依据，学生只需对照评价导引对同伴作文进行评价，标准清晰，内容明确具体，便于学生操作；评价的内容也更全面，根据评价导引从内容、语言、逻辑、结构等多方面进行全面评价，避免了学生在评价时过多关注语法错误而忽略对其他内容的评价。

在教学中，教师可以有意识地培养学生相互评价作品的意识和能力。教师可以开展文章内容识别训练、单词识别训练、人称变化训练、时态判断训练、连接词训练、修饰词训练等；同时，还可以根据内容、语言、逻辑、结构等制定详细的写作评价标准，指导学生进行互评。

4.过程性写作

美国教授华莱士·道格拉斯（Wallace Douglas）首先提出"过程写作"，这种新的写作法以交际理论为基础，将写作过程视为复杂的心理认知和语言交际过程，提倡通过写作实践学习写作（learn to write through writing），强调学生发挥写作主体的主观能动性和反复修改在写作过程中的重要作用。特里布尔（Tribble）的四阶段教学模式在"过程写作法"中较为典型。教学流程分为四个阶段：准备阶段（prewiting）、写作阶段（composing/rating）、修改阶段（revising）、编辑阶段（editing）。

（1）准备阶段

在这个过程中，学生要对题目进行探索，调动自己原有知识并认识自己的缺口和不足，从而吸纳新的知识。这个过程有时伴随着阅读资料和调查人物及分组讨论的活动，从而在活动中深化主题、聚集素材、打好腹稿，为下一步写作做好准备。此阶段通常分两步进行，即"热身活动"与阅读欣赏范文活动。

（2）写作阶段

写作阶段是学生独立完成表意的阶段，即把自己的思想用语言完整地表达出来。教师最好结合课堂活动和具体的写作话题，当堂找出写作的切入点，列出提纲。若有可能可即时进行口头作文。另外，还要提醒学生需要注意的问题，为其提供必要的语言素材。为此，教师可针对本次写作的具体内容，给出一些相关单词，并让学生记录下来。

（3）修改阶段

本阶段主要包括自我纠错、组内互改、教师点评三个环节。

①自我纠错。写作后的修改是写作教学的一个重要环节，学生是这一活动的主体而不是被动的旁观者。当老师要求学生自己对初稿进行修改时，学生往往对草稿只是不经意地带过，很难发现文章中的问题，哪怕是很明显的语法问题。因此，教师可通过制订基本批改标准、统一批改符号、确定重点批改标准等方法，要求学生进行自我纠错。

②组内互改。在明确任务之后，教师还应鼓励学生与同伴讨论，发现对方写作的不足。每次作文后，教师可以要求学生分小组讨论，根据确定的修改标准（与自我批改的标准相同）互相评分并做出说明，然后当面提出修改意见，说明修改的理由。

③教师点评。此阶段教师可利用实物投影仪选择不同层次代表性的文章当堂点评，发挥点评的导向功能。点评时，教师要先让学生找出这篇短文的"闪光点"，哪怕只是一个单词、句子或是一个观点，再让学生找出文章的欠缺之处，这样可以激发学生的进取精神，增强学生写作的信心，从而增强学生学习英语的动力。

（4）编辑阶段

编辑阶段是写作的最后整理和润色阶段，指学生在多次反馈、自我反思的基础上，对文稿进行反复修改最终成稿的过程。在此阶段，教师可以选择优秀习作打印上作者的名字并利用投影呈现给全体同学，以表示对习作作者的鼓励和为其他同学提供学习借鉴，也可以选择每位学生最好的一句合成一篇范文供大家学习参考。

5.写日记或者周记

养成用英语写日记或者周记的习惯，是巩固写作知识、强化写作技能、提高写作能力的有效策略。指导学生写英语日记或者周记要把握以下几点：第一，帮助学生树立用英语记录学习与生活的信心，明确写英语日记或者周记的重要意义。第二，经常对学生进行英语写作方法和技巧的点拨。第三，鼓励学生由低到高设立自己的英语写作目标，在词汇量不足的情况下，可以使用英汉混杂的方式表达自己的思想和看法；随着词汇量的增多，再把以前日记中的汉语重新用英语表述。这本身就是一个复习与巩固的学习过程。第四，要求学生在日记中尽可能用新学的单词和句型表达自己的思想。第五，倡导学生与同学分享自己的英语日记，让同学指正其中的问题，勇于表达自己的思想变化，与同学分享自己内心的感受。

第三节　中小学英语文化、情感与学习策略教学

一、中小学英语文化教学

（一）中小学英语文化教学的重要性

1.文化品格是英语学科核心素养的重要方面

文化品格是构成英语学科核心素养的重要部分。国际理解能力和跨文化交流能力是 21 世纪公民的必备素养。学习外语，特别是英语，是实现国际理解和跨文化交流的重要途径。学习英语课程不仅要考虑应该学习哪些英语知识和技能，将来能够用英语做哪些事情，还要考虑通过学习课程可以学习其他哪些方面的知识，形成哪些关键技能和必备品格，而文化品格就是其中一种重要的品格。

青少年时期是学生的情感态度和价值观发展的重要阶段。中小学的各个学科对学生形成积极的情感态度和价值观有重要影响，英语学科也不例外。不同的民族有不同的情感态度和价值观。这些情感态度和价值观以各种形式体现在语言和语言使用中。学习母语以外的语言，能够使我们了解其他民族的情感态度和价值观。

文化品格核心素养不仅仅指了解一些文化现象和情感态度与价值观，还包括评价语篇反映的文化传统和社会文化现象，解释语篇反映的文化传统和社会文化现象，比较和归纳语篇反映的文化，形成自己的文化立场与态度、文化认同感和

文化鉴别能力。❶从这个角度来看，文化品格的内涵超越了以往所说的跨文化意识和跨文化交际能力。

2.文化差异是跨文化交际的障碍

在我国，外语教学中的文化热兴起于20世纪80年代。它的一个突出特点，就是与中国的现代化进程息息相关，与中国的改革开放息息相关。现代化的进程加速了精神和物质产品的流通，将各个民族纳入一个共同的"地球村"中，跨文化交际成为每个民族生活中不可缺少的部分。然而，文化差异是跨文化交际的障碍，克服文化差异造成的交际障碍已经成为整个世界共同面临的问题。一个企业若想让自己的产品打入国际市场，一个跨国公司若想在众多国家和地区创造高效益，不仅需要高超的经济和技术手段，而且需要深入了解对象国的文化。现代社会中一个企业的成功不仅是经济成功，而且是跨文化交际的成功。

3.了解文化知识是学习语言知识的关键

不懂得文化的模式和准则就不可能真正学习语言，不掌握文化背景就不能教好语言。语言是文化的载体，又是文化的一个重要组成部分。然而语言受文化的深刻影响，又反映了某种文化的独特之处。离开了特定文化背景的语言是不存在的，如果不了解目的语的文化（target culture），我们就很难理解某些词语项目的意义。如 grammar school 可以望文生义为"语法学校"，实际上，现在指为升中小学的学生而设立的中学，即中小学预科。

4.文化知识的教学是达到语言教学目标的关键

发展交际能力是语言教学的主要目标。语言能力是交际能力的基础，然而具备了语言能力并不意味着具备了交际能力。越来越多的人已达成共识，交际能力应包括五个方面：四种技能（听说读写）加上社会能力（即和不同文化背景的人们进行合适交际的能力）。我们必须明白语言能力和语用能力在社会生活中是相辅相成的，明白文化知识是组成交际能力的一个重要方面，是达到语言教学目标的重要教学内容。

（二）中小学英语文化教学的有效策略

1.结合教材，介绍相关文化背景知识

在我国各阶段的英语教材中，许多文章涉及英语国家文化的方方面面，在文化内涵、思想内容上有一定的深度。教师在讲授这些文章时，可以将有关的文化

---

❶ 姚芳勤.浅谈如何提升中小学英语教学的有效性[J].课程教育研究,2020(03):134.

背景知识介绍给学生，并指出其文化意义。结合文化背景和文化意义进行语言教学，可以提高学生的语言交际能力。在语言教学中，教师可以有意识地总结一些具有文化背景的单词和习语。例如 red 一词，无论在英语国家还是在中国，红色往往与庆祝活动或喜庆的日子有关，英语里有"red-letter days"（节假日），尤其在中国，红色象征革命、社会主义等积极意义。但英语中的"red"还意味着危险状态或使人生气，如"red flag"（引人生气的事），还有当看到商业英语中的"in the red"，别以为是盈利，相反表示亏损、负债。

2. 英语写作教学中渗透中国传统文化

写作是中小学英语教学中的重要内容，英语教材后的写作练习及日常考试中的写作练习，多是以西方题材、西方文化场景为题材设计。由此，在教学过程中，教师可以尝试着以中国文化场景和题材命题，引导学生在日常的写作练习中对传统文化进行反思，唤起学生对文化的感悟、灵感、想象和思考，并以所学习的英语知识将中国传统文化的相关场景、内容描绘出来。中国传统文化内容丰富，以此为题材进行写作，学生可以充分发挥想象，不再无话可写、无词可用。

3. 英语口语交际教学中渗透中国传统文化

口语交际是英语教学的重点内容，也是学生学习和应用的重点内容。在英语教学中，在口语交际教学过程中渗透中国传统文化，将传统文化元素应用于学生日常口语交际的实践环节，让学生掌握传统文化相关词汇、语句的同时，能够在日常交际中实际应用。在日常教学中，要求教师关注中国传统文化的细节资源，引导学生学习和练习，让学生熟悉中国古语言文字的英文翻译技巧，鼓励学生课上、课下多多沟通交流，让学生了解不一样的英语，用带有浓厚中国特色的英语进行语言交流。

4. 利用新型文化传播工具，了解异域文化

互联网是当今世界各国文化的交汇点、集合点，又是世界上信息更新最快、传播最快、互动性很强的媒体，广播、电视等也是传播文化的重要媒体。英语教学就应该充分利用现代各种视听媒体和互联网信息量大、时代性强的优势，引导学生上网查找资料、收听广播、观看电视节目，了解掌握丰富的文化背景知识，同时也增强学生的文化传播意识。❶通过全方位的接触，让学生体验异国文化。

---

❶ 赵大中，江尧梅.中小学英语教学教研新思维与新范式 [M].徐州：中国矿业大学出版社，2017：72.

二、中小学英语情感教学

（一）中小学英语情感教学的重要性

1.情感教学有助于建立亲密和谐的师生关系

情感教学可营造一种民主的教学氛围，有助于建立亲密和谐的师生关系。学生渴望平等和被尊重，希望老师既是"良师"，更是"益友"。这就要求教师在教学中打破传统的师生关系，建立新型的师生关系，以适应新形势下的教学要求。

2.情感教学有助于培养学生坚定的学习意志和高尚的情操

部分学生对学习英语有畏难情绪，以及在学习过程中，受到环境、情绪、家庭、社会、知识等方面的影响。特别是学习成绩中等的学生，情感更容易波动，不稳定情绪更明显，有时甚至会缺乏把学习搞好的信心。因而教师在教学过程中要始终注意培养学生自信和坚韧不拔的情感，在教学上可以通过科学家的范例熏陶学生的情操，激励学生奋发图强、知难而进、立志成才，使他们感受到自己对时代应负的责任。

3.情感教学有助于开发学生的创造力

学生创造性思维的开发，是学生创造力的基础及创造性思维的发展，只有使学生在情感上受到需要，方可转化为对开发的自觉要求。因此，教师在教学中要创设有利于激发学生创造性思维的情景，使其产生探究的兴趣，把学生吸引到积极探索中去，这不仅使学生的想象力得以自由驰骋、创造性的想象力得到充分激发，而且还能使学生体验到自主学习、探究发现的乐趣。一旦学生的学习热情被激活并持续下去，即使遇到更大的困难，也能信心百倍地自觉克服，创造性思维能力也就能逐步得到提高。

4.情感教学有助于激励学生的学习活动

情感是调动学习积极性的根本。要使学生愿意并自觉地接受教师授课的内容，学生与教师之间需要有一种情感上的沟通。如果教师对此注意不够，传授知识就极有可能被抑制的心理屏障挡回。即使教师有上好课的良好动机，客观效果也可能会适得其反。当前，国外外语教学的发展趋势是以学生为中心，体现了注重情感的教学原则。所以，教师在教学过程中如何及时掌握和调剂学生学习活动中的情感变化、信息变化、信息规律是至关重要的。这样既可以帮助教师注意克服影响学生情感的消极因素，又可以促进师生之间的情感与知识的交融，起到激励学生学习的作用。

（二）中小学英语情感教学的有效策略

1.建立良好的师生关系，创造和谐的情感气氛

在中小学英语教学中，教师与学生心灵的和谐愉快是十分重要的。良好的师生关系，是师生共同满足教学需要、协同教学活动、实现教学目标的基础和保证。学生学习英语的兴趣与任课教师有很大关系，直接影响着学生的情感和意志，他们常常是由于喜欢上一位英语教师而爱上他的英语课，并能主动接受这位教师所传授的知识。所以，教师向学生倾注全部的爱，是培养学生积极情感态度的前提。

2.创设平等的机会，营造积极的心理氛围

新课标要求教师应由知识传授者转为学生学习的组织者，课堂是生生之间、师生之间的活动场所，也是进行人际交流的社会环境，而英语作为一种语言教学在很大程度上需要生生之间、师生之间的相互合作、相互支持，因此，教师组织学生营造教学中积极的心理氛围，就必须面向全体学生，给予学生平等的机会，建立和谐的、民主的、平等的师生关系，使学生在平等、尊重、信任、理解和宽容中受到激励和鼓舞。在课程进行中，教师应当放弃外在的权威，建立以知识素养和人格魅力为内容，以与人为善、和蔼可亲为外部特征的内在性权威，与学生平等相待，这样有利于形成学生主动参与的人际关系氛围。因此，在教学中要采用适当的方式给学生以心理上的安全和精神上的鼓励，使学生思维更活跃，探究热情更高涨。

3.创设丰富的教学情景，营造良好的学习氛围

在教学过程中，良好的师生关系可以克服学生的消极情感，师生关系融洽才能真正地了解学生的情感，学生才乐意与教师进行交流，因此，教师在教学过程中，首先，立足于教材的内容，增加信息量，才能使学生把注意力集中在教学内容上。其次，结合教材内容举一些学生感兴趣的例子，增强信息的新颖性、时效性，设计具有交际和学习情景的口语练习，激发学生的交际意识。通过创造宽松、愉悦的课堂气氛，运用多媒体教学，开辟英语角、英语广播等多种形式的活动。在课堂内外为学生创造说的条件和环境，使学生逐渐产生说的意识，增强说的自信，从而使学生敢于开口、乐于开口，为学生营造良好的学习氛围。

4.面向全体，尊重差异，消除学习困难生的情感障碍

每一个学生都是与众不同的，都有自己的特点和长处。一般来说，成绩好的学生在课堂中常与教师互动，受表扬的机会多，学习积极性高，但作为英语教师应面向全体，尊重差异。教师在课堂教学的组织、任务的设计及教学活动的安排

都要符合学生的生理和心理特点，遵循语言学习的规律，力求满足不同类型和不同层次学生的需要。

为此，教师应采取不同的方法和措施来消除英语学习困难学生的情感障碍。教师要帮助他们制订合理的学习计划和目标，根据学生的程度和水平布置难度相对较低的任务，给他们足够的时间准备，并为他们提供自由表达的机会，启发学生自己纠错，同时对于他们的点滴进步进行放大表扬。同时，教师更应在学习方法上多加指导，告诉他们如何培养自学能力，如何进行预习、复习，如何根据语音规则和构词法来记忆单词和扩大词汇量等，只有当他们掌握了有效的学习方法，学有成效，才能建立学习的自信，才能坚持学好英语。否则，他们就难以经受挫折，最终导致厌学。

另外，教师还要尊重学生差异，对英语学习困难的学生应适当降低要求。比如，作业可以采取分层布置的办法来减轻他们的负担等。最为重要的是，教师要帮助他们找出学习的困难，分析困难的性质和程度，引导他们把失败归因于努力，并在课堂上多为他们创造体验成功的机会，他们会逐渐改变原来对英语成绩不好的归因，如没有兴趣、记忆力差、基础差等，从失败的状态中解脱出来，确信只有努力才能带来成功，从而增强学好英语的信心。

5.对教学内容进行情感处理，有效开发情感资源

对教学内容进行处理是指教师从情感上对教学内容进行加工和组织，在向学生呈现教学内容的过程中发挥其情感方面的积极作用。力求将英语学习与学生的实际生活及学生感兴趣的话题和内容紧密结合起来。另外，教师还可以借助语言和表情来传递教学内容中的情感，创设情境，营造和谐的情感氛围。让学生感受到学习英语的乐趣，增强学生学习英语的积极性，接受思想情感的教育，提高思想素质。

三、中小学英语学习策略教学

（一）中小学英语学习策略教学的重要性

1.使用学习策略能够提高英语学习的效果

做任何事情都要讲究策略，中小学英语学习也不例外。20世纪70年代以来，外语教育界的很多研究者对外语学习策略进行了大量研究。一个比较可靠的结论是：使用有效的外语学习策略，不仅可以大面积地改进外语学习方式，提高学习效果和质量，还可以减轻学生的学习负担。另外，把学习策略的培养渗透到教学

之中，可以促进学习潜能偏低或智力发育迟滞的学生的学习，减少他们学习中的困难。研究结果还表明，不太成功的外语学习者可以借鉴成功外语学习者的学习策略。

2.发展学习策略有利于学生形成自主学习能力

现代社会倡导终身学习的思想。自主学习能力是终身学习的前提，而形成有效的学习策略是发展自主学习能力的必经之路。因此，学生在校学习期间的一个重要任务是学会如何学习，以便他们走入社会之后能够真正实现自主的终身学习。

3.学习策略与教学策略相互促进

教师研究学习策略可以促进教学。教师通过了解学生的学习策略，可以调整自己的教学策略和教学方法，从而提高教学效果。另外，对英语学习策略的了解和运用也能促进教师自己英语水平的提高。

（二）中小学英语学习策略训练的有效策略

1.明确训练目的，注重培养学生举一反三的能力

在进行策略训练时，教师应让学生充分了解策略训练的价值和目的。目的不明确的策略训练往往导致学生只知其一，不知其二。进行策略训练时，教师应尽量告知学生策略的重要性和可迁移性，引导学生在完成不同的学习任务中大胆使用策略，并启发他们举一反三，学会将这些策略运用到新的语境中去。同时，要给学生提供机会评估新策略的使用情况，探究这些策略所起作用的原因。训练时让学生充分认识策略的用途和可迁移性，同时让他们有机会评估策略的使用情况，可以使训练更为有效。

2.策略训练与语言训练相结合，相得益彰

通常情况下，将策略训练与正规的语言训练项目结合在一起最为有效。如果孤立地训练策略，难免枯燥乏味，学习者也容易产生消极情绪，不利于有关策略的掌握。当策略训练与语言学习紧密结合在一起时，学习者就能较好地领会某些策略是如何在有意义的上下文中得到运用的，也更易于记忆。语言训练包括一般的语言项目（如单词、语法）的训练和具体的语言技能（如阅读、口语）的训练，教师可以根据实际情况适时将这种结合或侧重于语言项目，或侧重于语言技能。一般而言，学习者的语言训练目标越具体，与策略训练的结合就越密切。

3.师生评估相结合，确保策略训练效果

在策略训练期间或之后，教师应对训练的情况适时进行评估，这对训练的效果和促进学生课堂内外的语言学习十分有益。评估策略训练成功与否目前还没有

统一的标准。但以下几方面的因素可以作为参考：一方面，通过训练，学生完成学习任务的能力和一般语言技能是否提高，使用新策略的频率是否增加，将新策略用于其他相关学习任务的迁移能力有没有增强，学习态度是否得到改进等。另一方面，学生对策略训练的评估同样重要。学生对策略的练习和使用情况进行自我评估是策略训练不可或缺的一部分，这些测评结果可以为教师提供有用的数据，有助于提高策略训练的效率。

第五章　中小学英语教学现状与改革的必要性

中小学英语教学的改革需要根据我国中小学课程的实际情况来决定，只有发现中小学英语教学中的一些问题和不足，才能在发展的过程中解决存在的问题，提出改革的策略，提升我国中小学英语教学水平。本章首先分析了中小学英语课堂教学与课外活动的现状，分析了中小学英语教学效果，进而提出了中小学英语教学改革的必要性。

第一节　中小学英语课堂教学现状

一、面向个体，以个体代替全体

在课堂上，有些教师会有意无意地教授个别人或部分人。如在课堂提问时，只叫举手的学生，不顾及那些不举手的学生，使一部分学生丧失了练习的机会，同时也丧失了英语学习的兴趣和信心。这种做法将导致学生学习情况的两极分化。现在许多学校的班额都较大，少则四五十名学生，多则七八十名，或者更多。能得到机会、真正去感受教师赞许和体验英语学习快乐的学生并不多。这也是学生英语学习两极分化的重要原因之一。因此，教师应注意均衡自己在课堂中的作用与注意力，力求让全体学生都感受到被关注。

二、课堂指令不清楚、不明确

课堂教学能否顺利实施的关键因素之一便是课堂指令。在设计活动及布置学习任务时，教师应使用清楚、准确的指令，让学生能根据指令积极地完成任务活动，反之则难以在学生内心形成回应，教学活动便容易陷入被动、僵持的局面。比如，一位英语教师在呈现了几幅关于运动的图片后说："Look at these pictures and talk about them." 这里出现的问题就是如何讨论，讨论什么，学生不清楚，因为指令过于抽象、含糊。再如，一位教师在一次借班上课时，为拉近与学生之间的距离，便说道："Boys and girls, please tell me something about your school."本以为能引起学生的共鸣，没想到带给他的却是一片沉默，原因是设置的话题跨度过大，不够具体，学生不知从什么角度去说，可见，他的课堂指令缺乏可操作性。如果一开始让学生从校园环境、教师情况或从学生爱好等细节入手，效果会更好些，不至于出现好几分钟的"冷场"，影响到教学的流畅性。

三、教学辅助工具"喧宾夺主"

随着多媒体信息技术在英语教学中的运用，英语课堂教学变得更加生动活泼，从而营造了良好的语言氛围，使学生的听觉、视觉等感官同时接收信息，强化了记忆效果，学生的学习兴趣及欲望被极大地调动起来。但在一些公开课教学中，有些教师误把多媒体软件当成了一种播放工具，教学环节的设计一切围绕着电脑投影展开，过分强调现象演示，用看投影来代替教师讲，学生和教师被电脑牵着鼻子走，甚至出现了没电脑就上不成公开课的局面。有的过分追求多媒体的音响效果，在课件中插入了鼓声、怪声或过多的音乐，这不仅无助于提升教学效果，反而妨碍学生的思考，干扰课堂教学。有的追求华丽的界面，采用比较亮丽、鲜艳的色彩或与教学内容无关的画面，从而冲淡了教学的主题，分散了学生的注意力。

在教学中，教师不应过度使用投影仪，屏幕投影的时间应加以控制，力求达到少而精，使其在教学中更好地发挥穿针引线的作用，为师生互动、生生交流创造条件。简言之，要适时、适度、适当。千万不能把课堂教学从传统的"一言堂"转变为现代教学技术伪装下的"屏幕谈"。

四、照搬教师用书，以此替代备课

许多教师认为，教师用书即教参就是教案，所以授课时照本宣科，致使课堂教学始终局限在这个框架中，教师自身的创造力得不到发挥，学生所学知识僵化。众所周知，大多数教学参考书是按照某种模式进行编写的，而课堂教学是复杂而变化的过程。大部分教学参考书中复述课本的重点、难点分析，宽泛的教法建议，以及操作性不强的教学设计都似汪洋大海，让具体的课堂教学无法实现。新课程提倡个性化的教与学，教师用书的意义只局限在观念、思路上，缺少实质内容的参考价值。相反，如果轻易按照教参去实施教学，往往还会受当地教学设备、学生基础、师资状况等不同情况的影响，最终难以达到理想的教学效果。

五、合作学习流于形式

《英语课程标准》提倡体验、实践、参与、交流与合作的学习方式，要让学生学会与他人合作，并能与他人交流思想与方法等。现代教育理念认为，一个人今天在学校的学习方式应与他明天的社会生存方式保持内在的一致性，而合作学习正是这种一致性的切入点。在教学中开展合作学习很重要。但走进英语课堂，我们会发现，合作学习似乎仅仅成了一种徒有其表的"时尚"。在实际教学中，合作学习流于形式的较多。不少教师认为，将传统秧田式的座位换成圆形、U字形，就是"合作学习"了。不少教师为了合作而合作，有的教师无节制地让学生自主合作学习，"自主"成了"自流"，"合作"成了"合坐"，仅仅由过去的"填鸭子"变成了现在的"放鸭子"，满教室都是"嗡嗡"的窃窃私语，这样的合作学习失去了学习的本来面目，也不会产生合作的效应。

在许多公开课中都会看到这样的小组合作学习情景，待教师在屏幕上呈现pair work and group work（配对工作和小组工作）或 discussion（讨论）内容后，宣布讨论，一、三、五排的学生便条件反射似的迅速回头，教室里的气氛立刻活跃了起来，充满了热烈的讨论声，在通常的四人小组里，似乎每个学生都在积极地、争先恐后地发出声音，底下听课教师只是看到而听不见他们具体在讨论什么。几分钟后，随着老师的一声"Are you ready?"或"Stop, please."学生们便立刻安静下来，授课教师开始安排每组代表汇报小组讨论结果。

这几个现象暴露出几个问题：第一，小组讨论时间不充分，只有5分钟或更少，学生还未真正进入讨论状态或问题还没有得到足够的探究，活动便蜻蜓点水似的结束了。第二，如何进行小组合作，采取何种方式，每个成员各自的职责是什么，学生往往含糊不清，最终只能人云亦云。第三，教师往往忽视编组策略，造成小组成员间的发展机会不平等，表面上全体参与，实质上是基础好的学生说了算，基础差的学生只能袖手旁观，充当陪衬。

第二节 中小学英语课外活动现状

一、中小学英语课外活动开展的类型

根据《英语课程标准》的要求，教师应根据学生的年龄特点和兴趣爱好，通过形式多样、内容丰富的课外活动，让学生在轻松愉悦的氛围中感知和体验英语，促进语言实际运用能力的提高。课外活动可分为"个体英语课外活动"与"团体英语课外活动"两大类。

（一）个体英语课外活动

个体课外活动是指学生独立完成的活动任务。它包括与英语学习4个基本技能直接相关的个体英语课外活动和间接相关的个体英语课外活动，如复述英语故事、写英语日记、阅读英语课外书籍和演唱英文歌曲等。学生通过这些活动可以直接提高他们的听、说、读、写4项基本语言运用能力。设计制作与英语相关的物品，用英语做调查分析，或者使用英语帮助解决问题，这些都是学生使用英语完成任务的活动，在此过程中提高了学生的语言综合运用能力。

（二）团体英语课外活动

团体课外活动需要学生之间的竞争与合作。它可以分为游戏类、表演类和比赛类。英语游戏可以培养学生的记忆力、观察力、想象力等，游戏的种类很多，有猜一猜、听和做、听音画画、接词、对歌、绕口令等；话剧、童话故事等表演类活动不仅能发挥学生的表演才能，锻炼他们的语言能力，还能培养他们的文化意识；竞赛类活动是促进学生运用英语，激发他们的学习热情的有效方法之一，书法竞赛、朗读竞赛、辩论赛等这些活动为学生提供了寻找自信的机会，激发他们更大的学习兴趣。

二、中小学英语课外活动开展现状概述

一直以来，中小学英语教学的中心始终放在课堂上，忽略了课外活动对英语学习的重要作用。教师把所有精力投放在课堂仅有的45分钟，而无心顾及充裕的课外时间。对于课外学习，多数教师认为是学生自己的事，或者偶尔组织一些"课外活动"，其目的只能活跃气氛，调节紧张的学习生活。

目前，中小学英语课外活动开展有两种状态：一是"放任自由"状态。教师对教材相关内容布置家庭作业，几乎忽略了课外活动的存在。课外时间学生想做什么就做什么，很少做与英语学习相关的事情。二是"自娱自乐"状态。"合唱团""话剧表演剧团"等各种兴趣小组，这些活动在一定程度上能够提高学生的英语学习兴趣，但只能丰富学生的课外生活，调节气氛。但这仅是课外活动的形式，不能代替真正意义上的课外活动。

三、中小学英语课外活动开展的原则

在课外活动实施过程中，为了保证有效开展和顺利完成，组织者应重视以下几个原则。

（一）多样化原则

中小学生活泼爱动、兴趣广泛，因此，教师需要不断开发适合不同年龄阶段、性格特征的课外活动形式。尽量做到内容丰富，形式多样。

（二）个性化原则

学生之间的个体差异是影响英语学习的重要因素。教师应该充分考虑学生的个体差异，做到因材施教，使学生在活动中发挥他们的优势和潜力。

（三）系统性原则

课外活动的开展不是无目的、无组织、随意进行的。教师应该有一个严密的计划方案。在活动之前做足准备，活动中做好监督工作，活动之后还要收集反馈信息。只有这样才能保证课外活动的有效性和长久性。

（四）指导性原则

"以学生为中心"的原则并非指活动任务的开展任凭学生自行组织。教师应该为学生提供一定的指导，介绍方法和策略，帮助学生有效顺利进行。

第三节　中小学英语教学改革的必要性

一、新时代越来越重视对学生综合语言运用能力的培养

（一）英语学习的主要目的是掌握语言技能

语言技能包括听、说、读、写四个方面的技能及这四种技能的综合运用能力，这四种技能的综合运用能力是重中之重。在这些技能中，听和读是说和写的前提和基础，也就是说，语言的输入是语言输出的基础，表达技能必须以吸收技能为前提，一个人的语言运用能力必须在吸收信息与表达自己的交际过程中得到提高。因此，在英语教学中，教师一定要引导学生通过大量的听、说、读、写的实践，提高综合运用英语的能力。

（二）必要的语言基础知识学习是不可缺少的

语言基础知识是发展语言技能的重要方面，是语言能力的有机组成部分，是形成能力的基础，因此，学习英语语言基础知识是必要的。但是，要培养学生的综合语言运用能力，既不能把学习语言基础知识作为课堂教学的唯一目的，也不能为了培养学生的英语运用能力完全否定语言基础知识的学习。

（三）注重学生的心理因素

心理素质不仅是影响英语学习的重要因素，也是人的发展的一个重要方面，学生的心理素质对他们的语言运用能力的高低有重要影响。学习动机是学生学习英语的首要心理因素，而对英语学习的态度、兴趣和情绪则是促使学生产生英语学习动机最核心的因素。因此，在英语教学中，教师应该想方设法激发学生对英语学习的兴趣，提升学生对英语学习的热情，培养学生对英语学习的动机。学生只有对英语有了学习动机、兴趣、积极的情感，才会积极主动地参与课堂活动，善于配合教师的课堂教学，才可能对英语学习保持一股持之以恒的热情与动力，形成良好的学习习惯与求学精神，不断完善自己。

（四）培养学生正确的学习策略

学生综合英语运用能力的培养与其学习策略有关。教师在教学过程中，还需要指导学生探究正确的英语学习方法，选择正确的英语学习策略。我们提倡教学要以学生发展为本，要对学生"授之以渔"，实际上就是要教给学生英语学习策略。掌握正确的学习策略，可以提高英语学习效率，可以得到事半功倍的学习效果。而好的学习效率又可以提高学生对英语学习的兴趣与热情，提高课堂教学效率。

二、新时代越来越重视对学生的认识能力的培养

英语教学经历了由知识型教学向技能实践型教学的转变，突出了语言作为社会交际工具的本质特征。但我们认为，英语教学既是获得交际所需要的语言技能及相应的语言知识的过程，同时也是发展智慧和培养认识能力的教育过程，而且英语教学对于培养认识能力有着特殊的意义。

提高学生认识能力对英语教学有重要意义。首先，从语言与思维的关系来看，思维是以语言为物质载体和构思工具得以发展的，同时，语言能力和思维能力是相互促进、协调发展、辩证统一的。语言是人类文化的"活化石"，凝结了人类文化的全部成果，记载着不同的社会历史背景及相应的不同的思维方式。总

而言之，学习一种语言，也就是学习一种文化，就是进入一种新的文化视野，就是学习该语言的民族思维方式和文化心理，经历一种新的思想观念的冲击，接受一种新的思维方式的影响。在英语教学过程中，教师应该有意识地发展学生的思维能力和认识能力，使学生通过学习英语来获得认识世界和感受世界的新的心理机制和思维方式。其次，从母语与英语的关系来看，大文豪歌德曾指出："只有当你学习了外语之后，你才能真正懂得自己的母语。"有对比才会有鉴别，这样，在学习英语的过程中，人们才会对母语有更加理性的认识；也只有通过学习外语，人们的思维才不会因母语的思维局限性而受到限制，从而可以拓展新的思维方式。

三、新时代越来越重视文化对语言的影响，加强文化教学

英语教学的目标之一是"帮助学生了解世界和中西文化差异，培养爱国主义精神，形成健康的人生观"。可见，在多元文化视域下，跨文化知识是英语教学的一个重点，培养学生的跨文化意识、跨文化感悟力、跨文化交际能力将会成为当代英语教学的一个发展趋势。❶

语言作为人类沟通的工具，是社会的一部分，是人性和人本身的一部分，而不是独立于人类社会之外的系统。任何一个国家、民族的语言与其文化都是相互依存、相互作用、不可分割的有机体。语言是文化的载体，不同的语言代表着不同的文化，没有语言，文化无以负载，没有文化，语言也就是一个空壳。

在英语学习中，即使基本语言知识掌握得很好，但如果对语言的文化内涵缺乏认识和了解，忽视了不同的语言在文化上的差异，就难以准确理解语言所蕴涵的意义。因此，教师在教学中要重视文化背景知识的传授，有意识、有目的、尽可能多地介绍和传授西方国家的文化背景知识及中西文化间的差异，努力增加学生的跨文化知识，使他们了解生活在不同社会背景中的人们的语言特征和文化习惯，努力提高学生对语言和文化差异的理解能力和敏感性，提高跨文化交际的能力。另外，尽管不同语言中的某些词语的概念基本相同，但表达的意义和社会文化的含义却往往因文化不同而具有浓郁的民族特色，因此，教师在教学中还要重视教授词汇内涵和词汇外延的文化内涵。

---

❶ 赵大中，江尧梅.中小学英语教学教研新思维与新范式 [M].徐州：中国矿业大学出版社，2017：72.

在教学过程中，教师要重视文化意识的融入，加强文化背景知识的教学，从而有助于学生更深刻地理解语言及其背后的文化，加强学生的文化理解能力，提高学生的跨文化交际能力。

四、新时代越来越重视学生的全面发展

在中小学英语教学中，要着眼于学生的全面发展，要注意激发学生对英语学习的兴趣，帮助学生树立自信心，形成有效的学习策略，养成良好的学习习惯。

（一）教师要相信每一个学生都具有极大的潜能

我们应该相信，每个学生都蕴藏着极大的学习潜能，每个学生都有丰富而独特的内心世界，学生之间是有差异的。今天的学生在很多方面比以前的学生更具独立性，他们对许多问题的思考都很独特。英语教师应该成为学生的朋友，与学生平等相处，只有这样，学生才会愿意与教师沟通，愿意向教师倾诉内心的想法，也只有这样，教师才可以了解学生的内心世界，才能更好地帮助学生挖掘潜能，英语教学才会取得更大的成效。同时，由于学生之间是有差异的，教师应该根据学生在英语学习中表现出来的不同学习特点，在教学中采用不同的对策，提供差异化的、切合学生实际的学习指导，给每个学生提供平等的学习机会。只有了解学生独特的内心世界，了解学生的个性差异，教师才能在英语课堂教学中为每个学生创造表现自己的活动环境，使每个学生都积极地参与到教学活动中来，让学生在学习活动中发展个体的学习能动性、创造性、自主性和独特性，充分发挥学生的主体作用。

（二）教师要创造和谐的教学气氛

教师要在英语教学中创造和谐的课堂教学气氛，尊重学生，爱护学生，实行情感教学，注重情感交流。由于课堂教学是人的交际过程，这个过程是否有效，取决于课堂气氛是否和谐。可以说，和谐的课堂交际气氛在某种意义上来说比好的教学方法更重要，而和谐的课堂气氛是实行情感教学的关键。因此，为了创造和谐的课堂教学氛围，实施情感教育，教师在教学中要提倡宽容，教育学生多使用英语，对学生所犯的错误不必有错必纠；教师自己要始终保持乐观向上的精神状态，对教学和学生满腔热情，以引起学生的积极情感；尽可能让全体学生在学习过程中获得乐趣、满足感与成功感。当学生在课堂学习中能不断收获自己学习的成果时，他们的学习兴趣与积极性就会与日俱增。

第三部分　中小学英语教学改革思路

第六章　教育信息化助力中小学英语教学改革

教育信息化是信息时代教育改革与发展的突出标志，更是信息时代推动教育变革与创新的重要动力和途径。现代信息技术的广泛运用，正在渐渐地改变着师生的英语教学方式、学习方式、思维方式和交流方式。现代信息技术与英语教学逐渐融合，必将有力推动英语教学改革，实现优质英语教学资源共享，促进英语教学改革创新。本章分别从理念、能力、政策、科研四个方面阐述了教育信息化对中小学英语教学改革的促进作用。

第一节　教育信息化促进中小学英语教学改革的理念支撑

一、教育变革中的技术力量

教学变革的历史实质上也是技术变革的历史，技术不只是在教学的变革中留下了痕迹，更是教学发展重要的推动力。北京中小学教育技术系的郭文革教授对教育的"技术发展史"进行了梳理（见表6-1）。

表6-1　教育的"技术发展史"

媒介技术	教育目标	教学资源	教学方法	教学组织方式
口传时代	培养吟诵诗人	口头教材：保存在人脑中	口头对话	面对面
手工书写时代	培养"抄书匠"	手抄教材：内容、页码、并本不一致	讲授、记忆和辩论等	世俗的私塾等
印刷时代	普及义务教育	标准的教科书、图书馆	实验教学法、探究教学法、案例教学法	班级授课制、现代学校制度

续　表

媒介技术	教育目标	教学资源	教学方法	教学组织方式
电子传播时代	电子传播时代	"视频"教材、教育节目等	远程教学法："教"与"学"在时间、空间上分离	远程教育、广播电视中小学
数字时代	终身教育：人皆可学、处处可学、时时能学	网上多媒介教材	因材施教	混合式学习："教材"的混合、"教室"的混合

我们从表 6-1 中能清晰地看到教学变革与技术变革的关系。教育越是往前发展，受技术的影响越大。在口耳相传的教育阶段，语言是教育的唯一中介，教育中的技术就是语言的艺术与技巧。到了数字时代的教育，影响教育的媒介技术不仅是先进的，而且是复杂的；不仅是普遍的，而且是个性的。

印刷术的出现引发了教育的一次大革命，不仅使现代学校得以诞生，也使班级授课制极大地提高了教育的效率，而大规模教学的设计和信息传递都是基于印刷术。有了印刷术，教学信息就有了便捷的载体，教学组织形式和教学方法才可能走向多样化。没有这一技术的发明，就没有普遍意义上的教学的出现。不仅如此，"因为复制和传播信息能力的提高，个体所接受的信息量水平有明显的增加，加速了各种思潮的进展，如 15 世纪社会中所酝酿的一些思想——民族主义、世俗主义、个人主义和工业化"。这些思潮的出现不仅丰富了教学的内容，更引起了教育领域思想的变革。这一间接的影响虽然不是那么容易感受得到的，但对教学的变革却是持久而深远的。

技术的革命推动着整个社会各个领域的变革，教学变革的节奏在技术的推动下变得越来越快，教学从口传时代到手工书写时代再到印刷时代要比从印刷时代到电子传播时代再到数字时代漫长得多。20 世纪 50 年代以前，无线电广播、有声电影就被认为是革新教学的引擎，整个课堂教学进入了视听教学和视听传播阶段。到了 21 世纪，新的信息技术在不断的更新换代中给教学带来了实质性的变化。比如，孔子提出的因材施教在漫长的教学变革中并没有得到实现，学徒制的传统教学虽然做到了因材施教，但学生的受益面是十分有限的，而网络技术、多媒体技术、电子书包、手持式设备等现代信息技术为人们提供了一种崭新的认知方式、交流方式和思维方式，使泛在学习成为可能，也为更广泛的因材施教提供了巨大的空间和有利条件。

（二）技术影响教学的范围

技术对教学的变革是全方位的，技术不仅影响了教学的目标、内容、形式和方法，也深刻地影响着教学发展的历史规律。在教学目标上，从口传时代培养吟诵诗人到工业社会片面发展的人，再到信息化时代培养个性全面发展的人，教育的目标离教育的理想越来越近。在教学组织形式上，从面对面的个别化教学到班级授课制，再到时空分离的更大范围内的个别化教学，教学组织在形式上越来越适应学生个性的发展。而在教学方法上，从口头讲授到电视教学再到基于网络的探究式教学、基于网络的协作式教学，教学的方法越来越多样化、多元化。尤其对技术变革教学的系统研究还形成了一个新的研究和学科领域——教育技术学。它不仅是整个教育学科中最具时代特色和最有发展前景的学科之一，还是一支变革传统教育学科的新生力量。同时，教育技术学为技术促进教学变革提供了理论支撑和方法论依据，也为技术在教学中的应用提供合理的辩护。

二、教育信息化对中小学英语教学改革的革命性影响

（一）教育信息化丰富了教学目的的实现方式

教学是合乎目的性的实践活动，教学的终极目的就是实现学生的全面发展，这也是教学改革的唯一遵旨。教育信息化能对这一崇高的目的带来什么吗？教育信息化能对这一古今教育家们孜孜追求的美好理想产生什么影响吗？要回答这些问题，首先就要回答怎样才算是学生的全面发展？可以肯定的是，全面发展不是面面发展，不是所有面齐头并进地发展。那么，究竟如何理解全面发展才是准确的、科学的呢？

我国著名教育家张楚廷先生在深入研究过马克思的全面发展理论之后，提出"全面发展的实质是个性发展"。其含义有三：第一，就发展的基本内容来说是个性发展；第二，经由个性的充分发展实现全面发展；第三，离开了个性发展，全面发展是不可能的。同时，他还认为，全面发展既然是个性发展，那么它就应当是自由发展，全面发展是每个人自己的发展，全面发展亦必是每个人的自由发展。归纳起来说，学生的全面发展即是个性的自由发展。

传统的课堂教学是不可能实现学生的个性自由发展的。由于时间、空间、信息、交流等方面的局限，学生不可能在课堂上自由选择自己感兴趣的知识进行学习，教师也不可能在课堂内照顾到每个人的个性发展，孔子提出的"因材施教"也只能作为教学原则中的一条而被教育学者们重复念叨着，被一线教师们反复期

盼着，从而成为可望而不可即的"空想"。

　　教育信息化所提供的个性化服务和自由空间让学生的个性发展、自由发展成为可能，让学生能按照符合自己兴趣和天性的方式进行学习，从而为实现教学改革的终极目的提供无限的可能性。下面我们以"电子书包"这一教育信息化成果为例，来说明教育信息化是如何丰富教学目的的实现方式的。

　　"电子书包"是一个形象的说法，它不是传统书包的电子化，不是教材在移动终端中的数字化，它是"一种可以随身携带的，承载着丰富的学习资源，具备便捷的网络服务功能，能够构建让学生主动学习的数字化学习空间和学习环境，并作为学习者的认知工具改变其学习方式的一种智能媒体"。[1]"电子书包"不仅减轻了学生书包的负担，更重要的是，为学生提供了一个个性化的数字学习空间和学习环境，以及可以自由选择的学习资源。

　　"电子书包"绝对不是一个只给学生类似 Pad 的移动终端，不只是作为电子教材和作业的储存器，它是由教学平台、云端学习书柜、教师社群网、教科书与习作内容、户外教学系统、课外选读电子书、学生学习历程系统、工具软件、学习回馈系统等组成的复杂数字学习系统（见图 6-1）。学生在这一系统里可以自主完成学习的所有操作，而且在老师"天衣无缝"的规划和指导下，每个学生都可以找到并发展自己的专长与兴趣。

图 6-1　"电子书包"的结构与功能示意图

---

[1] 李小庆. 信息技术与中小学英语教学的深度融合研究 [J]. 文教资料,2019(07):229—230.

（二）教育信息化改变了教学内容的传递模式

和造纸术、印刷术一样，现代信息技术改变了知识的传播载体和传播方式。造纸术让知识有了方便携带的良好载体，使人类突破了口头传播的束缚，并且用纸承载文字可以将信息加以广泛传播；印刷术则极大地提高了书面信息的复制和传播效率，并降低了成本，扩大了信息传播与交流的容量和范围，让人类文明的大范围传承和知识的广泛传播成为可能。现代信息技术则同时改变了知识的传播载体和传播方式。人类知识的传播不仅突破了时空和容量的限制，还突破了语言文字种类的限制，使得知识的传播不再有不可逾越的鸿沟。

教学的基本功能之一是传授知识，另一个基本功能则是思维的锤炼。但这一功能的实现显然是以知识为中介进行的，教学通过选择不同的知识来教会学生思考，这些被选择的知识就形成了教学系统的要素之一——教学内容。教育的信息化对教学内容的产生、传递、利用和管理的途径及模式产生了革命性的影响，教学内容不再是教师单向传递的信息。

信息化改变了教学内容的获取与存储方式：第一，教学内容不再只是从教师或教材处获得，教师和教材是教学内容的权威来源渠道的传统已逐渐被打破。如今，学生可以从各种以信息技术为载体的渠道获取教学内容。第二，教学内容已经不必也不能都被记忆在学生的大脑中，让学生记忆大量信息的时代已经一去不复返，学生可以把更多的精力放在知识的创新而不是记忆上。随着科学技术进步的日新月异和各学科领域的不断分化，人类创造了越来越多的知识，知识更新的周期也日益缩短，知识创新的频率不断提高，传统的阅读记忆获取模式已经不能应对当前知识激增的状况，而云计算与大数据管理、移动互联网与智能终端的快速发展与普及应用，使得"知识随手可得"的梦想成为现实。

信息化还改变了学生对教学内容的加工与组织模式。随着教学内容载体从以往的单一书本形式转化为多媒体知识包，教学内容的组织形式从以往的线性排列转向超文本结构，学生对教学内容的加工从以往的做笔记方式转向个性化的深度加工（即改变了学生对知识意义的自主建构模式），学生对教学内容的记忆也由单一的内存（大脑）扩展到外存（数字化资源库）。❶教学内容的数字化、多媒体化和智能化改变了学生的认知方式和知识构建方式，通过学生积极参与知识建构、交流与共享，推动个性化和社会化相结合的知识组织与共享模式。

---

❶ 张颖．信息化与英语教学［M］．长春：吉林大学出版社，2019：93.

我们以电子课本为例，进一步说明教育信息化对教学内容传递模式的改革。电子课本显然是对传统课本的改造，其不但改造了教学内容的呈现方式，更重要的是改造了教学内容的组织模式和学生对知识的自主建构方式。例如，人教学习网电子课本以人教社纸质主体教材为基础，对教材内容及知识点进行深度挖掘和加工，以科学直观的视、音、图、文等实现了教材内容的数字化，交互功能的智能化，多角度、多维度地呈现教材内容，以方便学生理解和掌握教材知识，为传统教学内容传递模式向网络化、智能化的传递模式转变提供了良好的范式。

学生在使用电子课本时可以随意放大、缩小、跳转和全屏显示页面，并且点读、重点解析、图片欣赏、背景介绍、提示、说明、参考答案、实验视频点播、小结等以超文本的结构及时帮助学生获得相关信息。通过对学生使用纸质教材习惯的研究，电子课本还加入了书签、笔记、标注等功能。光笔、橡皮擦和调色板等辅助工具可以让学生随意地对电子课本进行标识，擦掉不想要的标记和选择喜欢的颜色对电子课本进行标注。另外，电子课本还可以自动保存学习记录，方便学生制订复习计划和查缺补漏。教材不再是由文字和图片组成的静态文本，而是学生可以参与操作的动态的多媒体文本，这样不仅可以调动学生多种感官的参与，也因自主的自由操作而大大增加学生的学习兴趣。

（三）教育信息化促进了教学媒体的更新与应用

教学媒体作为教学系统的基本要素之一，经历了从传统到现代的演变，黑板是典型的传统教学媒体，而始于20世纪20年代美国的"视觉教学运动"开启了教学媒体现代化的历史进程。自此，以无声电影为代表的视觉教学媒体，以无线电广播为代表的听觉教学媒体，以电视机为代表的视听教学媒体，以计算机互联网为代表的交互性教学媒体，随着教育信息化的逐步推进，在课堂教学中被广泛利用，成为扩大教学规模、提高教学绩效的重要手段。

（四）教育信息化改变了教学环境的存在形态

一般来说，教学环境（也称为学习环境，这里不对这两个概念进行区分）可以划分为硬环境和软环境。其中，硬环境主要是指教学自然环境（校园里的花草树木等）、教学物质环境（比如校舍建筑、图书资料、仪器设备等）；软环境主要指的是教学观念环境、教学制度环境和教学人际环境。教育信息化的发展改变了我们对教学环境的传统理解，教学环境不再只是实实在在的自然环境和教室、纸质图书、仪器设备等实物，而是扩展到虚拟的数字化空间。虽然这里面也有自然环境、物质环境，却是虚拟的现实。这里面也有观念环境、制度环境和人际环境，但其内涵和表现形式已经发生了巨大的改变，虚拟的教学环境与现实的教学环境一起共同构成了教学的生存空间。

国际互联网掀起的"数字化生存"风暴风靡全球，使教学环境呈现无中心性和无边界性的特点。学生可以通过网络开放平台，在任何自我能支配的时间、任何能上网的地点，以任何方式选择自己喜欢的课程内容。尤其是云计算技术的发展和应用，以及平板电脑和手机等各种移动终端的创新和发展，大大增强了信息的存储、传输和对学习者的服务能力，并进一步突破了时间和空间的限制。❶信息技术与教育全面深度融合是创造泛在学习环境、构建学习型社会的必由之路，一方面，可以创造无所不在的学习环境，提供丰富多样的教育资源和个性化的学习支持，使所有学习者都能随时、随地、随需开展学习；另一方面，可以将学习主体由在校学生向全体国民扩展，学习阶段由在校期间向人的一生延伸，再辅以学分积累、转换和认证机制，就能促进各级各类教育纵向衔接、横向沟通，打通学历教育和非学历教育的渠道，形成灵活开放的终身教育体系。

第二节　教育信息化促进中小学英语教学改革的能力保障

一、教师教育技术能力远程培训中的有效学习模式

远程培训中，教师的有效学习模式由六个步骤组成，即体验、学习、反思、反馈、内化和行动（见图6-2）。下面结合教育技术能力培训的特点，分别对这六个要素进行解释：

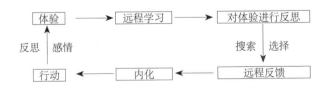

图6-2　远程培训中教师的有效学习模式

---

❶　于爱莲,袁蓓.运用互联网技术提升中小学英语教学模式衔接探究[J].新西部,2018(18):168、162.

（一）体验

体验来源于经验，但高于经验。体验是教师对自己在教学中运用教育技术之经历的感悟与反思，是进入思维和情感层面的经验。

（二）学习

这里的"学习"是指远程学习，即教师通过现代教育媒体（主要是指计算机网络），利用远程教育机构开发的学习环境和教育技术学习资源进行的学习。这种学习的特点是：学习动机是教师的体验所产生的实际学习需要，脱离了教师对教育技术的实际感知与需要，远程培训中的教育技术学习活动就不可能真正发生。同时，教师必须充分发挥认知心理因素和非认知心理因素的作用，并充分利用培训者所设计和开发的学习环境与资源，尤其是典型的教育技术应用案例。网络是一个独立的学习环境，同时又是绝佳的协同学习环境，因此，教师在培训中需采取自主学习与协作学习相结合的学习方式，并通过构建学习共同体，帮助同伴彼此搭建脚手架，发展各自理解和掌握教育技术的能力。

（三）反思

通过系统的网络化学习，获得有关教育技术的知识和技能。教师在此基础上对原有的教育技术应用之体验进行批判性思考，发现所学教育技术知识与技能和实际教学中教育技术应用之间的矛盾（即产生认知冲突），从而提出自己的困惑和问题。

（四）反馈

在搜索与选择的基础上，教师通过远程教育媒介把困惑与问题提交给培训者和培训机构，并与他们进行深入的交流和探讨，培训者和辅导者则给予其及时和详细的反馈，以便帮助教师摆脱认知冲突。另外，培训者应及时向教师反馈对教师教育技术能力培训评价的结果。

（五）内化

就其实质来说，内化就是形成自己的东西，把书本知识转化为自己的知识，把理论性知识转化为实践性知识。内化教师教育技术能力培训的核心，一方面是指教师对已经学习过的知识进行系统整理，形成知识结构，并纳入原有的认知结构中；另一方面是指教师通过反馈和自己的深入思考找到问题的答案，并结合在体验过程中发生的真实情景形成自己的"教育技术理论"。相对来说，后一个方面更重要。

（六）行动

学习者利用已经形成的"教育技术理论"来指导自己所开展的信息技术与课程整合实践，他们依据理论推断出一种行为的结果，在具体的教学实践中检验已经习得的教育技术知识和技能，并做出是否一致的判断。行动是整个教育技术能力培训的关键，教育技术行动力是衡量教师培训效果的根本指标。

从整体上看，这六个环节不是孤立存在的，而是环环紧扣、层层递进的关系。教师的有效学习产生于体验，并通过培训之后的行动形成新的体验，从而在此基础上继续学习，如此反复循环。

至此，我们可以用一段话来描述教师在教育技术能力远程培训中的有效学习模式：教师通过对实际教育教学工作和信息技术教学应用实践的体验产生学习兴趣，形成强烈的学习动机，在这种动机的驱动下通过培训者设计与开发的资料（尤其是教育技术应用的典型案例）进行远程学习，从而获得教育技术知识、技能和情感体验，然后对先前形成的工作体验进行反思，提出困惑并通过在线反馈给在线学习共同体和培训者，接受他们的指导，然后进行教育技术知识、技能的内化，转化为教育技术行动力后，在新一轮的教育技术应用中形成新的体验。

当教师在远程培训中不断地进行体验、学习、反思、反馈、内化和行动的时候，他们的思想和行为就会逐渐发生积极的变化，对教育技术及其应用的态度也会发生积极的转变。有效学习与一般的远程学习的不同在于：一般的远程学习之所以效果不佳，就是把学习当作死记硬背一些知识，可是即便记住了，这些东西对人的发展又有多少实际作用呢？有效学习则是真正地以实践着的个人为出发点，充分利用工作体验和远程教育的优势，促进教师自身的专业成长。

二、教育信息化深化了师范生的信息素质教育

（一）构建了完善的师范生信息素质教育课程体系

任何教育目标的实现最终都要落到课程上来，或者说，都要依靠课程的实施来实现。专业教育如此，文化素质教育如此，信息素质教育当然也不可能例外。目前，师范院校普遍开设的与信息素质教育有关的课程是"计算机文化基础"和"现代教育技术"，这两门课程都是必修课程，前者主要培养师范生的计算机操作能力和应用能力，后者主要培养师范生熟练进行学习资源和学习过程的设计、开发、运用、管理和评价，使其具备在新技术领域从事教学媒体和教学系统创新的能力。这两门课程是培养师范生信息素质的主阵地，是提高师范生信息技术能力

及信息技术教育应用能力的主要手段。但是，师范院校仅仅依靠这两门课程来实施师范生的信息素质教育肯定是不够的。

当然，师范院校也不可能再开设其他必修课来实施师范生的信息素质教育，唯一的办法是开设相关的选修课程。比如，图书馆可以开设"文献信息检索与利用"课程，系统地向学生传授有关文献信息的知识和技能，使学生了解和熟悉图书馆、因特网等信息源的使用方法和规则，教会学生熟练检索所需信息。师范院校的教育技术职能部门（教育技术系或现代教育技术中心）可以向大学二年级的师范生开设"信息素质导论"或"信息素质教育概论"等选修课程，并且主要介绍信息时代的特征与社会需求、信息意识、观念、知识、道德和法制等内容，旨在树立大学生在信息时代的学习观、教育观、知识观、能力观和人才观，让师范生深刻理解信息素质并把它纳入自己的素质结构中。另外，教育技术学专业教师或心理学专业教师应该面向高年级师范生开设"数字化学习的理论与实践""互联网心理学"之类的选修课，前者旨在培养师范生在数字化的环境里利用数字化的学习资源进行高效学习的意识与能力，后者主要解决师范生在网络化生存中遇到的各种心理问题，以及如何让师范生以一种积极的心理状态迎接网络时代的各种挑战。除此之外，计算机专业或信息技术类专业可以面向全体高年级师范生开设"数据库技术""信息技术高级应用""多媒体软件的制作与应用"等难度较大、内容较深的技术类选修课，目的是提高师范生的信息加工和信息创造能力。

以"计算机文化基础"和"现代教育技术"课程为主干，以"文献信息检索与利用""信息素质导论""数字化学习的理论与实践""互联网心理学""数据库技术""多媒体软件的制作与应用"等课程为辅助，构建相对完善的信息素质教育课程体系，是培养师范生信息素质的首要条件。而师范院校的计算机科学与技术系、教育技术系、现代教育技术中心、图书馆、教育与心理系等职能部门能够密切配合，并在学校教务部门的统一协调下形成提高师范生信息素质的共同愿景则是这一课程体系得以顺利实施的重要保障。

（二）实施课程教学改革，提高师范生信息素质教育的实效性

构建了完善的信息素质教育课程体系是不是就意味着能提高师范生的信息素质呢？显然，问题的关键并不在于是否开设了这些课程，而是在于这些课程是否得到了有效的实施。从目前师范院校的实际情况来看，无论是"计算机文化基础""现代教育技术"这类的必修课，还是"文献信息检索"之类的选修课，在具体的实施中尚存在许多问题。以"现代教育技术"课程为例，其存在培养目标模糊、课程内容缺乏系统设计、师资队伍专业配置不合理、教学设备不足、实验设施缺乏、学生的实践机会极少、授课教师自身的知识结构欠缺等问题。再以"文献信息检索课"为例，信息检索课虽然开了多年，一方面教学内容陈旧，大部分检索课内容停留在过去的工具书检索时代，缺乏现代信息技术教育；另一方面，文献检索课的理论讲得太多，实践太少，甚至有些内容根本没有实践。很多学校的文献检索课虽然见之于教务部门的课程计划上，但未能成功开设，因为选课的学生太少，达不到开设选修课的条件。一言以蔽之，师范生信息素质教育的课程教学中存在的问题具有普遍性，而且有些问题由来已久，必须得到学校与相关教师的正视，积极采取措施，以便有效地解决这些问题。下面我们从一些共性的方面提出信息素质教育课程教学改革的思路。

1. 教学目标

无论是信息素质教育必修课还是选修课，其根本目的都是提高师范生的信息素质，着眼点都是师范生在数字化时代能更好地生存和发展，能熟练地在教学中应用信息技术，适应甚至引领教育信息化的未来发展。所以，每一种课程的教学都必须树立从整体上培养师范生信息素质的意识。虽然不同类型的课程侧重点不同，但其基本精神应该是一致的。

2. 教学内容

从根本上讲，信息素质是一种技术素质，操作性与应用性是它的第一属性。因此，在教学内容的分配上，强调理论性内容的传授是必要的。但相对来说，更应该突出实践性内容、操作性内容。另外，课程的内容要与时俱进，紧密跟踪信息技术最新、最前沿的发展，把握信息时代脉搏的跳动，同时把教学内容与师范生学习和生活的实际及未来的职业需求联系起来，为教师信息化发展服务。

3. 教学方法

教学目标与教学内容共同决定了教学方法的选择，但实际的教学中并未贯彻这一原则。信息素质教育课程的教学主要是依靠讲授法，这显然不利于师范生信息素质的培养。所以，在教学方法方面，注重讲授要向注重师生互动转变，重视师范生的体验，激发他们的学习兴趣。对于技术性强的内容，就应该增加实践教学的分量，增强师范生的动手操作能力；对于理论性强的内容，系统的讲授虽然是必不可少的，但前提是在问题基础上的讲授，在具体讨论、辩论过程中的讲授。因而，实验法、练习法、基于问题的教学法、讨论法和辩论法应该成为信息素质课程的主要教学方法。

4. 教学模式

一方面，教师应注重应用基于网络的探究式学习模式和基于资源检索的研究性教学模式，提高师范生的参与程度，充分发挥他们的主动性、积极性和创造性。另一方面，教师应该自主开发课程的网络教学平台，使信息素质教育课程的网络教学平台具有自主学习、网上辅导、互动讨论、自我测试等功能，并保证其形式生动、内容新颖、界面友好、资源丰富，让师范生在实践信息素质的过程中学习信息素质教育课程，把课程学习与实践活动融合在同一个过程中。

5. 教学评价

教学评价的改革有两层含义：第一层是指学校要致力于改革现有的学生评价体系，把信息素质水平作为评价师范生的一个重要指标。学校各师范类专业教学都应当注重学生对学科理论和实际问题的研究和探索，注重培养学生利用信息技术追踪本学科发展的新趋势的能力，即在各专业的教学评价中增加信息素质的指标。第二层是指有条件的师范院校可以试点成立"师范生信息素质教育专家委员会"，由教育技术学专家、图书情报学专家、计算机与信息技术专家、教育心理学专家及学校相关部门人员组成，负责制定本学校的师范生信息素质标准及开展师范生信息素质教育效果的检查与评估工作，摆脱目前所采取的由信息素质教育课的任课教师单一评价的模式（尤其是采用考试的评价方式），注重从整体上对师范生的信息素质进行评估。

（三）重视校园网络文化建设，构建师范生信息素质教育的隐性课程平台

随着校园网络化的进一步完善，网络已经成为当代中小学生不可缺少的生活方式，一种建立在计算机技术和网络基础上的文化形态正在日益凸显其诱惑力，并深深吸引着每一位领略过其魅力的中小学生。这就是校园网络文化，它突破了时空的限制，比传统意义上的校园文化内容更丰富、更广泛、更多姿多彩。校园网络文化必定以其自由化、开放性、多元性和自主性的优势成为中小学生的重要生活内容。创造优秀、健康、清新的校园网络文化，为推动中小学生信息素质教育搭建平台，是网络化中小学校园的时代使命。❶

1. 加快校园网络文化物质层面的建设，创造良好的信息化学习环境

《教育部关于推进教师教育信息化建设的意见》中明确提出："国家鼓励和支

---

❶ 梁文. 互联网＋背景下中小学英语教学模式改革 [J]. 鞍山师范学院学报,2016,18(05):37—40.

持师范大学数字化学习环境的示范性建设。"没有良好的信息化学习环境，师范生的信息素质教育就没有物质基础，其他的一切活动就不可能顺利开展。因此，加快校园网络文化的物质层面建设，是实施信息素质教育必然迈出的第一步。首先，建构高质量的新型数字化图书馆、现代教育技术中心、系院计算机中心，为学生提供获取信息的场所和途径，让大部分学生能够享受到校园网络带来的方便。尤其是这些部门应该为学生提供安全、流畅、优化、便捷和多样化的网络服务，让更多的学生在学校内部上网学习，而不是去网吧上网。其次，加大资金投入力度，建设各种各样功能齐全的多媒体网络教室及网络教学平台，为教师实践信息技术与课程整合创造物质条件，也为学生提供多种多样的信息化学习环境。最后，除了硬件和软件的建设外，丰富的信息化资源也是关键的因素。学校充分利用互联网的学术资源的同时，更要重视校本信息资源的开发和利用，比如学校精品课程、网络课程、网络学习课件、主题教育与学习资源库、特色资源库，等等。没有丰富多彩的数字化学习资源，就不可能有深入的网络学习。

2. 举行丰富多彩的网络文化活动，开辟多样化的师范生信息素质实践途径

除了正常的课堂教学之外，学校应千方百计让学生在网络上开展各式各样的文化活动，使学生真正成为校园网络文化的主体，为师范生提升自身信息素质提供实践的机会。校园网络文化建设主要是以活动的形式来提高师范生的信息素质，是正规课程教学之外的隐性课程，是培养师范生信息素质非常重要的途径，是以"潜移默化""春风化雨"的形式开展的信息素质教育。比如，举办校园网络文化节，推广学校的优秀网站，传播健康的网络文化，通过网上办公、网上交流等活动，加强校方与学生之间的沟通。学校可以组织相关专业的教师指导学生在网络上制作班级网页和个人网页，并举行校园网页设计大赛，鼓励学生参加省级、国家级的相关竞赛；充分利用互联网的博客、播客平台的优势，引导师范生构筑一个能够及时地释放自己、友善地对待他人的网上精神家园。学校宣传部门可以允许师范生在校园网上开办自己的电子刊物（如《专业学习报》《未来教育家联盟》《师范生生活报》等），让有兴趣的学生都可以在电子刊物上发表自己的文章，探讨师范生学习生活的点点滴滴及对未来职业的畅想；学校团学部门可以定期举办网络辩论赛、校园网络 DV 大赛、网络文学创作大赛、网络游戏大赛等各种基于校园网络的比赛活动；学校的学术组织可以开辟校园网络大讲坛，让教师、师范生在虚拟社区中进行社会、文化、政治、教育、科技等领域的讲座；师范生要利用电子邮件、讨论区、论坛等进行师生的同步交流和异步交流，尤其是

与各领域专家进行交流，探讨各种学习和学术问题，形成浓厚的网络学习气氛，等等。

（四）重视中小学教师的信息素质培训，加快信息技术与课程整合的步伐

在学科教学中渗透信息素质的培养，是师范生信息素质教育的又一重要途径。重视学科教师信息素质的培训，使信息技术与学科课程整合真正成为现实，让学生在教师的影响下提高自身的信息素质。中小学教师作为高等教育信息化的推动者，应该具有较高的信息素质。而从事师范专业教学的教师，更加需要加强自身信息素质的培养，并成为信息技术与课程整合的先行者和示范者，为师范生提高自身的信息素质树立榜样。中小学现代教育技术中心或教育技术相关专业要充分发挥自身在技术教育方面的优势，在学校的领导下有计划地开展对学科教师的全方位培训，尤其是教师信息获取、加工、利用、创造与交流能力的培训，同时突出对教师信息技术与课程整合能力的培养，全面提高他们的信息素质，具体包括以下 3 个方面的目标与内容：

第一，学会操作以计算机为核心的现代信息处理工具，能熟练地利用计算机多媒体软件和互联网。

第二，掌握基本的教育技术能力，能够在学科教学中应用各种信息工具和教学设计方法对教学内容、教学方法与教学评价方式进行改造，改变一支粉笔、一本教材、一块黑板、一张嘴的传统教学模式。

第三，通过开展知识讲座及职业培训和互派交流，使中小学教师接触并接受新的教育理念和教育模式，强化信息化教育意识。

总之，中小学教师是师范生的榜样，如果教师都没有较高的信息素质，信息素质教育怎么能顺利开展？并且，教师信息能力的高低直接影响着师范生信息能力的培养效果。

（五）充分发挥中小学图书馆的优势，为师范生信息素质教育提供优质服务

教育部修订后颁发的《普通高等学校图书馆规程》明确规定：高等学校图书馆的主要任务之一是开展信息素质教育，培养读者的信息意识和获取、利用文献信息的能力。图书馆虽然不是教学机构，也不是科研机构，但作为为教学和科研服务的中心，是中小学最重要的部门之一。如果说，信息素质教育的课堂教学是培养师范生信息素质的基本途径，是实现信息素质教育目标的主渠道，那么，图书馆则是课堂教学的延伸和补充，是有效开展师范生素质教育的第二课堂。

一般来说，中小学图书馆具备丰富的文献信息资源，其现代化设备比较完备，实现了以计算机为主要标志的联机网络和借用通信网络使图书馆之间的联机编目、馆际互借、网上检索。同时，中小学图书馆还配备了一部分信息学方面的人才，他们信息意识敏锐，精通信息管理专业知识，具备信息搜集、加工、处理等能力。这些都是中小学图书馆的优势，也为信息素质教育提供了重要的资源和环境。在具体的措施上，图书馆除了开设"文献信息检索"的选修课之外，还可以联合教育技术相关专业定期举办信息素质教育讲座，加强信息意识、知识和品质教育。另外，图书馆作为学生最集中的地方之一，其在宣传方面具有得天独厚的优势。比如，图书馆可以利用这一优势在显要位置和图书馆的主页上开办宣传栏介绍信息利用知识、最新的信息科学与信息技术的进展及信息技术应用的案例。图书馆还可以采取举办短期培训班的形式，面向师范生讲授图书馆学、情报学、文献数据库使用等知识，让师范生掌握本学科常用的中外文检索工具的使用方法及现代信息手段，培训结束后，可以向师范生发放结业证书，提高师范生参与的积极性，同时举办相关内容的竞赛活动来巩固培训的效果。当然，归根到底，图书馆要采取措施提高工作人员的自身素质，增强服务意识、责任心和奉献精神，通过多种途径提高工作人员的计算机应用能力、信息情报处理能力和外语水平，这是为师范生信息素质教育提供优质服务的重要前提。

总之，高等院校要从培养全面发展的人的高度来重视师范生的信息素质教育，把培养引领教育信息化发展和促进教育跨越式发展的教师作为信息素质教育的基本要求，从多维视角采取措施以提高师范生信息素质教育的有效性。

第三节　教育信息化促进中小学英语教学改革的政策保证

一、教育信息化政策案例

XX 小学信息化建设三年发展规划

学校教育信息化建设是学校教育教学改革和发展的重要因素，是学校教学模式、教学手段、管理理念更新的原动力。随着信息技术、计算机网络技术、多媒体技术的运用，学校教育教学及管理有了现代化的发展空间和运作平台。为了推动创建我校信息化建设的进程，实现未来教育、教学、科研、管理的智能化、信息化、现代化，特制定我校信息化建设三年发展规划。

一、指导思想

进一步贯彻、落实国家关于"以教育信息化，促进我国教育现代化"的战略指导思想，以现代教育思想和理论为指导，以教育教学模式的改革为关键，以网络和其他信息化基础设施为基础，以网络教育资源的开发应用和人才队伍的培养为重点，以信息技术与课程整合的形式和方法的研究为突破口，密切结合我校的教育教学实际，不断提高现代信息技术在教学活动和教育管理过程中的应用水平，促进我校的素质教育，促进教育教学的改革和发展，以信息化带动教育的现代化。

实现学校信息化建设规划的基本原则：一是坚持为教学改革、发展和管理现代化服务的原则。学校教育信息化建设要紧密结合教育教学的改革、发展和学校管理现代化的需要，创建信息化网络设施平台和技术平台，为师生提供资源充足、方便快捷、安全可靠的教育信息及其交流通道。二是坚持科学规划、分步实施、协调发展的原则。教育信息化是一项复杂的系统工程，要从学校发展的整体利益和教育现代化建设的需要出发，统筹规划，远近结合，分步实施，协调发展，形成整体效益和整体优势，避免资源浪费。三是坚持以建促用，以用促建，建用结合，注重实效的原则。要使学校教育信息化建设适度超前，引导并促进信息技术在教育教学中的应用。在应用过程中根据改革与发展的需要，不断促进基础设施、信息资源等方面的建设，保证校园信息化系统的先进性、实用性、可靠性、安全性、可维护性和可扩展性。

二、发展步骤和建设内容

第一阶段：

成立信息化建设领导小组，组建学校信息技术中心，完善管理制度，形成工作合力。

强化教师信息技术培训，使教师具备信息化办公和教学的基本能力。

对所有中心学校教师进行信息技术培训，熟悉电脑操作技能，能利用电脑进行辅助教学，制作课件。能上传、下载教学资源，发表教学评论等。

在该年度准备建设 10 间年级多媒体教室，所有中心学校一线教师达到一人一机。加大微机室的投入力度，对需要更新换代的计算机要及时更新，确保学生能够正常上机使用。

第二阶段：

加大对村级完全小学的投入，准备对每一处村级完全小学建设年级多媒体教室 2 间。

对 4 处村级小学添置微机室，完成村级完全小学的微机室配备，让学生学会使用信息技术技能，熟练掌握现代教育信息技术的应用能力。

对村级完全小学添置教师用微机，达到村级完全小学教师用机 2 人 1 台，有效提高教师的工作效率。

第三阶段：

继续加大信息化建设的投入，达到村级完全小学教师用机 1 人 1 台，添置村级完全小学学生用微机，达到配备标准。

继续对需要更新换代的计算机及时更新，确保信息化建设的畅通无阻。

三、保障措施

1. 加强领导

学校信息化建设要实现以教育信息化为重点的转移，要充分发挥学校行政在教育信息化建设中的主导作用。要把教育信息化列入学校教育教学工作年度目标，加强对教育信息化建设的规划、管理和监督。学校要成立以一把手为组长的信息化建设领导小组，切实加强对教育信息化工作的统筹，加强检查督促工作。

2. 健全组织

要在现有的基础上，进一步健全组织，加强学校信息化建设，充分发挥信息化建设在教育教学工作中的重要作用和应用能力，建设一支专兼职结合、素质精良的教师队伍。

3. 增加投入

建立以学校为主，上级和个人参与的多元投入机制。加大信息技术的软件和硬件投入力度。要调动教师的积极性，对积极参与信息化建设做出贡献的教师给予表扬和奖励，形成有利于学校教育信息化蓬勃发展的激励机制和环境氛围。

二、分析

该小学的教育信息化发展规划由三部分组成，分别是"指导思想""发展步骤和建设内容""保障措施"，为该校的教育信息化提供了一个政策纲领和实践决策依据。

该规划的指导思想突出"以教育教学模式的改革为关键，以网络和其他信息化基础设施为基础，以网络教育资源的开发应用和人才队伍的培养为重点，以信息技术与课程整合的形式和方法的研究为突破口"。基本抓住了教育信息化最本质的东西——信息化教学模式和信息技术与课程整合，并且关注到了教育信息化中最活跃的生产力要素——人才队伍，同时还强调教育信息化中最重要的行动要素——"改革"和"研究"。从整体上看，这一指导思想是很精练而恰当的，充分体现了教育信息化建设和发展的精髓。

从发展步骤来看，该学校从中心小学开始，逐步推及村级完全小学，是符合农村小学的实际情况的。从建设内容来看，该规划主要涉及"教育信息化领导小组""教师信息技术培训""多媒体教室""计算机机房""教师拥有计算机量"等，显然还处于教育信息化发展的初级阶段，也就是基础设施建设阶段——建机房、建多媒体教室。该规划对多媒体教室、机房和教师拥有计算机量进行了较为精确的规划，但对"数字化教学资源建设""信息技术与学科课程的深度融合"等核心内容几乎没有提及，作为学校的教育信息化政策，其缺少教育信息化中最核心部分的建设内容，显然是不严谨的，也是不科学的。

该规划从"加强领导""健全组织""增加投入"三个方面构建了学校教育信息化建设的保障措施，提出要充分发挥学校行政在教育信息化建设中的主导作用，建立一把手为组长的领导小组。这符合中国的管理体制，因为只有领导层重视，教育信息化建设才可能得到充分的保证，但对于领导小组的具体构成没有说明，也没有提到学校教育信息化的人才队伍——信息技术教师及其相关人员的地位与任务，经费的投入到底占学校教育经费的多少也没有明确。也就是说，这个保障体系还是比较含糊的，在实际的操作过程中就会因为含糊而起不到应有的保障作用。

第四节　教育信息化促进中小学英语教学改革的科研保障

学生、教学内容（课程）和教师被视为教学的三个基本要素，亦是我们分析科研对教学影响的基本框架。从学生的视角来看，科研通过促进中小学教学的创新而更好地促进学生的发展；从教学内容上讲，科研是中小学课程开发的基础性条件；从教师的角度来看，科研是中小学教师专业性的集中体现。科研造就的是"学术的教学"，具体来说，就是造就更有学术气息的课堂教学、更有学术含量的课程资源及更具学术声誉的教师地位，下面分别阐述这三个方面的基本含义。

一、科研通过教学创新而更好地促进学生的发展

科研意味着知识创新或者知识的创造性运用。对于中小学来说，科研的任务既包括教育理论的创新，也包括对已有知识的创造性应用，具体是指教师运用各种科学知识（包括人文科学、自然科学和社会科学知识，尤其是教育学、心理学知识）来改善教育教学工作，促进教学创新，从而实现"有智慧地从事教育实践"。以在教学实践基础上的泛阅读、深入反思为主要特征的科研不仅能使教师更好地选择、组织和传授教学内容，还能选择、运用更好的教学方法，甚至创造出更具适切性的教学模式，从而让教学变为创造性教学，并通过创造性教学来呵护和培养学生的创造性，促进学生的全面成长。例如，特级教师、全国著名语文教育家李吉林在小学语文教学中通过深入的思考和持续的教学实验，总结出了"情景教育"的理论与模式，该模式以学生为本，为学生发展拓宽了思维空间、想象空间与活动空间，在发展学生创新精神和实践能力方面有着独特的优势。这种以科研改善教学，进而促进学生发展的思路是科研影响学生发展的基本路径。

二、科研有利于教师的课程开发

虽然中小学的课程开发远不及高校那样突出，但课程开发对于中小学来说绝不是可有可无的。其原因有以下三个方面：第一，不少中小学教师意识到自主开发适合本校学科教学的课程资源的重要性，尤其是西部民族地区，长期以来缺乏优质的课程教学资源。而农村现代远程教育工程为民族地区学校输送的大量课程资源由于教育文化环境和教育实践主体的差异，使得优质的东部资源难以适应西部民族地区的教学实际，因此，东部资源的本土化改造和本土资源的开发成为很多学校亟待解决的难题。第二，很多中小学将民俗民间文化或少数民族文化带进了课堂，学生通过学习地方民俗或民族文化课程，了解丰富的民俗或民族传统文化资源，认识自己赖以生存的乡土文化，从而增进民族认同、文化认同，并以此培养爱国主义情怀。第三，课程的概念已经不再局限于教学科目及内容这一显性的层面，而是扩展到隐性课程，即"并不见之于教学计划，亦不一定与学科相联系，且非直接由教师所传授，而是学生通过学校文化的其他部分所学习的内容"。这三个方面的实现都需要强有力的课程开发能力，然而只有科研水平高的教师才更具有课程开发的能力，也正是科研水平高的学校才可能编写和开发出高水平的学科课程资源、乡土课程和隐性课程。

三、科研有利于提高教师的专业地位

中小学教师的专业性长期以来备受非议，从教师资格证与医师资格证、律师资格证的获取难度就可见一斑。造成这种情况的一个主要原因就是传统的制度已使得教师"根本不知道有从事教育科学研究的可能"。为什么科研能成为提高中小学教师学术声誉的重要途径呢？中小学科研是教师对自己教育教学工作的系统化反思过程，其结果不仅产生了改善实践的研究成果，而且让教师自觉地从"经验型"走向"经验—理论型"，进而走向"学者型"，从"教书匠"走向"专家型教师"，进而成长为"教育家"。这一变化的过程就是教师专业地位和学术声誉提升的过程，而科研正是实现这一过程的催化剂。为何中外许多教育家，如杨贤江、陶行知、陈鹤琴、晏阳初、赞可夫、苏霍姆林斯基、福禄倍尔、第惠多斯等都出身于中小学教师？其根本原因是中小学教师有更多的机会和条件开展实践性教学研究和教学实验，而在实验和研究的过程中逐渐形成独特的教育理论的教师自然就成了教育家。可以说，科研是中小学教师专业发展乃至成长为教育家的基本条件。

第七章　教育信息化与教学资源的整合

信息化教学资源是教育信息化的基础，是信息技术与课程整合的关键。本章首先分析了信息化教学资源，然后分别对大数据与英语教学的整合、网络与英语教学的整合及英语网络教育库的构建进行了分析。

第一节　信息化教学资源

一、信息化教学资源的含义与分类

（一）信息化教学资源的含义

随着信息技术的发展，各类教学媒体也不断发展，教学媒体日趋多媒体化和网络化，并越来越丰富，从而形成了具有信息时代特色的信息化教学资源。一般来说，信息化教学资源可以从广义和狭义两个角度去界定。从广义来讲，"资源，顾名思义，是一切可被人类开发和利用的物质、能量和信息的总称。教学资源指的是在学校教学过程中，支持教与学的所有资源，即一切可以被师生开发和利用的在教与学中使用的物质、能量和信息，包括学习材料、媒体技术、教学环境及人力资源等"。狭义的信息化教学资源"主要是指信息技术环境下的各种数字化素材、数字化教学材料、网络课程和各种认识、情感和交流工具……"❶

（二）信息化教学资源的分类

1. 媒体素材

媒体素材是指教学过程中传播教学信息的基本组成元素，包括文本类素材、图形与图像类素材、音频类素材、视频类素材和动画类素材。

2. 试题库

试题库是按照一定的教育测量理论，在计算机系统中实现的某个学科题目的

---

❶ 张颖.信息化与英语教学 [M].长春：吉林大学出版社,2019：105.

集合，是在数学模型基础上建立起来的教育测量工具。

3. 试卷

试卷是用于进行多种类型测试的典型成套试题。

4. 课件与网络课件

课件与网络课件是对一个或几个知识点实施相对完整教学的软件。根据运行平台可分为网络版的课件和单机运行的课件。网络版的课件需要能在标准浏览器中运行，并且能通过网络教学环境被大家共享。单机运行的课件可通过网络下载后，在本地计算机上运行。

5. 案例

案例是指由各种媒体元素组合表现的有现实指导意义和教学意义的代表性事件或现象。完整的教学案例通常包括教学设计方案、教学课件、课堂视频实录和教学反思四个部分。

6. 文献资料

文献资料是指有关教育方面的政策、法规、条例、规章制度，对重大事件的记录、重要文章、书籍等。

7. 常见问题解答

常见问题解答是针对某一具体领域最常出现的问题给出的全面解答。

8. 资源目录索引

列出某一领域相关的网络资源地址链接和非网络资源的索引。

9. 网络课程

网络课程是通过网络表现的某门学科教学内容及实施教学活动的总和。它包括两个组成部分：一是按照一定的教学目标、教学策略组织起来的教学内容；二是网络教学支撑环境，包括教学资源（电子教案、媒体素材课件、试题库、案例、文献资料常见问题解答库、资料目录索引等）、教学平台（支持网络课程教学活动的软件工具，如网络课件写作工具、多媒体素材集成软件、网上答疑、网上讨论、在线测试系统软件、工具软件、应用软件等）及在网络教学平台上实施的教学活动（实时讲座、实时答疑分组讨论、布置作业、讲评作业、协作解决问题、探索式解决问题、联系测试、考试阅卷、教学分析等）。

以上信息化教学资源可以概括成三大类型：一是素材类教学资源，即前面所说的教学素材；二是集成型教学资源，即根据特定的教学目的和应用目的，将多媒体素材和资源进行有效组织形成的复合型资源，常见的形式有试卷、试题库、文献资料、课件与网络课件、专题学习网站、教学软件等；三是网络课程。

二、信息化教学资源的开发原则

（一）教学性原则

信息化教学资源的开发要符合教育教学的规律，符合学生的认知水平，体现学生的认知特点，满足教与学的需要，符合教学大纲的基本要求。因此，信息化教学资源在内容呈现上要脉络清晰、简明扼要，用合适的媒体元素恰当地表现教与学的内容。

（二）科学性原则

信息化教学资源既要生动、活泼、有趣，又不能违背科学的基本原则，更不能迎合低级趣味。因此，信息化教学资源中的各种操作必须规范、准确；选用的材料、例证和逻辑推理必须是科学的、符合客观规律的；所表现的图像、声音、色彩都要符合科学的要求，不能为片面追求色彩的艳丽、声音的悦耳、画面的生动而破坏其内容的真实性。

（三）技术性原则

信息化教学资源的开发要符合技术质量标准，即图像清晰、声音清楚、色彩逼真、声画同步，运行方便、灵活、稳定、操作方便、快捷、交互性强，导航方便合理，容错性好。开发者要熟练掌握有关技术，力求精益求精。

（四）艺术性原则

信息化教学资源的内容力求反映自然和社会生活中真、善、美的事物。画面构图要清晰匀称、变换连贯、流程合理。音乐与声音要避免噪音，音乐要与景物、动作相配合，声音要抑扬顿挫，使听者愉悦。光线与色彩要明暗适度、调配恰当，使学习者感到舒适。

（五）经济性原则

信息化教学资源建设力求以较少的财力、物力和人力，开发出高质量、高水平的资源，切忌低水平的资源重复建设，要注意对现有资源的改造和利用，不要为建而建，总之，信息化教学资源的开发要有周密的计划，避免浪费。

（六）开放性原则

信息化教学资源的开放性主要体现在开发人员的开放性、资源内容的开放性和结构体系的开放性等方面。开发人员的开放性是指教学资源开发人员可以是教师、教育专家、学科专家，也可以是学习者及各类愿意贡献智慧和力量的人员。

资源内容的开放性是指既要着眼于学校教育、正式教育，又要兼顾非学校教育、非正式教育，要适应泛在学习的需要。结构体的开放性是指建设的教学资源应该力求立体化、系统化，并能及时更新、补充，具有多样的交互性，实现开放式共享利用。

（七）创新性原则

信息化教学资源的开发一定要与时俱进，以时代的眼光开发建设教学资源。信息化教学资源创新主要包括理念创新、理论创新、内容创新、技术创新、模式创新、形式创新等。

第二节　大数据分析与英语教学

随着信息技术的进步和社会的迅速发展，硬软件信息系统在各行业领域中快速增长。这些 ICT 系统采集、处理、积累的数据量也随之越来越大，数据增速越来越快，以至于用所谓的爆炸性增长等词汇都无法形容数据的增长速度。在大数据时代，让科学研究及教育领域能够凭借信息技术的发展从宏观走向微观的个体，让跟踪每一个教授与被教授者的数据成为可能，从而促使全方位研究"教学互动双方的行为"成为可能。针对教育工作者来说，我们将比任何时代都更加清楚认识真正的学生。

知名咨询公司麦肯锡全球研究院发布了一份题为 *Big data : The next frontier for innovation, competition and productivity* 的报告。报告中指出，数据已经全面渗透到各个行业和业务职能领域，逐渐成为不可或缺的生产要素，然而人们对于大数据的运用预示着又一次新的生产率增长和消费者盈余浪潮即将到来。美国政府通过网站发布了 *Big Data is a Big Deal*，表示将投资 2 亿美元启动"大数据研究和发展计划"，在发布这一倡议的同时，6 个美国联邦部门和机构同时承诺，这些资金将用于大力改善从海量数据信息中获得、组织和收集知识所必需的工具和技能，同时也透露了多项正在进行中的联邦政府计划，以应对大数据时代及大数据革命带来的机遇和挑战。❶

那么，我们如何通过大数据分析来实现认识真正的学生，了解学习行为数据

---

❶ 邓寿东 . 网络环境下小学英语教学策略的研究 [J]. 课程教育研究 ,2020(04):111—112.

背后的原因，从而真正读懂我们的学生？期末考试的一张英语试卷，它带给我们的数据是什么？是简简单单的一个90分？如果我们了解正确的技术与方法，充分利用IT系统的计算能力，我们可以在这个基础上得到许多隐藏在试卷背后的数据：可以是每个大题的分数分布，甚至每个小题的得分，客观题选择了什么选项，每一题的平均用时，检查了哪些题目，修改了哪些答案，抑或不同专业分数的差异分布等，这些远比简单的分数所表现的信息更有价值。除了考试以外，包括课堂面授、远程辅导、课外活动的各个环节都渗透了这些大数据。

在《国家中长期教育改革和发展规划纲要（2010~2020年）》中特别强调：强化信息技术应用。教师应该提高信息技术水平，更新教学观念，改进教学方法，提高教学效果；应该鼓励学生利用信息手段主动学习、自主学习；应该增强运用信息技术分析和解决问题的能力。

一、大数据与大数据分析的含义

纵观人类历史，每一次跨时代的革新都以新工具的出现和应用为标志。比如，蒸汽机把人们从农业时代带入工业时代，计算机和互联网把人们从工业时代带入信息时代，而现在大数据时代已经到来，它来源于信息时代，又是信息时代的深化应用和深度延伸。大数据时代的生产原材料是大量数据，生产工具则是运用大数据的技术，是对信息时代所产生的大量数据的深度挖掘和分析，从而快速有效地获取更有价值信息的技术和应用。

几位行业领军任务的观点也更鲜明地揭示了大数据思维的本质："今天的数据不是大，真正有意思的是数据变得在线了，这个恰恰是互联网的特点。""非互联网时期的产品，功能一定是它的价值，今天互联网的产品，数据一定是它的价值。""你千万不要想着拿数据去改进一个业务，这不是大数据。你一定是去做了一件以前做不了的事情。"所以说，探求数据价值取决于把握数据的人，关键是人的数据思维；与其说是大数据创造了价值，不如说是大数据思维触发了新的价值增长。

数据分析，又称为知识发现（Knowledge Discovery），是通过分析每个数据，从大量数据中寻找其规律的技术。知识发现过程通常由数据准备、规律寻找和规律表示3个阶段组成。数据准备是从数据中心存储的数据中选取所需数据并整合成用于数据分析的数据集；规律寻找是用某种方法将数据集所含规律找出来；规律表示则是尽可能以用户可理解的方式（如可视化）将找出的规律表示出来。如果能够对这些数据进行分析，探寻其数据模式及特征，进而发现某个群体或组织的兴趣和行为规律，专业人员就可以预测到未来可能发生的变化趋势。这样的数据分析过程，将对工作有很多帮助。

维克托·迈尔·舍恩伯格在《大数据时代》一书中举了诸多例证，都是为了说明一个道理：在大数据时代到来的时候，要用大数据思维去发掘大数据的潜在价值。书中作者提及最多的是 Google 如何利用人们的搜索记录挖掘数据二次利用价值，比如，预测某地流感爆发的趋势；Amazon 如何利用用户的购买和浏览历史数据进行有针对性的书籍购买推荐，以此有效提升销售量；Forecast 如何利用过去十年所有的航线机票价格打折数据，来预测用户购买机票的时机是否合适等。

二、中小学英语教学中的大数据策略

新东方无疑是传统精英面授教学的最强者，通过网罗优秀教师、强化记忆方法、研究考试要点等创造了英语教学的中国合伙人神话，这里无意讨论新东方的成功之处，仅就互联网时代在线英语教育市场对它的冲击，探讨未来英语教学者利用大数据策略的必然。

2013 年的在线教育市场风起云涌，无论是新创业公司，还是老牌互联网公司，都盯上了在线教育市场，这说明在线教育将迎来市场的爆发阶段。

由于信息时代的来临，在线教育无处不在，对中小学英语教学也产生了深远的影响。首先，传统的教学模式受到了严峻的挑战。信息时代的今天，学生们对于手机和电脑的操作已经非常熟练，任何感兴趣的内容通过网络、视频、微信"扫一扫"等功能都能快速查询到。学生已经非常习惯于这种信息获取渠道的即时性与便捷性，教师的角色定位经历了几次变化，由教学的主体变成了现在的主导者。而在大数据时代，教师的作用更是会发生翻天覆地的变化。教师将很有可能成为课堂的组织者及学习方法的授予者。

中国英语写作教学协会同创新联盟通过在线形式，在一个月的时间里搜集到近 30 万篇英语作文，在较短的时间里获得数量如此庞大的英语作文电子数据，这在过去没有相应技术支持的情况下是难以想象的。《中国学生英语写作能力调查蓝皮书》对海量数据进行分析，获取有助于英语作文评判的数据标准，同时对提高学生英语写作能力提供有针对性的建议。

另一个典型的例子是批改网，上线半年累计批改英语作文近 3000 万篇。我们非常想了解批改网的评分标准，对此充满兴趣。据了解，批改网总共有 192 个判断维度，包括平时我们所熟悉的拼写、语法、词汇、搭配错误等，这192个维度正是批改网的大数据技术核心。❶一组实验数据：把老师批改过的作文让批改网重新批改，其中人工评分和机器评分的基本一致率达到92.03%。目前，积累的数据足以对每一个用户的英语能力做出评价，而这个评价又会在用户下一层次的学习中起到分类作用，方便用户定制个性化的英语学习课程。

在中小学英语教学实践中可以利用大数据分析工具开展以下方法：

第一，对学生的发展进行多元评估，实现教学过程评估，发现学生的常态，改造课堂的流程。如果有一个课堂交互APP，通过对学生在课堂中点滴微观行为的观察，帮助我们了解学生对知识的掌握程度和感兴趣程度，进而反思我们的教学是否满足了学生的需求。

第二，大数据实现了学生课外在线学习的积累，可以通过后台数据库统计一个学校、一个区域的整体情况，获得有价值的数据报告。

第三，分析和发掘作业和考试背后的有效数据，通过数据的归类与分析，能够帮助我们了解每一个学生的需求，实现个性化教育。

总之，大数据分析是顺应潮流，大势所趋，它将改变中小学英语教学的未来。

第三节　网络优势与中小学英语教学

一、网络优势下的中小学英语教学

（一）开放的中小学英语教学过程

教学资源是开放的，教学工具是开放的，研究方向是开放的，师生的交流及相互之间的评价是开放的。网络的出现为我们真正提供了一个开放式的教学环境，极大地丰富了传统英语课堂的形式。众所周知，传统的英语课堂教学模式是：以教师为中心，教师利用讲解、板书、录音机作为教学方法和教学手段向学生传授英语知识，以阅读和翻译教学为主线，学生则被当成是老师灌输的对象。教师在课堂上练口语，学生坐着记笔记。这样一来，教师辛辛苦苦"满堂灌"，

---

❶ 邓寿东.网络环境下小学英语教学策略的研究[J].课程教育研究,2020(04):111—112.

学生碌碌无为度光阴。这样的教学模式让老师伤心，让学生痛苦，教学效果不理想。随着我国改革开放和社会经济的发展，对人才的培养不断地提出了更高的要求，其中英语应用能力成为重要评价指标之一，这就使得中小学英语课程必须在教学目标、教学内容、教学方法和教学评估等方面不断地做出相应的调整，以社会发展的需求为宗旨，以学生英语应用能力的培养为目标，充分利用各种现代外语教学的理论和方法，充分利用各种有效的英语学习和训练资源条件，不断提高英语教学质量。而按照建构主义的教学模式则是："以学生为中心，在整个教学过程中由教师起组织者、帮助者和促进者的作用，利用情境协作、会话等学习环境要素，充分发挥学生的主动性、积极性和参与性，最终达到使学生有效地实现对当前所学知识的意义建构的目的。"在这两种模式中，教师、学生、教材、教学方法与手段有着完全不同的作用。英语教学正朝着个性化，知识、文化和技能综合型，资源优化组合、充分利用等全方位的方向发展。有效结合这两种教学模式，实现自主学习，提高听说等综合能力。因为英语既是一门语言能力的实践性、操作性都非常强的学科，又是一门培养学生人文素质的综合课程，单一的教学模式是不可取的。中小学英语教学应该注重认知能力的培养，提倡学生主动学习。根据现代语言学习研究的成果，语言输入是语言表达的先决条件，没有足够的语言输入，没有一定的语言知识积累，就不可能产生有效的表达。

（二）交互的英语学习过程

有效的英语学习应该是一个交互的过程。中国外语教学经历了三代人，第一代采用的是语法翻译法，第二代是听说或视听法，第三代引进了情景法或交际法。但没有哪一种教学法是全能的、最好的。各种方法，各有千秋。在中小学英语教学中运用什么样的方法不是关键，要明白学英语是为了什么。但应该肯定的是，中小学英语教学是为交际服务的。学习者应抓住一切机会去用英语进行口头或笔头的交流。在学习过程中，自觉养成多听、多读、多写、多说的习惯很重要。

（三）可以选择的英语学习内容

网络改变了人类传统获取知识的方式，学习实质上已成为一种选择的过程，学习者可以自己决定什么样的东西使自己感兴趣，通过哪种方式去获得知识。另外，学习者可以根据自己的情况选择多听还是多读，是国内英语网站还是英语国际网站。❶ 在母语为英语的国家里，听是语言输入的第一来源。但在我国，读是

---

❶ 何娟丽 . 网络环境下小学英语教学策略探索 [J]. 中国校外教育 ,2020(02):69-70.

最主要、最经济、最便捷的输入渠道。但我们又要看到现在的输入途径不再仅仅是教材和书本。只要开通互联网，到处都是精美的学习材料，而这些丰富的学习资源是建立在英语语言平台上的，任何一个图书馆都没法比。网络为学习者提供了大量的语言输入材料，如体育、风俗、人物、历史歌曲、电影、环境、英美文学作品作家介绍等。网络能为学习者提供精彩的英语文字材料、有声资料和精美的画面。在老师的指导下，可以通过网上读英语名著、看英文电影、听经典英语歌曲、与他人网上交流等方式学习英语。众所周知，画面和声音对大脑的刺激远远超过文字型材料的阅读。这正符合英语学习的规律，加强了学习者听、读、写的技能的提高。语言教学专家程雨民认为接触外语环境是提高外语水平的最有效的途径。因此，片面强调阅读在语言学习中的重要性是不恰当的。不管怎样，通过读和听，对学生进行大量的语言输入是非常必要的。

英语教师也同样可以为自己的教学需要选择备课材料。英美文化课的老师可以从大量的文化学习资源中去选取优秀的阅读材料，然后下载并打印出来供学生课后阅读，也可以在中小学英语课堂上发给他们传阅并就此开展讨论。如英国、美国等主要西方国家的历史、政治、经济、体育、风俗、科技、文学、社会生活等方面的补充材料。讲到美国历史时，多增加些美国的对外策略，如侵略、霸权主义，美国历史上的多次对外战争等书上没有的内容。这样既练习了听力，又加强了阅读，更重要的是拓展了对英美等国文化的了解。网络使英语教和学内容更加丰富多彩，教师的教学工作更顺利，教学效果更明显。从长远来看，网络与英语教学的结合为我们培养更多更好的适合社会发展的英语高级人才，为全民素质的提高提供了有利条件。

（四）形式多样的英语学习策略

1.利用网络学英语就是个性化的学习的真正体现

美国著名心理学家布鲁纳的名言："学习是一个主动的过程，使学生对学习产生兴趣的最好途径是使学习者主动卷入学习并从中体会到自己有能力来应付外部世界。"毋庸置疑，语言习得是一个复杂的行为认知过程，一切知识与技能的掌握都必须依赖于学习主体的个性心理体验来完成。个性化的学习是在网络环境中进行的，帮助解决研究所需的大量资源，能使教师实现个别指导，与广大的英语爱好者进行有效、密切、快速的联系，从而使网络真正成为青少年学习知识、获取信息、交流思想、开发潜能、休闲娱乐的重要平台。学习者可以从网上获取大量有价值的英语学习资料，包括听力、口语、阅读、语法等。学习者可以通过网络获得丰富的英语语言知识，还可以同英语爱好者进行广泛的交流，更多地了解西方国家的文化，有选择性地就某些没有掌握的语言点重新学习直到掌握。

网络的实质是资源共享，"网络面前，人人平等"。每个人都可以享受到网络所带来的强大的功能和丰富的资源。我们应在强调网络个体化学习的同时，重视开展师生、学生之间的广泛的交流与合作。师生之间、学习者之间可以在网上交流思想和情感，当然是用英文进行。这样一来，他们掌握的英语知识会得到巩固，英语交际能力会提高。毫无疑问，他们所学到的英语会及时派上用场。让学生恰当地用英语表达自己的观点，让学生在交流中发现自己的不足，在交流中促进对问题的更深层次的思考，在交流中与同学分享学习的成果和学习的快乐，提高英语学习兴趣，提升英语学习的价值。以学生为中心的学习，与别人的合作学习，创造更多的英语学习环境，更有助于学生自己学会学习，养成终身学习的习惯。神奇的网络世界正改变着人们的学习理念，教师在信息方面的优势将逐渐丧失，师生之间的知识差距已显得微不足道了。

2.利用网络学英语就是研究性学习的真正体现

对于网络的教学，我们不能仅仅理解为是对窗口、界面的操作教学，而更应是使用工具获取信息、分析信息应用知识解决问题等方法与手段的综合教学。网络必须走综合化发展之路，实现与其他课程的整合，而不能再按照学习一门学科的老办法去讲、去学、去考。❶在网络环境下的英语学习，让学习者自己动脑筋去寻找问题、发现问题，帮助他们如何利用网络资源为英语学习服务。教师和学生之间可以通过网上讨论、电子信箱等进行探讨性的学习，让老师快速、准确地了解学生的学习情况，帮助学生提高学习效率。北外网院的顾日国教授指出，网络教育并不应该仅仅只是传统教育的补充和辅助手段，在21世纪，网络教育应该占据主流地位。而目前网络教育看起来始终处于非主流的辅助地位，这是受到了网络课程的数量、质量等一些制约因素的影响。

二、网络环境下英语教学存在的问题及解决方法

英语教学课堂不再是"黑板+粉笔"，而是视、听、说交互的语言环境，充分实现了网络为主要手段的现代语言教学模式的转变。在这种环境下，学生的学习英语兴趣浓、学习效果好，听、说、写能力得到了较好的训练。

---

❶ 何娟丽.网络环境下小学英语教学策略探索[J].中国校外教育,2020(02):69—70.

当然，这是一个长期艰苦探索的过程。

网络是把"双刃剑"。在今后的英语教学中我们必须合理利用它。

第一，由于学习资源的极大丰富，教师在筛选、组织、传递学习资源方面的指导作用特别重要，帮助学生如何获取网络学习资源。网络上有很多垃圾信息，确实增加了信息搜索的难度，有时会浪费大量时间。

第二，为了使指导更有效，教师应在可能的条件下组织学生合作学习，并对整个学习过程进行引导。引导的方法包括：根据网络提供的英语学习资源提出一些适当的问题来引发学生的思考和讨论；在讨论中设法把问题一步步引向深入，以加深学生对所学内容的理解。

第三，加强个别指导。个别指导可以在学生和教师之间通过电子邮件异步非适时地实现，也可以通过 Internet 上的在线交谈方式适时实现。学生可以随时向教师请教，以便得到教师的及时讲解。

第四，通过网络，加强对学习者的人文道德修养的教育。把教书育人的工作渗透到英语网络教学中。当学生在 BBS 上与 native speakers（母语为英语的人）聊天时，提醒他们不能将聊天当作单纯的休闲工具，而要将网络聊天作为广义学习的工具，注意自身的道德修养，切实遵守《公民道德建设实施纲要》的有关规定，文明上网，增强网络道德意识，共同建设网络文明。

第五，一切围绕学生学习，为学习者提供更多、更好的英语学习资源。如何为学生开发更优秀的教育资源，包括为优秀的教师开发高质量的学习软件是摆在广大的英语教育工作者和研究者面前的一大课题。把优秀的教育资源更加全面、完整地呈献给学校用户。对各地学校来说，网络的运用开拓了最快捷、最准确的信息渠道，缩短了与全国最优秀学校之间的距离；对学生而言，实现了"零距离教学"；对各地教师而言，互联互通的交流相当于和北大附中的教师共同备课切磋，提高了教师的综合素质。

第六，各相关部门应重视校园网的建设。以校园网的服务器为依托，建立师生课外交互平台——英语实验网站。正在建设中的实验英语网站将为学生的学习方法提供必要的诊断和咨询；为学生推荐英语报刊、文章、语音和影像等资料供他们课外阅读；开辟写作园地如征文、评论等活动。把一些相关人员的 E-mail 地址告诉学生，充分有效地管理和利用校园网络资源。否则，运用网络来加强英语学习只能是一句空话。

第七，加强对英语教学和学习者的监管。网络教师在整个教学过程中可以采用多种监控方式，如同学监控、实验者监控和自我应付。教师需要寻求多种方式去询问鼓励、指导监督和驱使学生进行学习探索和反思。网络教育的发展不能没有监控机制，当然，这种监控机制可以来自教育部门或者社会各界，甚至是网络教育内部自发的组织。作为中国最早开展英语网络教育的试点院校，北外网院自2000年底成立以来，一直在网络教育的理论和实践上进行着不懈的努力和探索。顾日国教授说，高等院校网络教育的办学宗旨就是要把中小学丰富的教学资源与现代网络教学手段结合起来为广大渴望学习的在校生、在职人员提供尽可能多的学习机会，而其课程大纲应该是与全日制高等院校在校生所学课程大纲一致的，具有较高的系统性和学术性。

第八，建立比较开放的英语评价体系。运用网络建立完整的教学评价体系，促使此体系对教学环节的各方面全面开放。学生的综合评价成绩包括：课堂听写成绩＋实验网站积分＋考试成绩。实现网络英语教学的支撑是课件库素材库、试题库和参考资料库提供者。

综上所述，网络是个新生事物，网络在英语教学中的研究与运用才刚刚起步，很多问题还在摸索中。真诚希望各位专家同行加入这个行列中来。

第四节　英语网络教育库构建

一、教育资源库的含义与构建原则

（一）教育资源库的含义

教育资源库是指利用信息技术手段，对教育教学资源进行整合，最终建成一个集教育、教学、学习、管理、交流为一体的庞大的互动化、多媒体化的共享式资源数据库。

（二）教育资源库的构建原则

1.目的性原则

资源库建设要有明确的目的性。早在20世纪80年代，就有专家在《计算机在教学中的应用》一书中指出，计算机的普及"很可能引起整个教学体系新的变化，这将有利于我国义务教育的普及与提高，有利于整个教育的全面提高"。教育改革的主要方向将是"以教师讲解为主，更多地让位给学生自己动手、动脑、思考、练习为主。教师将更加名副其实地成为'导师'，指导学生选择和使用各种信息手段，指导学生做信息处理，教师更多的时间不是进行重复性劳动，而是进行创造性劳动"。

2.科学性原则

建设标准的第二个要点是科学性。无论是引导学生学习自然科学还是人文科学，或者掌握如何学习的科学，培养自主研究和创新的能力，都离不开"科学"两个字。离开科学，建设规范的教育资源库也就无从谈起。我们认为，教育资源库首先是要在允许误差的范围内准确地表述知识的内容，这是教育资源与一般娱乐性、游戏性资源的重要区别。资源库建设"要做到生动活泼、喜闻乐见的形式与科学、健康的内容的统一"，克服以往传统教学中仅仅"一张嘴、一支笔"，只依靠语言、文字等抽象符号而进行教学的落后状态，不能搞"书本搬家"，必须摒弃缺乏科学性的教育资源。

3.先进性原则

首先是教育理念上的先进性。因为除了知识的科学性之外，教学资源是否符合教学规律，是否符合学生的认知规律，也有科学性的问题。当前的某些资源库还在重复以往教学中存在的落后理念，例如"结论在前"的"注入式教授法"，不能体现"教师为主导、学生为主体的双主模式"，不能引导学生自己通过观察获得信息和通过自己思考加工信息、建立概念、发现规律和获取答案的能力。

此外，优秀的教育资源库可以发挥计算机的信息处理与图像输出功能，以生动的动态形象信息来揭示复杂的过程，这就在感觉与思维之间架起了桥梁，激发学生的学习兴趣，提高学习的主动性、积极性。用科学动态模拟技术和人工智能化技术，才能使教育资源库保证满足科学性和教育理念的先进性，也才能保证资源库的标准化。总之，教育资源库建设属于高科技产业，高水平的"内容标准"与"技术标准"是密不可分的。

4.系统规范性原则

资源库建设是一个系统工程，教育作为一项国家事业，要综合政策法规、硬件配置、人力统筹等来考虑各个因素之间的复杂关系，因而决定了教育信息资源建设的系统性。不仅要处理信息资源库系统的各个子模块之间的结构关系，更要正确处理与教育这个大系统中其他子系统之间的关系，只有真正实现了这种协调的发展，教育信息资源才能被高效地利用起来，这是避免重复建设而浪费资源的必要因素。

5.开放性原则

知识经济是世界一体化的经济，资源的开放观是从地区到全球、从微观到宏观、从局部到整体，在不同层次上都要确立的一种基本观点。我国地区差别大，资源组合错位，地区间的教育资源具有很强的互补性和动态交流的必然性。要想最大限度地实现资源共享和动态交流，就必须要求我们的资源库系统和资源建设要有足够的开放性。

二、英语教学网络资源库构建存在的问题及原因分析

近年来，我国的教育机构投入了大量的精力进行英语教学网络资源库的构建，已经取得了一些成绩，但也存在一些问题。主要表现在：英语教学资源库的建设匮乏；已有的教学资源库缺少资源，特别是与专业相关的多媒体教学资源；已有的教学资源缺少实用性，等等。❶

目前，从总体上讲，英语教学网络资源库建设存在许多问题。其原因主要有以下几方面：第一，管理层对英语教学网络资源库的重要性认识有待提高。在英语教学改革方面，尽管有许多学者对英语教学网络资源库的重要性已有较多的研究，但管理层对这些研究有充分的了解，完全的认同，并做出适当的反应需要一定的时间。第二，对于英语教学网络资源库的建设投入不足。学校对看得见的政绩，比如教学楼、图书馆、宿舍楼、校园绿化的兴趣，一般要远远高于英语教学网络资源库的建设。第三，学校缺少网络资源库建设与管理的专职人员。英语教学网络资源库的建设，作为一项工程，需要有一支由专业技术人员组成的团队对其进行管理。管理团队不断完善数据库结构和逐渐增加各种资源。第四，网络资源库的内容不够丰富。英语教学网络资源库的内容只有足够丰富，才能满足师生对资源库的多样化的需要。第五，网络资源库的实用性不强。从资源库中检索到的资源较为陈旧或者不能完全符合英语教学的实际需要，有时不如从互联网上直接搜索资源。

三、构建中小学英语教学网络资源库的有效措施

（一）提高对英语教学网络资源库建设的重要性的认识

网络资源库对学生非常重要。真正有效的学习资源是经过精心设计的，能满

---

❶ 贺武华.对中小学英语网络信息化教学的反思 [J].中小学电教,2003(11):72—74.

足学习者自主学习需要的教育资源。充分利用网络资源，创新英语教学，可以为学生创造一种更具个性化的英语学习环境，让学生可以根据自己的情况，自主选择英语学习内容，控制英语学习速度。网络资源往往集文字、图像、动画于一体，提供大量的与教材有关的信息，可以激发学生的想象力，从而使学生能够获得更好的学习效果。充分发挥英语教学网络资源库的巨大优势，特别是加强课程与学生的学习、生活及社会的联系，从而真正达到让学生主动学习英语、体验英语、欣赏英语，实现自己获取知识、自我更新甚至创造新知识的教育目标。

（二）构建适合教学需要的英语教学网络资源库

中小学英语教学网络资源库的建设需要考虑教学、师生、设备等多种因素。英语教学网络资源库的建设应该以学校的实际英语教学需要为主，同时考虑到不同地区的学校设备情况、师生计算机水平、学校特色等方面的差异。衡量一个中小学英语资源库的好坏，既要注意到资源量的多少，也要注意到资源库是否能够有效服务于学生的学与教师的教。网络资源库英语教学过程中的网络教学并不是让学生无明确目的地在网上浏览。构建适合教学需要的英语教学网络资源库是利用网络提高英语教学效果的前提。网络资源库所需的物质准备是有能与校园网相连的一定数量的用于英语教学的电脑。建设一个资源库涉及一些具体的步骤和技术制作，如规划、设计、分工、制作、反馈、改进，对于英语教学网络资源库来说，应紧紧围绕着英语教学这一目标。资源库的建设首先应突出英语学科的专业性、实用性等特点，还应对适合英语教学的资源进行筛选加工，整合到校园网络这个载体上，使其具备视听赏析等多感官为一体的功能。资源库的内容应能充分激发学生进行英语学习、英语表达和英语审美活动。

中小学英语教学网络资源库的建设需要专业技术人员的管理。由于资源库建设是一个数据库结构不断完善和各种资源逐渐增加的过程，资源库的持续发展依赖于数据库中教育资源的不断丰富、及时更新，同时也依赖于所提供信息的可信度和权威性，必须有专门的技术人员进行管理。管理人员选择一个合适的服务器平台和数据库系统，并对资源库按一定规则进行分类管理，进行资料的电子化转换工作，定期维护和更新，如从网上搜索和下载更新的信息资源，要求定期有一定量的教学资源上传。这样才能保证教学资源的新、快、便，同时提高它的使用率。合适的资源管理平台应有一套完整的用户管理系统，能对不同的用户分配不同等级的权限，使得不同类型的教育资源有相对的独立性。

中小学英语教学网络资源库的建设需要大量英语教师的参与。网络资源库建设包括资源库平台建设和教学资源建设。英语教师是英语教学资源建设的重要力量之一，他们了解英语教学中最迫切的需要，由他们参与完成英语教育教学资源的建设任务是必需的，因此，必须调动一切积极因素，建立由一线的英语教学骨干、计算机技术人员组成的开发小组，共同探讨，共同建设。组织英语教师参与对网络资源库的设计、规划与建设，使资源库更有学科特点，应能满足英语教学的需要，包括教师的教学备课的需要，也包括学生的自主学习的需要。满足教师教学备课的需要就是资料库能够给教师提供与教材内容相关的英语教学备课所需的资源，包括教案、课件、备课资料等。满足学生的需要就是资料库能够给学生提供一些有一定趣味的、丰富的，适合深入研究学习的资源。教师通过搜索、选择、下载等步骤，可在短时间内做出个简易的双层网站。一般说来，英语教学的选材应当尽量与所使用的教材在难度上基本保持一致。网上的资料下载之后，教师应进行初步筛选，本着科学性、多样性、趣味性的原则选出合适的英语材料，然后根据设计意图进行再加工。

总之，通过建设英语教学网络资源库，整合、开发优质教学资源，提高资源质量和利用率。这对于弥补自主学习的英语教学资源的供给不足具有重要的现实意义；对于教育信息化背景下改革人才培养模式和英语教学模式具有重要的实践意义。

第四部分　教育信息化背景下的中小学英语教学模式

第八章　教育信息化背景下的中小学英语教学模式探索

教育信息化改变了传统的教学模式，教学活动已经不拘泥于教室这样的场所，教学活动的时空结构发生了根本性的改变。本章从教育信息化教学模式的内涵出发，对教育信息化教学模式的构成要素进行了分析，最后针对教育信息化背景下中小学英语教学模式进行了思考。

第一节　教育信息化教学模式的内涵

一、信息化教学模式的含义与特点

（一）信息化教学模式的含义

随着教学改革的不断深入，信息技术与课程整合已成为教学研究的热点。信息技术与课程整合是指在课程教学过程中把信息技术、信息资源、信息方法、人力资源和课程内容有机结合，共同完成课程教学任务的一种新型的教学方式。信息化教学模式就是信息技术与课程整合的结果，其实质是要在先进的教育思想、教育理论的指导下，把以计算机及网络为核心的信息技术作为促进学生自主学习的认知工具与情感激励工具，丰富教学环境的创设工具，并将这些工具全面运用到各学科的教学过程中，使各种教学资源、教学要素和教学环节，经过组合、重构、相互融合，在整体优化的基础上，产生聚集效应，从而达到促进传统教学方式的根本变革（也就是促进以教师为中心的教学结构与教学模式的变革）和培养学生创新精神与实践能力的目标。

信息化教学模式是根据现代化教学环境中信息的传递方式和学生对知识信息加工的心理过程，充分利用现代教育技术手段的支持，调动尽可能多的教学媒体、信息资源，构建一个良好的学习环境，在教师的组织和指导下，充分发挥学生的主动性、积极性、创造性，使学生能够真正成为知识信息的主动建构者，达到良好的教学效果。❶信息化环境下的教学既是对传统教学的继承，同时也是对技术环境下教学新模式的探索与建构过程，是各类教学模式的结构成分与技术应用条件的"整合"过程；教师是教学模式的实践者和创造者，丰富多变的实践情境是教学模式创新的源泉；信息技术为教学模式的发展提供了丰富的资源、工具及交流与合作平台。

（二）信息化教学模式的特点

按照教学的实现形式，可以将信息化教学模式划分为以下几种类型，下表列出了各种类型下相对比较典型的几个教学模式，并概括了各个模式的关键特征（见表8-1）。

表8-1　信息化教学模式

类型	典型模式	特征
个别授导类	个别指导、练习、教学测试、智能辅导	计算机作为教师，内容特定，高度结构化
情境模拟类	教学模拟、游戏、微型世界、虚拟实验室	计算机产生模拟的情境，可操纵、可建构
调查研究类	案例学习、探究性学习，基于资源的学习	计算机提供信息资源与检索工具，低度结构性资源的利用
课堂授导类	电子讲稿、情境演示、课堂作业、小组讨论、课堂信息处理	计算机作为教具及助教，信息播送、收集与处理
远程授导类	虚拟教室，包括实时授递、异步学习、作业传送、小组讨论等	网络作为传播工具，一定程度的信息与学习工具集成
合作学习类	计算机支持合作学习，协同实验室、虚拟学伴、虚拟学社	计算机与网络作为虚拟社会，一定程度的情境、信息、学习工具的集成
学习工具类	效能工具、认知工具、通信工具、解题计算工具	计算机作为学习辅助工具，多种用法
集成系统类	集成学习环境，电子绩效支持系统，集成教育系统	授递、情境、信息资源、工具的综合

信息化教学模式的关键在于从现代教学媒体构成理想教学环境的角度，探讨

---

❶ 张治.教育信息化走进自适应学习时代[M].上海：上海教育出版社,2018：79.

如何充分发挥学生的主动性、积极性和创造性。我们知道，以计算机为主的现代教学媒体（主要指多媒体计算机、教学网络）的出现丰富了教学媒体的构成，使传统的教学环境呈现出交互性、多媒体性、超文本性和网络性等多种现代教学特性。这些特性改变了学习者的学习地位，使其能够从真正意义上探索知识，实现知识意义的主动建构。在信息化教学模式中，教师从知识的灌输者和课堂的主宰者转变成课堂教学的组织者、指导者和学生意义建构的帮助者、促进者。一般来说，信息化教学模式具有如下特点。

1. 信息源丰富，有利于学习情境的创设

现代教育技术手段为课堂教学所提供的教学环境，使得课堂上信息的来源变得丰富多彩，教师和课本不再是唯一的信息源，多种媒体的运用不仅能扩大知识信息的含量，还可以充分调动学生的多种感官，为学生提供一个良好的学习情境。

2. 新型教学活动形式，有利于提高学生的主动性和积极性

现代教育技术手段的加入，尤其是多媒体计算机和网络的引入，教师的主要工作不再是向学生传递知识信息，而是培养学生自主获取知识信息的能力，指导学生的学习探索活动，让学生主动思考、探索和发现，从而形成一种新的教学活动形式。在这种教学活动形式中，学生有时也会处于"传递—接受"式的学习状态，但更多的是在教师指导下自主思考与主动探索；教学媒体有时作为辅助教学的教具，但更多的是作为学生自主学习的认知工具；而教材既是教师向学生传递的内容，也是学生建构知识和认知的对象。这种新型的教学活动形式有利于提高学生的主动性和积极性。

3. 个别化教学，有利于因材施教

计算机的交互性为学生提供了个别化学习的可能，学生可以通过多媒体技术完整呈现学习的内容和过程，自主选择学习内容的难易和进度，并随时与教师、同学进行交互。在现代教育技术手段所营造的信息化学习环境中，学生可以逐步摆脱传统的教师中心模式，由被动学习变为主动学习，有利于因材施教。

4. 互助互动，有利于实现协作式学习

计算机的互动特性和网络特性有利于实现培养合作精神、促进高级认知能力发展的协作式学习。信息化学习环境下，学习者之间通过协同、竞争或分角色扮演等多种互动形式来参与学习，对于问题的深化理解和知识的掌握运用具有重要意义，而且对高级认知能力的发展、合作精神的培养和良好人际关系的形成也具有明显的促进作用。

5. 超文本信息组织方式，有利于培养创新精神和信息能力

多媒体的超文本特性与网络特性的结合，为培养学生的信息获取、分析与加工能力营造了理想的环境。众所周知，因特网是世界上最大的知识库、资源库，它拥有最丰富的信息资源，而且这些知识库和资源库都是按照符合人类联想思维的超文本结构组织起来的，因而特别适合学生进行"自主发现、自主探索"式的学习，有利于学生发散性思维的发展、创造性思维的发展和创新能力的培养。

二、信息化教学模式的旨趣

（一）发展学习者适应信息/知识时代所强调的素质

1. 从 3R 素养走向 3T 素养

以往的时代主要重视"3R 素养"：读（reading）、写（wring）、算（arithmetic）；信息时代则更加强调"3T 素养"：技术运用（technology）、团队协作（teaming）、迁移能力（transference）。

2. 掌握基于计算机的技术

包括计算机/网络计算机、电子邮件、视频制作设备、数据库软件、因特网、项目管理软件、知识管理、决策支持软件、展示软件、制图软件、数据视觉化、桌面出版、数字处理软件、电子报表软件、视频会议、群件、远程协作软件等。

3. 具备相应的生存与发展技能

根据"Competition in the 21 Century"研究报告，这些技能主要包括 10 个方面：传播技能、革新与创新能力、团队协作与组织能力、信息管理能力、信息技术素养、视觉素养、问题解决能力、决策能力、知识开发与管理能力和经营才智。美国有学者在综合研究的基础上提出了信息时代所需求的七大基本技能：批判性思维与实干（Critical Thinking and doing）——问题解决、研究、分析、项目管理等；创新（Creativity）——新知识的创新、至善至美的设计方案、讲故事的艺术性等；协作（Collaboration）——合作、协商、达成共识、团体构建等；跨文化理解（Cross cultural Understanding）——超越民族间的隔阂，跨民族的知识和组织文化；传播（Communication）——制作信息、有效地使用媒体；计算机素养（Computing）——有效地使用电子信息和知识工具；生涯与学会自立（Career & Learning Self. reliance）——处理变化、终身学习和生涯调适。

（二）变革学习方式

信息化教学模式的重要旨趣之一就是变革学习方式。信息时代呼唤新型的学

习方式，信息技术的应用为学习方式变革提供了思想和方法上的前景。

1.走向创新性学习

信息时代的学习要求从传统的维持性学习向创新性学习转变。维持性学习是一种继承性学习。创新性学习要求处理好"学会"和"会学"的关系。学会，是指构建必要的自然科学和社会科学的知识基础，掌握某些专门化的知识和技能。学习的内容不仅包括知识、技能，还包括态度、方法、道德品质和行为习惯。会学，是指学会学习，在学习过程中培养各种学习能力，如记忆、思维、观察、想象、动手、表达信息等，其中的核心是思维能力和创新能力。创新性学习有三点特别重要：一是怎样迅速、充分、有效地选择存储和获取所需的信息；二是怎样利用它来解决问题；三是怎样打破常规重新组合，利用它来创造新点子。

2.走向自主学习

自主学习的根本特征是主体性和参与性。主体性保证自己能"动"起来，有自觉性、积极性和预期性；参与性保证自主性不是任意而为的，而是与社会、集体和谐统一的。我国新课程改革提倡以弘扬人的主体性、能动性、独立性为宗旨的自主学习。自主学习之所以重要，其一，行为自主性是人的生理—心理发展的必然走向和成熟的特征表现；其二，自主性是学习者适应独立学习、终身学习、个性化学习和教育终身化，实现自我可持续发展的能力保证。❶信息化时代需要培养拥有自主学习能力的学习者。唯有自主，个体才能时时适应现实的变化，主动刷新知识；才能有效地融入团队协作，自觉地规划和实现自我的人生进程。因此，信息化教学模式致力于转变学习者在传统学习过程中的他主性、被动性和依赖性，把学习变成学习者主体性、能动性和独立性不断生成、张扬、发展和提升的过程，使学习不再是一种异己的外在控制力量，而是一种发自内在的精神解放运动。

3.走向个性化学习

个性化学习是学习者充分发展的前提，体现了以学习者为中心、尊重学生差异和实现教师针对性指导的教学理念。个性化学习之所以必要和可能，一是因为每个人的天赋和理想是不相同的，信息化时代人的发展强调每个人个性化的成功方式；二是信息化时代所构建的学习化社会，为每个学习者的学习提供了"各取所需、量体裁衣"式的学习计划、学习资源和学习机会；三是每个学生的学习方式本质上都是其独特个性的体现。

---

❶ 张治.教育信息化走进自适应学习时代[M].上海：上海教育出版社，2018：95.

4.走向基于技术的学习

信息时代为学习者提供了大量强有力的学习工具。这些学习工具不仅拓展了学习的开放性（时间、空间、内容、对象等），而且其本身就是学习者必须掌握的时代生存技能。基于技术的学习为学习者的自主、协作、反思和探究学习提供了"技术丰富的"支持条件，构建了有效的学习平台。学习者通过基于技术的学习活动，可以发展信息时代所需的能力，如数据库设计/构架、数据视觉化、信息分析/阐释能力，知识管理/构架能力，视觉化处理能力，表达/呈现能力，信息提炼能力，开展团队协作项目能力和虚拟协作能力。

（三）关注高阶能力和建构主义的信息技术应用

信息化教学模式相对较为关注学习者的高阶能力，尤其是高阶思维能力的发展。为此，模式的理论基础和信息技术的应用倾向是建构主义的。

第一，传统的教学模式局限于学习者低阶能力、低阶思维的发展，对学习者所支持的是低阶学习。信息化教学模式力图突破这一局限，通过有效的学习环境设计，促进学习者在创新、问题求解、决策、批判性思维、信息素养、团队协作、兼容、获取隐性知识、自我管理和可持续发展能力等十大方面的高阶能力获得有效发展。

第二，信息技术可以作为多样化的学习工具，如效能工具、信息工具、情境工具、交流工具、认知工具和评价工具。

第三，从技术应用的角度看，信息化教学模式包括客观主义和建构主义的技术应用观。但是针对目前失衡的技术应用现状，我们应有意识地强调建构主义的技术应用观，亦即学习者用技术学习（learn with technology）。

第四，信息化教学模式，要求改变传统的接受性学习，走向建构性的学习方式，其关注的目标焦点是通过信息化教学模式这一活动平台，发展学习者适应知识时代所需求的系列高阶能力。

第五，信息时代所要求的人才素质必须具备相关的信息素养，学习者的信息素养培育固然可以通过直接学习信息技术获得，但最为有效的方式是与学习内容相互整合，运用信息技术作为学习工具，在达到课程内容学习目标的同时，提高信息素养。

总之，信息化教学模式的旨趣在于根据时代对人才素质的需要，充分运用信息技术的功能，变革传统的学习方式，以便有效促进学习者高阶能力的发展。

第二节　教育信息化教学模式的构成要素

一、信息化教学模式的理论支撑

（一）建构主义的十大理念

建构主义认识论和学习理论是内容非常庞杂的教育哲学，在知识观、学习观、教学观、情境、意义建构等方面的观点十分丰富。为了整体把握建构主义的思想内涵，我们将其总括为十大理念。

1. 知识的获得是建构的，而不是接受传输而来的。

2. 知识的建构来源于活动，因而知识存在于活动之中。

3. 学习活动的情景是知识的生长点和检索线索。

4. 意义存在于每个人的心智模式中。

5. 人们对现实世界的看法是多元的。

6. 问题性、模糊性、不一致性、和谐性是引发意义制定的触点。

7. 知识的建构需要对所学内容进行阐释、表达或展现，这是建构知识的必要方式，也是检测知识建构水平的有效方式。

8. 意义可以与他人共享，因而意义的建构可以通过交流来进行。

9. 意义制定存在于文化的交流、工具的运用和学习共同体的活动中。

10. 并非所有的意义建构都是一样的，任何建构都是个性化的。

（二）建构主义学习理论的基本要素

1. 情境（Context）

注重基于情境的学习。学习的环境条件，如客体、人、符号及它们之间的相互关系，对学习效果的影响至关重要。知识从一个情境迁移到另一个情境，并不容易实现。教学实践要求真实的学习任务与现实的条件相匹配。对创设丰富的学习环境提出了更高的期望，以便为发现、探究、设计、实践、教学探索和建构提供更多、更广的情境化机会。

2. 建构（Construction）

注重心智模式的构建。构建心智模式，就是同化/顺应新经验。当新经验与心智模式不"相符"时，就必须顺应变化，重构心智模式。

3.专注（Caring）

注重内在动机的激发。对学习效果来说，内在动机比外在动机更重要。如果学习者能真正关注自己的学习任务，就可以产生高效的学习结果。

4.能力（Competence）

注重多元智能的发展。能力因不同的爱好偏向而不同，智力因不同的行为类型而相异。无论是创造性地解决问题，还是不同小组的协作或者是为不同对象进行服务和产品的时尚设计，都能从多种才能的相互作用中获得最大的益处。

5.共同体（Community）

注重学习共同体的作用。学习具有社会性的特点，实践共同体对知识时代的学习来说具有非凡的意义。

情境、建构、专注、能力和共同体五个基本要素不仅反映了建构主义学习理论的基本精神，而且代表当代学习理论研究发展走势，亦即任何包含上述五个基本要素精神的学习理论研究，都属于当代学习理论。研究者认为，当代学习理论研究发生了三个本质性的变化：学习是意义的制定过程（sense-making），而不是知识的传递；越来越关注意义制定的社会本质；意义制定受学习/实践共同体的影响。

二、信息化教学模式的技术要素

（一）学习者与技术的关系：智能伙伴

学习者与技术的关系，不是技术控制学习者（技术决定论），也不是学习者恐惧技术（后现代主义），而是学习者控制技术，与技术形成一种智能伙伴关系。这种关系，是生态化的人机关系，它使学习者与技术分布式地承担认知责任，形成学习者与技术最优化的智能整合。

学习者把技术作为智能伙伴，革新了学习者作为接受者的角色，使学习者成为生产者、创造者和发送者。它将有利于学习者清晰地表达所知晓的内容（亦即表达所学知识），反思所学内容及如何学习的过程，支持意义制定的内部协商（个体的内部思维），建构个体化的意义表征，支持有目的的、深入的思考。

就支持学习者的学习来说，有效的智能伙伴技术包括：

用来组织学习者所学/所知的语义组织工具（数据库、语义网络）；

用来构建模拟和表征心智模式的动态建模工具（专家系统、电子报表和系统建模工具）；

探索和对某种现象进行实验的微世界；

支持意义的社会性建构的同步/异步交流环境；

知识建构的环境（超媒体、多媒体和网络出版）；

用来更好地理解信息的解释工具（视图化工具、信息搜索引擎）；

视觉化地表现学习者所生成观点的视觉工具。

（二）技术与课程相结合

1. 技术与课程整合的实质

第一，整合是融合，技术与课程的关系是一种"融入融合的关系"，不是简单的叠加。其目的是为促进学习者高阶能力发展，构建理想的学习环境或新型教学模式。

第二，整合涉及技术与课程目标、结构、内容、资源、实施和评价等方面的关联多向互动。这种多向互动是构建理想学习环境和新型教学模式的整体思维框架。

第三，从教学设计研究的角度来看，整合的重心是在整体思维框架的前提下，构建以技术为支持的理想学习环境或新型教学模式。这种环境和模式的核心理念是"用技术学习"。这种学习的显著特征是：以建构主义学习理论为主要指导；以革新学习方式，发展学习者高阶能力，特别是高阶思维能力为目的；技术是学习工具，特别是认知工具；学习者与技术的关系是一种智能/认知伙伴的关系；学习者的学习是有意义的学习。

2. 技术在课程整合中的作用

从技术应用的连续统观来考察，技术在课程整合中的作用是多方面的：

第一，从生态观的角度看，技术具有技术的拟人和拟物作用。

第二，从媒体观的角度看，技术是教师、媒体、内容、学生之间相互作用的中介。

第三，从工具观的角度看，技术是信息工具、效能工具、情景工具、认知工具、交流工具、评价工具。

媒体观是客观主义技术应用观，是传统媒体观对信息技术作用理解的延伸，把技术看作是教学信息内容的传递媒体或播放演示工具。工具观是建构主义技术应用观，主张学习者用技术学习。生态观综合了媒体观和工具观的特点，认为信息技术可以起到"拟人"（导师、学伴、学员、助手）和"拟物"（情境、资源、教具、学具）的作用，形成一个有利于师生一起学习和共同发展的综合性生态环境，为学习者构造探究发现空间、个性展现空间和集体智慧发展空间。

第三节　教育信息化背景下中小学英语教学模式思考

一、信息化教学模式下中小学英语课程的变化

以计算机网络为核心的现代信息技术进入中小学英语课程后，中小学英语教学发生了巨大变化，这些变化主要体现在教学目标、方法、手段、观念、教材、作用、环境、评估等方面。在教学目标方面，传统的中小学英语教学重点是培养学生的阅读能力，注重知识的灌输，而信息技术与课程整合后，教学目标转移至培养学生的语言应用能力特别是听说能力方面。在教学方法方面，传统中小学英语教学采用结构主义的语法翻译法，讲究课文精讲细读与模仿操练，并且以教师为中心，而整合后的中小学英语教学把传统单一的讲授方法转变为立体式、个性化的教学方法，注重课堂教学与课外自主学习相结合，强调以学生为中心，引导学生自主学习。在教学手段方面，传统的中小学英语教学采用单一的"粉笔＋黑板"的手段，也有些直观的教具，而整合后的中小学英语教学广泛应用以计算机网络为核心的信息技术创设虚拟学习环境，开展任务型、个性化的教学活动。在观念方面，传统的中小学英语教学往往围绕着教师和课本，因为教师和课本是学生知识的唯一来源，教师控制并主宰教学，而整合后的中小学英语教学从以教师为中心转变为以学生为中心，从灌输式教学转变为学生自主学习。计算机走向了教学的前台，不再是教学的辅助工具，而是注重教学资源的优化与组织。在教材方面，传统的中小学英语教学使用纸质平面教材，内容单一，注重机械模仿和操练，而整合后的中小学英语教学使用立体式教材（"立体式"指的是物理概念上的纸质课本、音频光碟、视频光碟、音视频光碟等），教材内容用多媒体呈现，是立体式综合教学。在教师作用方面，传统的中小学英语教学要求教师成为教学的绝对控制者，掌握教学中的一切，扮演着讲解者和引导者的角色，而整合后的中小学英语教学要求教师成为教学的帮促者，帮助或促进学生主动学习。在环境方面，传统的中小学英语教学的主要环境是课堂，学生缺乏语言学习的真实环境，而整合后的中小学英语教学可以借助计算机网络的超强功能创设拟真的学习环境供学生进行语言学习和操练。在评估方面，传统的中小学英语教学采用终结性评估方式，即以学习成果（考试成绩）为主要评价依据，而整合后的中小学英

语教学采用终结性评估与形成性评估相结合的方式，既注重教学的成果，又讲究教学过程中的评价与调整。

上述这些变化从根本上改变了传统课程的构成范式，确立了技术（信息技术和教育技术）在课程中不可或缺的地位。也就是说，传统的中小学英语课程只是反映中小学英语教学的理论与方法，而现代的中小学英语课程不仅应反映理论与方法，更重要的是能体现技术在教学上的作用与功能。因此，中小学英语课程定位要从这两个方面来考虑。

二、中小学英语信息化教学模式的流程

（一）课前准备

根据教材的内容，教师围绕单元主题，从丰富的网络信息中选择合适的教学素材，运用信息技术进行教学设计和安排。由于信息化教学需要以学生的个性化和主体性需求为前提，进而确保学生的自主性学习。因此，教师需要清楚地了解学生不同的学习情况和个性需求，并根据他们的特点和要求来组织和设计具体的教学活动。由于不同学生的语言基础存在差异，每个学生接受知识的能力也参差不齐，教师需要针对不同的学生，利用信息化技术将教学素材自动分级，形成不同层次和难度。学生在符合自身需求的语言环境中，面对相应难度的知识要点，能够独立自主地完成学习任务，从而达到因材施教的教学效果。教师还可以借助网络将课件中预习环节的相关内容上传到教学系统的平台上，学生就可以在课前根据自己的基础能力，下载相应难度的内容进行预习。一方面，教师可以通过系统软件进行督查和答疑，还能对基础薄弱的学生进行重点辅导。另一方面，教师还可以引导学生自主预习。教师引导学生了解了单元的主题和相关的知识后，便可以鼓励学生利用网络资源自主搜集资料，教师仅仅起着引导帮助的作用，而学生准确快速获取有用信息的能力及在线英语阅读和运用能力都得到了提高。

（二）课堂教学

教师可以在计算机上授课，学生则可以在计算机上听课。教师可以采取灵活多变的教学方式，科学地利用课堂时间，增强师生间的互动，更深层次地挖掘课堂教学的潜力。在网络教学中，教师不仅是知识的传授者，更是课堂教学活动的组织者、引导者和促进者。教师可以讲授英语的语言基础知识，也能在授课平台上针对学生的预习内容进行课堂测试，检查他们的预习情况。学生在教师规定的时间内在自己的计算机上完成并得到测试结果。在计算机形成结果并进行分析

后，教师便能有的放矢地解决测试中出现的问题。在网络教学中，教师可以更有效地与学生进行互动。中小学英语教学作为一种语言教学，具有其特殊性，教师需要在学习运用语言过程中不断强化学生的语言习惯，并且能够加强和巩固师生间的相互交流。教师可以针对课文中的某个主题让学生在网络上进行讨论。网络将学生由分散的个体连接成一个个学习小组，学生在小组中集思广益，为了表述并完善自己的论点或驳斥别人的观点，每个人会尽力组织语言和罗列论据。在这样的过程中，学生不仅深化了语言知识，而且提高了学生的英语思维能力和语言表达能力。在了解语言知识和文化背景下，网络教学激发了学生的学习兴趣，使学生能积极主动地参与其中，传统课堂上的畏惧情绪不复存在。教师在这个过程中只是适时地对学生的讨论进行指导和控制，使学生在有序的氛围中思考和讨论自己的观点。

（三）课外学习

在中小学英语信息化教学模式下，学生的学习方式更加多样化。学生不再局限于单一的课本学习和书面作业。信息技术在中小学英语教学中的应用，使教学环境更加广泛宽松，学生可以根据自身需求自由地选择学习的内容和进度。通过网络，学生的视野更加开阔，知识面也得到了拓展。面对丰富的网络信息，学生要学会去粗取精，去伪存真，从而增强了学生多角度考虑问题的能力及判断能力。学生还可以在网络上和同学、教师进行实时互动交流。这样，学生不仅能有更多的机会去自主学习知识，而且能提高信息的处理能力和独立思维的能力，从而保持了学生英语学习的持续性，提高了学生英语学习的效果。

（四）教学评估

先进的信息技术为中小学英语教学的教学评估提供了更加便利的辅助设施，教师利用信息网络资源形成了教学检查和对教学资源阶段性评估的体系。在这个体系中，教师能跟踪课程的教学资源，通过问卷调查或测试的方式，了解学生对各种资源的使用情况及所使用资源的质量。教师可以通过网络资源建立试题库，根据需要设定相应的难度和范围，自动组织生成各类考试的试卷。教师还可以根据课文内容给学生布置某个主题，让学生利用网络系统在规定的时间内进行搜集资料并研究，最终形成书面报告。最终，网络系统不仅记录了学生完成任务的整个过程，而且可以对数据进行分析，并给出客观的判定。

三、促进中小学英语信息化教学模式建立的策略

(一)帮助教师对信息化形成正确的认识

随着信息化技术的应用，不少教师产生了危机感。所以，首先要提高教师对信息化教学的认识，让他们意识到自己不会被网络系统所取代，自己的作用不会因之而降低。在网络教学中，教师这个角色是不可缺失的，他们不仅是传授者，还是引导者和组织者。而且传统的教学模式也自有其特色，两种模式各有所长，不可相互取代，只有有机结合，才能达到最佳效果。当然，信息化教学作为社会科学和教育发展的产物，对传统的教学必定会产生一定的影响，教师对此需做好思想准备。

(二)培养教师积极掌握信息技术和技能

不同于传统的教学方式，信息化教学对教师提出了很高的要求。教师需要运用先进的信息技术，甄选出合适的教学素材，并在教学过程中对其进行合理设计、使用、管理及评估。教师需要深刻理解信息化教学的内涵，并掌握信息教学技术的理念和技能，才能在教学中有效地运用，使教学过程得以优化，从而完善中小学英语教学体系。信息化造就了特殊的教学环境，教师需要具有信息技术知识，更需要具有对信息技术的驾驭能力。

(三)加强对学生的引导和督促

面对新型的教学模式，已经习惯了传统的中小学英语教学模式的学生也需要有个适应的过程。他们不仅要和教师一样，首先掌握相关的信息技术，学会对网络系统的操作和使用。同时，网络学习更多的是要求学生自主性学习，这就需要他们具有很强的自觉性和自制力，教师可以通过鼓励、督查等手段加以引导和督促。

在信息技术高速发展的信息化时代，中小学英语教学信息化已经是必然趋势。在这样的信息化背景下，作为中小学英语教师，应该紧跟时代发展的步伐，不断更新教学理念，学习并掌握先进的信息化技术知识和技能，为教育信息化的发展做好准备。

第九章　多媒体英语教学创新模式

随着各种多媒体技术的发展，英语课堂已经逐渐转变为以计算机为主要媒体的多媒体教室教学。多媒体在教学中的使用可以更好地调动学生的学习兴趣，更好地展现英语课程的魅力。因此，有必要研究多媒体环境下中小学英语教学模式的构建，从而帮助教师提高英语课堂的教学质量。

第一节　多媒体概述

一、多媒体的含义

多媒体在英文中称为"Multimedia"，是相对于"媒体"（Media）和"单媒体"（Monomedia）而言的，从字面上来看，就是由多个单媒体复合起来的多种信息载体。人们在信息交流中要使用各种信息载体，多媒体就是指把两个或更多的媒体组合成单一产品或呈现系统，即信息是通过多种感官通道表现和传递的。这些信息媒体包括文字（text）、声音（audio）、图形（graphic）、图像（image）、动画（animation）、视频（video）等。我们通常看见的文字、声音、图像、图形都是信息表现的媒体。计算机和现代教育技术的飞速发展使多媒体具有更新、更丰富的内涵。

Apple 公司的 Wollaston 认为，"多媒体是文字、图形、动画、视频和音频信息的结合，而计算机则是将它们连接起来的胶水"，即多媒体是计算机上的文本、图像、音频、视频和动画的总和。

Sun Microsystems 公司的 Jeff Morgan 认为，"多媒体是为了知识创造和揭示传统的计算机媒体，即文字、图形、图像及其分析与视频、音频信息交互作用的结合体"。

尽管文字、图形、视频、音频等媒体在传播学和教育学中的应用在 20 世纪已经非常成熟，但是"多媒体"这一术语到了 20 世纪 60 年代才出现。这是因为当时社会生产的发展需要人们把多种媒体信息做统一处理，更重要的是，随着现代教育技术的发展，计算机已经拥有处理多媒体信息的能力，能够让"多媒体"成为现实。当前人们常说的"多媒体"，既指多媒体信息本身，也指处理和应用信息的科学技术。因此，"多媒体"也常被当作"多媒体技术"的同义语。

多媒体是一种将文字、声音、图像、视频等媒体集合在一起，利用计算机的数字化技术，使得信息表现为声、视、图、文并茂的技术手段。而多媒体技术可相应定义为能够同时抓取、处理、编辑、存贮和展示两个以上不同类型信息媒体的技术，这些信息媒体包括文字、图形、图像、动画、活动影像等。

多媒体的关键是图像、声音和动画的组合，从而形成一种方便人们使用的学习工具。多媒体计算机可以向用户终端传送文本、图形、静止图像、动画、声音等多媒体信息，以多维、多角度、多种方式展现传送内容。多媒体在教学中可以集合音频、视频、静止图像和信息处理四大媒体。[1]人机互动、双向交流是多媒体技术的关键。用户可以随时启动、停止、缩放声像一体的影视图像，赋予图像以语言和文字，还可以通过摄像、手机拍摄、上传视频等方式将自身变成多媒体技术的一部分，这是传统的电视和录像技术无法做到的。

综上所述，多媒体是多种信息综合表现的媒体，包括文本、声音、视频、图片等。当代多媒体借助计算机和网络技术传递信息，从而使信息更加丰富、直观、实时，交互性更强。如今，多媒体现代教育技术已经广泛应用于学校教育、公共信息咨询、商业广告及家庭生活娱乐等方方面面。

二、多媒体技术的特点

多媒体技术有以下几个主要特点：

第一，集成性。能够对信息进行多通道统一获取、存储、组织与合成。

第二，控制性。多媒体技术是以计算机为中心，综合处理和控制多媒体信息，并按人的要求以多种媒体形式表现出来，同时作用于人的多种感官。

第三，交互性。交互性是多媒体应用有别于传统信息交流媒体的主要特点之一。传统信息交流媒体只能单向地、被动地传播信息，而多媒体技术则可以实现人对信息的主动选择和控制。

第四，非线性。多媒体技术的非线性特点将改变学生传统循序性的读写模式。以往学生读写方式大多采用章、节、页的框架，循序渐进地获取知识，而

---

[1] 李艳华.浅谈多媒体教学手段在中小学英语教学实践中的应用[J].学周刊，2017(06)：175—176.

多媒体技术将借助超文本链接（HyperText Link）的方法，把内容以一种更灵活、更具变化的方式呈现给读者。

第五，实时性。当用户给出操作命令时，相应的多媒体信息都能够得到实时控制。

第六，互动性。它可以形成人与机器、人与人及机器间的互动，互相交流的操作环境及身临其境的场景，人们根据需要进行控制。人机相互交流是多媒体最大的特点。

第七，信息使用的方便性。用户可以按照自己的需要、兴趣、任务要求、偏爱和认知特点来使用信息，任取图、文、声等信息表现形式。

第八，信息结构的动态性。"多媒体是一部永远读不完的书"，用户可以按照自己的目的和认知特征重新组织信息，增加、删除或修改节点，重新建立链接。

三、多媒体关键技术概述

（一）视频点播技术

随着计算机多媒体服务技术的深入性和广泛性，视频点播技术成了互联网和计算机发展过程中的优质产物，这种将通信、计算机和电视三者相结合的技术，实现了人们随意进行电视观看的想法，改变了传统单一的电视传媒娱乐方式。视频点播技术也进入了学生们的课堂，生动有趣的教学模式加上灵活的课堂互动，极大地改善了传统教学中刻板老套的弊端。视频点播技术的主要载体是视频服务器，这种核心功能的有效发挥，让视频播放的质量也有了更好的保障。因此，越来越多的领域愿意采用视频点播技术来实现自身的价值。

（二）视频压缩技术

压缩编码是视频压缩技术的核心部分，传统的压缩方式是以压缩编码的集合为基础的，在多接受者的动能性上及事件本身的含义上，不能得到有效发挥。因此，现阶段的视频压缩技术对其不断地完善，按照信号源的特点对其进行针对性的编排，从而形成了最受欢迎也是最先进的基于内容的压缩编码方法。

（三）多媒体数据库的技术

多媒体信息在数据的存储和处理中，由于面向的存储对象比较复杂，所以有着分散不够集中的特点。因此，需要建立良好的基础数据模型来对多媒体资料的管理进行多态、对象等概念的描述。有效地将数据库技术和程序设计语言进行融合，是当前多媒体关键性技术的主要研究方向。

（四）虚拟现实技术

虚拟现实技术涉及了很多复杂的学科，也可以将其理解为将传感技术、网络技术、人工智能甚至是计算机图形学进行融合的一种集成性技术，并通过计算机来展现出形象逼真的三维立体效果画面。这一技术的研发，让更多的信息技术的成像出现了更多的可能性。这一技术不仅受到了诸多领域人员的喜爱，更是出现了常态化使用的趋势。

（五）流传媒技术

流传媒技术将动画、声乐等通过服务器实现流式的传输，这种新型的在线观看方式可以让用户在文件下载的过程中就可以进行观看，这不仅有效地节省了移动终端客户的存储空间，更极大地提升了效率。这种可视化和交互性的新型计算机多媒体技术，给我们的学习和生活带来了极大的便利。

第二节　多媒体教学优势与教学模式的构建

一、多媒体教学的优势

（一）多媒体教学是激发学生兴趣的重要手段

兴趣和爱好是最好的老师。教师若想成功地教好一节课，必须有意识地创设问题情境，紧紧扣住学生的心弦，把学生带入良好的教学氛围中，使他们从尚未萌发兴趣到兴趣盎然，逐步形成强烈的学习动机，直至具有坚毅的探索精神。而创设问题情境的方法之一便是借助多媒体。

（二）多媒体教学可以更形象、方便地突破重难点

心理学家在研究人的记忆率时得到了这样的结论：对同样的学习材料，单用听觉，三小时后能保持所获知识的 60%，三天后降为 15%；单用视觉，三小时后能保持 70%，三天后降为 40%；如果视觉、听觉并用，三小时后能保持 90%，三天后可保持 75%。

第一，传统的课堂教学以教师的讲述为主，教师讲、学生听，教师成了课堂教学的主宰，形式单一。多媒体教学成为广大教师崇尚的教学手段，教师在进行多媒体教学课件设计时，充分发挥多媒体技术的优势，灵活运用文字、符号、声音、图形、动画和视频图像等多种媒体信息，从听觉、视觉等方面加大对学生的刺激，

促进其对所学知识的理解，综合应用文字、图片、动画和视频等资料来进行教学活动，使一些抽象难懂的知识在普通条件下难以实现、观察到的过程直观而形象。

第二，应用普通教学手段难以讲清楚，甚至无法讲清楚的重难点知识，可以用多媒体课件生动形象地演示，尤其是用图片、动画和视频等就更直观、更形象了。生动的演示，活跃了课堂气氛，加深巩固了教学内容，使学生感受到学习的喜悦，寓学于乐。

第三，多媒体课件教学不仅实现了直觉思维与逻辑思维的有机结合，还实现了对知识意义的主动建构，这是传统教学模式无法比拟的。

（三）多媒体教学可以扩大课堂教学容量，进而提高课堂效率

运用多媒体进行练习时，可以增加训练密度，提高教学效果。在多媒体教学中，教师摆脱了单纯口授或局限于运用传统媒体进行讲授的方式，改变了传统教学中"粉笔+黑板"的单一、呆板的表现形式，运用现代视听媒体进行讲授，能将抽象、生涩、陌生的知识直观化、形象化，激发学生的学习兴趣，充分发挥现代教学媒体形象、生动、动态、直观、信息量大的特点，使课堂内容丰富起来，课堂教学手段多样化，显著地提高了课堂效率，调动起学生主动学习的积极性。

（四）多媒体教学的应用，可以提高教师的综合素质

运用多媒体教学，不仅能增强学生对各门课程学习的兴趣，有效提高课堂教学效率，而且对教师自身综合素质的提高也会起到极大的促进作用。首先，对多媒体辅助教学有了更深刻的认识。它不仅是教学模式的转变、教学手段的更新，更重要的是教学理念的转化，要由过去的应试教育转向素质教育，为培养创新型人才、为学生良好个性品质的形成提供理想的环境。其次，增强了自信，充实了自己，使自己跟上时代步伐，做个积极向上的新型教育者。在接触多媒体教学中，不仅仅是加深对专业知识的理解，更是提高了自身运用计算机的水平和能力，还培养了刻苦研究的精神与谦虚谨慎的作风。努力钻研教材，精心设计教学环节，业务上精益求精，做到了坚持不懈地学习和运用。另外，教学中的多媒体程序具有极长的存储时间，可以长期保存和使用，这样，教师的备课效率可大大提高，他们可以利用更多的备课时间去不断学习，研究新的科学知识，探索、发现新的教学方法，完成自我"充电"，以达到丰富自我的目的。

（五）多媒体教学有利于实现资源共享，从而全面提高教学质量

第一，由于多媒体课件具有可复制性，任何教师可以很容易地了解其他教师运用多媒体教学的方式和方法，再结合自身的特点，进行修改和补充，形成具有自己风格的多媒体课件。而且对于设计好的课件，可以反复进行使用，特别是平台软件，可以大大节约教师的教学时间和学校在进行教学实验时的成本。

第二，网络上的教学资源不仅有本校专业教师编写的电子课件，而且有来自兄弟学校专家编出的优秀教学资源，如果我们把这些与教学有关的共同科目教学课件引进来，让学生看一看，学一学，通过比较借鉴，选取那些内容结构组织严密的优秀课件进行学习，博采众家之长，可以极大地提高学习效率。

二、多媒体教学模式的构建

（一）视听演示型教学模式

1.概述

在这种模式中，教师主要以演示、表演、显示、讲解等形式向一定规模的学生群体传授教学内容，学生则主要通过视觉和听觉获取信息。例如，教师可以利用单个媒体或组合媒体如图形、声音等来启发诱导学生，学生通过对视听材料的鉴别与分析来获取有效信息。目前比较常见的是通过多媒体计算机演示多媒体课件。由于视听媒体对教学内容的表达有很大的"自由度"，它可以把抽象的理论变成形象的过程来演示，能使学生较长时间地保持集中而旺盛的精力，从而激发学生的求知动机，培养和提高他们的思维能力。

2.视听演示教学的一般步骤

（1）准备视听材料

在备课时，应根据教学内容的需要，准备已有的或自己编制的适当的视听材料。

（2）演示视听材料

利用事先准备的视听材料进行授课。这比较适合于大班教学，因为教师不必担心学生看不清老师的板书。在进行授课时，要注意与学生保持充分的互动，在他们有疑惑或不理解的地方，应进行补充讲解或重复演示。

（3）根据反馈进行改进

在进行授课时，要及时发现视听材料中及自己在演示过程中存在的问题，对视听材料及演示方式进行改进，不断提高教学效率。

（二）情景教学模式

1.概述

情景教学模式指教师根据教学需要，综合运用多种教学方法和手段，通过对事件或事物发生与发展的环境、过程的模拟或虚拟再现，使学生身临其境的一种情景交融的教学活动。情景分为实物情景、问题情景和角色情景三大类。从技术角度看，它是在类比、模仿、建立模型、技术仿真等概念和方法的基础上，广泛运用多媒体计算机及软件技术发展起来的先进教学模式。情景教学能激发学生的学习兴趣和情感，对启迪思维、发展想象、开发智力等方面有独到之处。

2.情景教学模式的基本环节

（1）引导参与

根据教学对象和教学内容，教师找准某个最易调动学生兴趣的切入点。例如，用成语典故或某个与课堂内容有关联的现实生活情景等开始一节课。

（2）情景创设

教师要注意选择角色扮演者或创设画面，引入情境。教师还应当具备预见模拟演练展开后可能出现的思想分歧、不同结论和有关问题，仔细分析不同角色的地位、作用、处境等能力。

（3）实践探索

在创设的情景中展开教学，学生进入实践探究阶段，逐步加深对知识的领会、理解、掌握。

（4）总结提高

教师要在课后进行总结以进一步改进以后的教学。

（三）微格教学模式

1.概述

微格教学通俗地说，就是借助现代化的声像视听媒体，把课堂教学的全过程分解成一个个可以单项把握的技能训练点，让学生细心揣摩、尝试，通过摄录、回放、自评、互评、纠正、重试等步骤，达到教态自如、技能熟练的目的。目前，微格教学是师范学校学生和在职教师掌握课堂教学技能的一种培训方法，也被广泛用在技能教学中，被国内外教学实践证明是一种较好的师范训练形式。

2.微格教学的过程

（1）确定培训技能，提供示范

微格教学的特点是把课堂教学分为不同的单项技能分别进行训练，每次只集中培训一两个技能，如语言技能、提问技能、讲解技能、演示技能、板书技能、课堂组织技能等。根据培训计划确定培训技能后，被培训者就要选择恰当的教学内容。在进行训练之前，为了使被培训者对所培训的技能进行感知，通常利用录像或实际角色扮演的方法对所要训练的技能进行示范，给他们树立鲜明的样板。示范时，要对示范的步骤进行说明。

（2）进行微格教学

首先，由扮演教师角色、学生角色、教学评价人员和摄录像设备的操作人员等组成微型课堂。在微型课堂上，教师角色在10~15分钟的时间里上一节课的一部分，练习一两种技能；在课堂上进行角色扮演时，采用录像的方法对教学过程进行记录。其次，重放录像，使被培训者及时、准确地获得反馈信息；看过录像后，被培训者（教师角色）要进行认真的自我分析，及时发现自己在教学中存在的问题；评价人员和指导教师要从各自不同的角度来评价实践过程，讨论所存在的问题，指出今后努力的方向。被培训者根据自我分析和讨论评价中所发现的问题，修改教案，准备进行微格教学的再循环。

第三节　多媒体技术在英语教学中的应用

一、多媒体技术在英语教学中的独特优势

（一）扩展课堂教学容量，提高课堂教学效率

多媒体是图像、图形、声音和课文多层次多角度的融合。在中小学英语教学中，运用多媒体教学可以显示出它独特的魅力，在有限的教学时间内扩展课堂容量，突出教学重难点，提高教学质量与教学效率。例如，在讲授 rise 与 raise 的区别时，用多媒体计算机技术以动画形式讲课，学生只需几十秒就可以完全掌握这两个单词的区别与用法：早晨，旭日东升（rise），草地上有一户人家，烟囱中炊烟袅袅升起（rise），门前不远处有一条发源于高山的小溪在缓缓流动（rise），溪边有一个可爱的男孩在举重（raise），在小溪的对面，鸡妈妈在给小鸡喂食（raise）。每点击一个画面都会出现相应的单词与读音及呈现其"rise 与 raise"的情景，这时孩子们情绪高涨，思维一下活跃起来；然后，再利用连线配对的形式进行提问作答式的操练，以测其掌握程度如何。这样既可以把老师们从繁重的板书中解脱出来，又可以节省优化板书的时间用于学生的操练，真正做到精讲精练。❶

---

❶ 曹芳.多媒体技术与英语教学的优质整合[J].中国信息技术教育,2014(12):122.

（二）展现英语交际情景，培养学生的交际能力

"说"是听、说、读、写四项语言基本技能中最直接、最常用的交际方式，是语言能力中非常重要的组成部分。多媒体教学技术凭其强大的交互功能，打破了以往的传统，可以为学生创建一个良好的英语主体学习环境。

运用多媒体技术，根据教材内容进行灵活巧妙的设计，创设一定的情景，为学生提供材料，让情景的设置配合情景活动；为学生提供想象的平台，创造进一步理解语言的条件，使学生进入角色，将所学知识变为己用，让他们有开口的欲望，并培养学生的英语交际能力。

（三）实行因材施教，适应不同层次学生的发展要求

随着教学过程的进行，教学所提出的认知目标和时间目标与学生知识能力与现有发展水平之间产生矛盾，当学生的学习能力超过客观教育的要求时，就会出现优秀生，反之，就会出现学困生。多媒体技术的使用，可以更好地帮助教师实施因材施教，让学生根据自己的基础、水平、学习兴趣来选择所要学习的内容和所要做的练习。这样，既能帮助优秀学生向更高层次迈进，又能为学习有困难的学生提供自由宽松的学习空间。

（四）利用多媒体教学，突出教学重点，突破难点

利用多媒体，优化单词、句型教学。在中小学英语教学中，词汇是个难点，运用多媒体的先进性、直观性等，闪烁、变色某个单词、字母、词组，声光同步的动画画面，扩大或缩小、拉长或缩短某个句子等，都能调动学生的观察力和记忆力。另外，词汇教学原则要求学习词汇时词不离句，句不离文，置词汇教学于情景中。运用多媒体教学，就能让单词、句型的学习紧扣具体的语境，学生不但能看着屏幕认识新单词、新句型，还能利用多媒体的特殊功能了解单词的词音、词义、句子的结构和语法功能，既清楚又生动。

利用多媒体，化解语法难点，活用语法知识。充分利用多媒体能突出教学重点，化解语法难点，提高语言信息的活动强度。如讲解现在分词和过去分词的区别时，若设计几组对比图片：exciting news/be excited about，a falling tree/a fallen tree，the rising sun/ the risen sun，boiling water/boiled water，让学生观察理解，再播放相应的对话加以巩固，将会获得较好的效果。

（五）学生了解西方文化的纽带和桥梁

学外语不懂其文化，则等于记住了一些没有实际意义的符号，很难灵活有效地加以运用，甚至会经常用错，在中国尤其如此。多媒体的出现，为学生了解西

方文化背景等人文因素架起了一座桥梁。例如，在讲授圣诞节（Christmas）时，可以直接用多媒体展示关于圣诞节的传统，把与圣诞节有关的物品呈现在屏幕上，然后请学生们用英语去说自己知道的东西，此时这些学生既感觉新奇又兴奋，情绪活跃起来，接着可以用视频或 PPT 将西方如何过圣诞节等内容一一呈现在屏幕上。在这种图文并茂情境中，学生们了解了西方的圣诞节；同时，可以和中国的春节做比较，教师一边展示图片，一边用英语讲述中国怎样过春节，让学生自己去领会两者的异同：大家会发现二者是不同的节日，但在"家庭团聚""全社会放长假"等文化含义上却有相似点。这样，将会把枯燥乏味的课本内容变得形象化、趣味化、交际化，使学生直观地了解了西方文化，加深了对词和课文的理解，激发了其求知欲。

二、多媒体技术运用在中小学英语课堂教学中应遵循的原则

（一）兴趣性原则

兴趣是学好一门功课的内在动力。中小学生的生理和心理还不够成熟和稳定，在对事物的认识过程中，感性多于理性。因此，在课件设计的选材上，特别要注意"新""奇""趣"，以激发学生强烈的求知欲。从而使他们处于主动地位，具有主动性，形成直接的学习动机。在接受知识过程中，全面调动学生眼、耳、手、口、脑等器官，创设学习者可参与的环境，使传授知识和发展智能、培养素质统一起来，使自主学习更有趣。

（二）教学内容的直观性原则

直观教学是非常方便、实用、有效的教学手段，具有形象直观、生动具体、吸引注意、帮助理解、加深记忆、活跃气氛等一系列优越性。教师设计的课件应使学生置身于音像、语音、文字所组成的三级空间，从词汇、语句、语篇三方面进行直观教学。

（三）主体性原则

在课件的运用过程中，学生的主体作用、教师的主导作用和课件的辅助作用不会改变。不能以课件的简单呈现来代替教师对课堂教学的组织、启发和诱导，更不能因多媒体教学的直观性而忽视学生对语言材料的思考、理解。大量的语言实践是在课件的辅助下进行的，但课堂教学中的思维活动、训练活动、实践活动和反馈活动仍要由学生独立、自主地完成。

（四）训练手法多样性原则

中小学英语教学的主要目的是培养学生运用英语听、读、说、写的语言能力。长期的教学实践表明，综合运用多种器官，包括眼、耳、口、手，配合大脑的积极思维活动，多渠道刺激大脑皮层，有助于建立在脑皮层各个分区的密切联系，从而可以大大强化记忆，发展各种语言能力，提高语言学习兴趣，从而调节他们学习的积极性。培养学生听、说、读、写等技能，也是课程标准的要求。这四项语言技能是相互联系的统一体，课件的设计必须多方法、多方面、多渠道地训练这四项技能。

（五）思想教育的延伸性原则

寓思想教育于语言教育是教学的重要组成部分，培养有理想、有道德、有文化、有纪律的跨世纪人才是现代化教育的培养目标。教师既是授业者，又担负着培养学生良好品格、陶冶其高尚情操之重任。因此，在课件的设计上，教师头脑中时刻要有一种意识，即抽出教材中有思想教育性的现实题材加以延伸。

（六）教学内容的巩固性原则

整个教材理解过程完成以后，应该立即进行有针对性的巩固训练。课件的设计应为学生提供较为丰富的练习机会，保持他们对所学内容产生的浓厚兴趣，使他们刚刚接触新知识后立即置身于一个既熟悉又陌生的情景之中，从而调动其主观能动性，巩固新知识，掌握并运用它。

三、多媒体英语教学中注意的问题

（一）制作课件并不能也不可能代替备课

现代教学理论认为，备课是教师上课前的全部准备工作，是整个教学过程的总策划和总设计；而制作课件需要看充足的资料，用多媒体工具（网络、电脑）对多媒体资源进行有效的收集、组织、管理、运用，它只是设计教学方法的过程，并不等于备课，也不可能代替备课。

（二）注意发挥英语课的德育功能

英语课作为一门学科，其最大特点在于：不仅传授理论知识和培养语言应用能力，而且有其强大的德育功能。教师应"双管齐下"，真正做到"教书育人"。

（三）注重与学生的情感交流

中小学英语课堂教学是师生互动的过程，师生之间的情感交流是其得以顺利进行的润滑剂。在中小学英语教学课堂上，教师要及时观察学生们的反应，灵活巧妙、恰如其分地将教学进度与教学内容做出相应的调整，以利于课堂教学的顺利高效进行。

（四）多媒体课件不能华而不实

多媒体教学课件切忌徒有其表、无重点，甚至是空洞无内容。这种做法违背了教学规律，是万不可取的。此外，教师要以活动设计为依据，把多媒体课件的材料设计在激发情趣时、知识迁移时、释疑解难时、"指点迷津"时、"小试牛刀"时，使"好钢用在刀刃上"。

第十章　网络英语教学创新模式

网络与教育的结合大大推动了教育的发展，本章从探讨网络教学出发，分析了国内外英语网络课程开发，进而提出了网络英语教学的优势与教学模式的构建，最后指出了网络英语在英语教学中的应用。

第一节　网络教学概述

一、网络教学的概念与主要特点

（一）网络教学的概念

网络教学的含义，从广义上讲，是指在教学过程中运用网络技术的一切教学活动；从狭义上讲，是指网络技术作为构成新型学习环境的有机因素，充分体现学习者的主体地位，以探究式学习作为主要学习方式的教学活动。一般而言，网络教学还是基于广义的理解。与传统教学活动相比，网络教学活动的最大区别就是在教学过程中运用了网络技术。21 世纪，网络教学已成为世界各国教育改革和发展的重要趋势，我国的网络教学还处于发展阶段，还有许多有待研究的地方。

（二）网络教学的主要特点

网络教学将传统课堂教学以教师为中心转变为以学生为中心，充分发挥学生的学习自主性和学习积极性，使学生从被动地接受知识变为主动地获取知识。网络教学主要特点有以下几个。

1. 共享性

与传统教学相比，网络教学不仅覆盖面广，扩大了教学空间，而且实现了教学信息和教学资源的共享，具有共享性。网上的教学信息和教学资源若经过必要的共享设置，即可实现所在区域或更大范围的共享。网络教学可以实现双向交互方式的建构和多种交流手段的运用，学生可以接受多种形式的教学方式，通过与同学、老师、高层次专业人才及国内外知名专家的交流和沟通，更深刻地理解学习内容，开阔学习思路，提高学习效率；也促进了师生间、学生间的问题与疑惑的解决及思想与情感的交流。

2.交互性

网络教学具有明显的交互性，它不受时空的限制，支持同步、异步交互，可以是一对一的交互，也可以是一对多、多对多的交互或进行个别化的自我交互。交互活动对培养学习者的创新思维和创新能力具有重要作用。设计精良的网络课件需要在人机交互和人人交互方面重点设计，充分利用网络特性，设计有效的师生间交互和学生间交互的学习活动，包括专题讨论、网上协作、网上练习等方面，提升网络课件在使用上的灵活性和创新性。在设计网络课程时，应开辟出常见问答库、教师信箱和集中答疑等模块，实现师生间、学生间的交互。

3.主体性

网络教学创设了自主学习、协作学习的环境，实现了个别化、合作性教学，充分发挥了学生的主体性和能动性，突出了学生的主体地位，贯彻了"以人为本"的教学理念，促进了学生的个性化发展，并培养了学生提出问题、分析问题和解决问题的能力，以及创造性思维、科学性研究方法。另外，学生还可以根据自己的需求和时间来选择学习内容和安排学习进度，也充分体现了学生的主体性。

4.多向性

网络教学具有多向性，其多向性表现在：在网络教学中，教师根据不同学生的学习进度制定不同的学习目标和学习方法，做到因材施教，使教学层次化；教师在融入学生的主体活动中创设情境、启发学生，充分发挥网络教学的辅助作用，提高教学效率。在网络教学中，学生可以从学习者变为设计者，教师可以从设计者变为学习者；学生提出的问题和要求促使教师不断反思、总结、改进教学，形成新的教学思想、教学方法，不断完善教学设计，实现教学效果的最优化，以提高网络教学的质量。

5.自主性

网络教学不仅能为学生提供丰富多彩、图文并茂、形声兼备的学习资源，而且具有很强的自主性，学生可以按照自己的实际情况来设计和安排学习，可以随时进行学习或得到在线帮助，可以进行异步的交流与学习，可以通过网络及时了解自己的进步和不足，及时调整学习计划、方向、内容、方法或策略，并在自主学习过程中获得一种成就感，进一步激发学习兴趣和强化学习的自主性。

二、网络教学的原则

首先，在网络环境下进行教学，必须找准教学内容与教学方法的最佳结合点，符合教学各个环节的具体特点，如"网络教学目标系统""网络教学课堂系统""网络教学检测系统"等，真正有利于优化教学目标的制定、实施和检测。

其次，在网络环境下进行教学，要体现学生的主体地位，有利于培养兴趣、启发诱导并真正调动学生参与教学的积极性、主动性和创造性。学生可以自主学习，自己支配学习的节奏、内容，给自己的思维留下一定的时间、空间，还可以对某事件重复学习，强化学习效果。当然，对自主学习能力差的学生来说，也有较大的局限性。例如，利用网络的动态交互的特点要做到在及时发现学生存在的问题与不足、发挥学生的合理想象、发掘学生的创新精神与能力的基础上，或者加以弥补修正，或者加以点拨提高，或者加以引导培养，把教师作为引导者的作用和把学生作为学习主人的地位两者紧密结合起来，真正做到从教学对象的实际出发。如果把应试教育思想应用于网络教学环境，无限扩大网络课堂教学的容量，反而会加重学生负担，扼杀学生的合理想象和创造性思维。

最后，在网络环境下进行教学，要注重个性化教学，彻底改变过去那种单一的课堂教学模式，使之更加符合教育学的规律，更能适应各种学习情况和各类学生的差异。根据学生完成教学目标的成绩统计，针对他们在知识水平、理解能力、运用能力等方面的差异，完全可以利用网络教学的优势，通过设置不同的情景、演示不同的事例、提出不同的问题、进行不同的启发、提供不同的方法、做出不同的要求等，从而使不同层次的学生都有完成教学任务的机会。这一环境改变了以牺牲一部分学生的学习机会为代价，仅照顾少数学生的那种应试教育的模式，切实做到因材施教，从而全面提高全体学生能力的素质教育。

三、网络教学的教学模式

（一）讲授式网络教学模式

讲授式教学模式的特点是以教师为中心，系统授课。这种教学模式是传统的班级授课教学在网络教学中的新发展。讲授式教学模式是利用网络作为教师和学生的通信工具进行的以讲授为主的教学模式。利用 Internet 实现的讲授型网络教学模式可以分为同步式和异步式两种。同步式讲授这种模式除了教师、学生不在同一地点上课之外，学生可以在同一时间聆听教师讲课，师生间有一些简单的交流，这与传统教学模式是一样的。异步式讲授只要利用 Internet 的万维服务及电子邮件服务就可以很简单地实现，这种模式是由教师将教学要求、教学内容及教学评测等教学材料，编制成 HTML 文件，存放在 Web 服务器上，学生通过浏览这些页面来达到学习的目的。这种模式的特点在于教学活动可以全天 24 小时进行，每个学生都可以根据自己的实际情况确定学习的时间、内容和进度，可随时在网上下载学习内容或向教师请教。其主要缺点是缺乏实时的交互性，对学生的学习自觉性和主动性要求较高。

（二）演示式网络教学模式

教师根据教学的需要，利用网络向学生演示各种教学信息，它们可以是教师装载的 CAI 课件，也可以是来自校园网或因特网上的教学信息。在这种模式中，网上的教学信息一般可以分为四类：最简单的一类就是将有关的板书内容、教学挂图、实物模型等通过电脑处理后传递给学生，相当于一台高效率的、可灵活控制的投影机；第二类是各种场面的模拟，使学生在教室中就能体验到与实际情况相类似的情境；第三类是形象化的各种抽象的内容；第四类是在实验室不能或不易完成的影响学生健康或者费用很高的实验。这种教学模式是传统教学模式的直接延伸，教学中还是教师讲、学生听，教师展示、学生看，教师通过网络面向全体学生传授知识，学生的被动地位没有改变，网络的教学功能没有充分发挥。但由于教学经费、教师水平等因素的限制，在相当的一段时间内，这种模式仍将是许多学校网络教学的主要模式。

（三）探索式网络教学模式

这种学习模式在 Internet 网上涵盖的范围很广，从简单的电子邮件到大型的、复杂的学习系统都有。探索式学习可以分为六个阶段：教师提出问题阶段；对教师所提问题进行分析阶段；搜集有关解决问题的信息阶段；对所获信息进行综合分析阶段；抽象提炼信息上升到理论阶段；对结论进行反思阶段。学生在独立学习、探索和获取知识的同时，也提高了独立解决问题的能力和技巧。探索式学习模式技术简单，容易实现，价格低廉，又能有效地促进学生学习的积极性、主动性和创造性。尤其是学生在学习过程中身负两种角色，既是知识的学习者，又是解决问题的研究者、探索者。它能有效克服传统教学过程中学生总是被动接受知识的弊端，是培养适应未来社会发展的创新型人才的有效途径。

（四）讨论式网络教学模式

讨论式教学模式的特点是师生之间相互交流，教学采用启发式，注重对问题的讨论。中国古代的孔子、古希腊的大师柏拉图留下来的教育经典大多是以问答的形式表述的，因此说这种教学模式的渊源是最为久远的。在基于网络进行的讨论式教学模式中，常常采用 BBS 或 E-mail 邮件列表进行关于特定问题的讨论和解答。这种基于讨论式的教学模式在经费开支上的低廉和易管理性，使得这种模式在现代网络教学中应用得比较多。

（五）信息收集整理式网络教学模式

在这种模式中，教师首先向学生提出问题，然后引导学生查询、收集网络所提供的多样化的、丰富的信息资源，并帮助学生对收集的信息进行筛选、分析和重新组织，结合学生自己的观点，提出解决问题的方案。此外，这种模式有利于跨文化的交际，网络为学生提供了接触各国信息与文化的条件，促进了学生对外国文化与文明的了解，弥补了传统教学很难提供外国文化环境的缺陷，使学生能将所学的语言与其所在的文化环境融合，从而扩展了学生的视野，并有助于学生外语水平的提高。

第二节　国内外英语网络课程开发

一、英语网络课程开发的特点

（一）建构主义课程观——英语网络课程开发的理论依据

建构主义是由著名的美国心理学家皮亚杰首先倡导的一种关于知识获取的理论。建构主义的课程观强调用情景真实复杂的故事呈现问题，营造问题解决的环境，以帮助学生在解决问题的过程中活化知识，变现实性知识为解决问题的工具。

（二）人性化的用户界面——英语网络课程成功的关键

传统的英语课本存在的缺点是很明显的。英语网络课程具有灵活多样的信息组织、表现和学习方式。通过色彩、动画、文字、声音的适当组合产生令人赏心悦目的界面，其视听感染力和灵活的交互界面能够大大提高学生的英语学习兴趣。智能感知和智能代理技术有助于人性化的用户界面的开发。

（三）资源设计规范化英语——网络课程开发的必由之路

英语教学资源设计的技术规范主要包括：对各种术语的定义，各类资源属性的标注，总体分布参数的规定，资源质量与技术上的最低要求，资源库系统的功能标准和基本数据说明等。技术规范是所有后续工作的准绳，也是实现英语教学资源共享与交流的前提，应用系统的设计与教育资源的建设只有按照规范化要求操作，才能最终实现二者的整合。

（四）合理的评估方法——英语网络课程建设的质量的保证

科学的网络课程的认证和评估标准具有十分重要的作用。目前，教育部有关专家已经开发出网络课程的认证标准。它包括教学设计、教学内容、可用性、技术性、信息呈现和文档资料六大部分。

二、国外英语网络课程（MOOC）的开发与应用

英国于 1969 年成立了开放中小学，直至 1990 年，BBC 陆续播出开放中小学的课程，可以看作是远程网络课程教学的开端。2001 年，慕课（MOOC）即大规模开放在线课程（Massive Open Online Course）应运而生，这是"互联网＋教育"的产物，也是近 20 年来风靡全球的一种在线课程开发模式。慕课是一种以学生为中心的自主学习方式，学生在网上观看教学视频，完成学习内容和作业，通过考试即可拿到这门课的学分，或只学习不申请学分。慕课将学校的学、教、管三要素都搬到网上，成为一个虚拟课堂，其内涵已经远远超出了传统的视频公开课和网络课程，慕课平台即课程实施的场所，是不折不扣的网络中小学。❶

在慕课的建设及发展中，美国一直走在世界的前列。2001 年，麻省理工学院（MIT）在《纽约时报》宣布开放课程（即 Open Course Ware，简称 OCW），计划通过互联网开放教育资源，将 MIT 的 2000 门课程材料分批发布在国际互联网上。随后，其他著名中小学如哈佛中小学、耶鲁中小学、斯坦福中小学等也纷纷将自己学校的优质资源放在网上。具有代表性的还有斯坦福中小学的《人工智能导论》，这门课程一直深受学生欢迎，但选课很难，因为学生人数太多。为了让更多的学生学习这门课程，授课的教授于 2011 年秋季学期把每次上课的视频都传到了网上，结果竟有 200 多个国家的 16 万人注册，2.3 万人完成了学习。2012 年，讲授这门课的赛巴斯汀·索恩和他的同伴成立了一个专门的网站来推广这门课程，这就是著名的 Udacity 平台。这个平台和斯坦福中小学的另外两位教授安德鲁·吴和达夫妮·科勒创立的 Coursera 平台，以及麻省理工和哈佛中小学的 edX 平台已

❶ 郭子文,王秀鹏,孙琳惠,等.网络平台辅助英语教学的实践分析[J].教育教学论坛,2020(05):212—213.

成为目前世界上影响最大、经营最为成功的慕课平台，因此，2012年被视为国际慕课元年。

截至2015年12月，美国慕课三大平台Coursera、Udaceity、edX发展迅猛，各具特色，开设了近2000门在线课程。美国的国家科学基金会、比尔和梅琳达·盖茨基金会及中小学和研究机构都进行了课程应用及相关的研究。

根据联合国教科文组织的统计，2008年全球共有超过4.55亿人次进行网络学习。基于美国Ambient Insight的研究报告，2009年美国中学后教育的机构中，有44%的学生参与网络课程的学习。到2018年，美国网络学习的学生人数首次超过面授学生的总人数。

三、国内网络课程的开发与应用

早在慕课的风暴掀起之前，国内高等教育已经有过多次网络课程资源建设的经验。2000年，教育部高教司启动面向中小学的"新世纪网络课程建设工程"，2003年，中国开放教育资源协会（China Open Resources for Education，简称CORE）成立，致力于OCW在国内的推广和翻译工作。2003年，教育部又启动了"国家精品课程建设工程"，至2010年累计建设国家级精品课程3800多门，省级和校级的精品课程上万门。2011年，教育部又启动了"国家精品开放课程建设工程"，在精品课程的基础上进行了资源共享课程的建设。2012年，教育部印发了《教育信息化十年发展规划（2011~2020年）》（以下简称《规划》）。《规划》指出："开发网络学习课程，创新网络教学模式，更新教学观念，改进教学方法，提高教学效果。"推进中小学网络课程建设与应用已经成为高等学校课程建设的重要组成部分。随着中小学教学质量工程建设的深入发展，许多中小学购进网络教学管理平台，并在平台上建设了大批的网络课程。随后，教育部在2015年和2016年的工作要点中提到了加快推进教育信息化的概念，要求加快推动信息技术与教育教学融合的创新发展，尤其是教育管理公共服务平台的建设，并强调信息化教学的常态应用体现了中小学优质资源开放共享建设的紧迫性。可以说，在慕课之前，国内对于网络在线课程的开发已经具有一定的基础。

十几年来，我国对网络教学从早期的网络教学平台、网络教学系统等发展至今，经过了点播式教学平台、交互式教学平台、社会化教学平台等从探索到深入应用的过程，反映了互联网时代信息化教育的发展和变化。

2012年，慕课风暴掀起之后，国内诸多中小学竞相跟进。2013年，清华基于 open-edX 开放的源代码，构建了自主的慕课平台"学堂在线"，这是全球首个中文版慕课平台，并且支持 APP 下载，其合作院校达到 28 所。课程内容涉 20 多门专业课及中小学选修课等。

2013 年，东西部中小学课程共享联盟成立，至 2018 年，2000 所中小学、逾 1000 万人次中小学生在这个平台上获得了学分，其中包括来自西部 12 个省市区的中小学生 300 万人次。

2014 年，深圳中小学牵头组建 UOOC 联盟，以联盟的形式推动慕课建设，并与企业合作构建慕课平台。在中小学之外，2012 年组建的"上海课程中心"，网易云课堂和爱课程网合作推出的"中国中小学 MOOC"等，也汇聚了许多中小学的优质课程资源。

2015 年，教育部在年度工作计划中强调要加强中小学慕课建设："完善国家教育资源云服务体系。继续加大优质数字教育资源开发和应用力度，探索在线开放课程应用带动机制。加强'慕课'建设、使用和管理。推动中小学仪器设备和优质实验教学资源开放共享系统建设。"教育信息化是教育理念和教学模式的深刻变革，是促进教育公平、提高教育质量的有效手段，是实现终身教育、构建学习型社会的必经之路。

2018 年，教育部正式推出 490 门"国家精品在线开放课程"，这是国内首次推出的国家精品慕课，助力高等教育教学质量"变轨超车"。目前，我国上线慕课数量已达 5000 门，中小学生和社会学习者选课人数突破 7000 万，逾 1100 万人次的中小学生获得慕课学分。同年 6 月，清华中小学宣布"在学堂在线"平台上线首批在线认证证书项目，其突破点在于和就业紧密结合，和研究生培养结合，建立系统性的慕课课程体系，以及加强慕课的社群效应，这也开启了慕课在中国发展第二个五年更深层次的升级迭代时期。

网络课程在教学中开发与应用的最终目的是提高教育教学效率和质量，有效地改变落后的教育教学组织形式和管理方式，综合利用网络、数据库、多媒体等先进的信息技术，将教育教学工作和信息资源数字化、标准化，并有效地共享需要传递的技术数据，提高信息资源的共享和可再利用，有效缩短了教学周期，降低教育成本，提高教育质量。现今，信息化时代的到来改变了传统的教育方式。计算机仿真技术、多媒体技术、虚拟现实技术和远程教育技术及信息载体的多样性，使学习者克服时空障碍，更加主动地安排学习时间和进度，特别是借助互联网教育，将开辟全球化知识传播通道，为不同地区创造灵活而丰富的学习环境。

第三节 网络英语教学的优势与教学模式的构建

一、网络英语教学的优势

传统的英语教学以教师、课堂和书本为中心，以面对面的讲解、交流和板书为主要传递手段的教学方式有着悠久的发展历史，理论体系较为完整。但在如今的网络时代，传统的教学方式面临着许多问题与挑战，比如，不能有效提高学生的学习兴趣，不能根据每个学生具体的水平和程度实现因材施教，不能与飞速发展的时代和社会保持一致等。而集个性化、多元化、交互式于一体的网络教学则能很好地弥补这一不足，它将多媒体计算机和网络技术应用于具体的教学实践中，以学生为主体，通过教师的引导，合理运用网络环境和网络信息资源，实现个性化学习。与传统的英语教学方式相比较，网络英语教学的优势主要表现在以下几个方面。

（一）教学理念方面

传统方式以教师为中心，以传授英语知识（例如，读音、拼写、语法等）和英语学习经验为目的，侧重于共性的培养。而网络英语教学则是提倡以学生为中心，以培养英语能力（例如，无障碍的听说交流、高效准确的双语互译等）为目标，依据个性化的原则进行教学，使学生有足够的学习空间和自由度，侧重于培训学习者独立个性、良好的学习习惯和独立的学习能力。网络教学以"学生的学"为核心，充分发挥学习者学习英语的主动性和积极性。学习者在网络中可以根据自己的情况，主动地有针对性地进行学习，成为英语学习的主动建构者和发现者，确立自身在语言习得过程中的主体地位。

（二）教学资源方面

传统教学资源仅局限于英语教科书、配套教学参考书、录音听力材料及图书馆的有限馆藏文献资料。而网络教学资源覆盖了大量的海外的英文电子文本、英文歌曲电影等音频视频制品、英文教材的配套电子课件及电子光盘等。海量、翔实、地道、最新的全球网络教学和学习资源均可供师生在线观看或下载存储学习。网络多媒体以其图文声像、动画影像等途径，为英语教学提供了生动逼真的各种英语环境，实现了信息传播者和信息接收者之间的信息实时交互，也满足了学习者根据自己的进度与水平等选择学习内容、时间、地点等个性化需求。网络资源具有的变远为近、化大为小、变虚为实、化动为静等多元功能，将复杂抽象的概念具体化、形象化，使学生眼见其形、耳闻其声，调动多种感官共同参与认识活动，激发学生的学习兴趣，加深其对所学知识的全面理解和系统掌握，从而提高教学质量。❶

（三）教学媒介方面

传统方式以粉笔、黑板、实物展示、挂图和投影为主。而网络教学综合了计算机、网络、文本、图形、图画、音频、视频、动画、投影等多种媒体，集图像、声音、文字、动画和数值于一体，采用先进的三维人机交互界面，将信息接收、表达、传播相结合，多层次、多角度地打破了学习空间的封闭性和学习时间的分割性，从视觉、听觉与感觉等方面同时刺激学习者的神经系统，学习者在动脑、动眼、动嘴、动耳和动手中积极开展思维活动，提高语言交际能力。师生可以通过网络视频、在线交流、BBS论坛或者电子邮箱等多种工具进行英语学习的探讨和交流。对学生中存在的共性问题，老师还可以通过群发的方式给予解答，实现及时有效的互动、反馈和交流，提高教学效果。

（四）教学组织方面

传统方式为大班集中教学，教学计划和进度统一，以教师讲授课本为主，学生课后练习为辅。网络教学打破了时空限制，方式更加灵活多样。教师可以根据学生具体的英语学习水平和学习情况，随时随地调整授课计划和模式；学生可以根据老师给出的课程进度在任何方便的时间、地点上网学习，决定学习进程。教师的教学组织方式也从课堂讲授转变为个别辅导，实现课堂教学、小组教学和学生的网络自主学习等个性化与差异化教学。

（五）师生关系方面

传统方式下的教师是英语课堂上的主导者和操控者，靠一支粉笔、一块黑板和一张嘴来进行"传道、授业、解惑"，学生只是被动的接受者和吸收者，学生对教师的畏惧心理和距离感在很大程度上影响了学生的英语学习兴趣和效果。而网络教学则以学生为中心，打破了共时学习的限制，为学生的主动学习开辟了空间。在网络教学中，教师不仅是教学信息源和信息传递者，更是课堂的组织者、管理者、引导者和监督者，学生也不仅是被动的倾听者和记录者，而且在老师的指导和启示下，在网络平台中实现与教师的平等沟通和对话。

---

❶ 曹文,胡增宁,李辉,等.中国中小学英语网络教学的现状研究[J].外语电化教学,2015(04):41—46.

二、网络环境下英语教学模式的构建理论

语言学习要求其学习者大量且频繁地与现实环境发生互动关系，因而学习环境的真实性越高，学生学习的积极性也就越高。互联网和多媒体技术的发展使得我们摆脱了传统课堂教师一张嘴、一支粉笔授课的单一方式。学生不但可以通过网络实时地接受教师发布的信息，还可以自由地与他人进行沟通和交流，克服传统课堂上的胆怯与羞涩。网络教学的优势便在于它把所有的学生都放在了一个网络的环境中，让他们无论课内还是课外都能通过电子的方式进行沟通。这样的交流可以是实时的也可以是滞后的。网络使得学生不再局限于传统的、无聊枯燥的课堂活动，他们可以用新的方式与同伴交流。网络所营造的环境正是我们语言教学所需要的，它除了给予学生形象、逼真、丰富多彩的感官刺激外，还能激发他们的求知欲和创造力。Doll 所构建的网络环境下的英语教学模式为我们提供了理论依据：

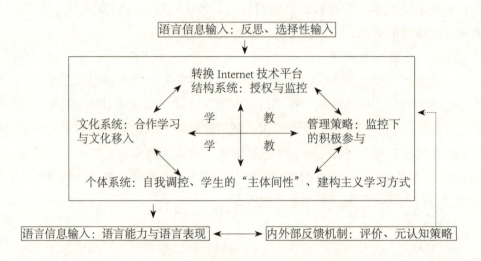

建构主义理论认为人的学习过程是通过人本身具有的知识结构与外界环境不断进行相互作用而获得和建构知识的过程。教师不是简单地灌输知识，学生是在一定的社会和文化背景下，通过一定的辅助手段（教师、同学、网络等），利用必要的学习材料，通过意义构建的方式来获得知识的。学生不再是被动的知识的接受者，而成为知识的建构者；教师也不再是讲授者，而成为学习活动的组织者和指导者。学生在这一学习过程中的主动性表现为以下三个方面：他们必须主动地探索和发现新知识；在建构过程中，他们必须去搜集和分析大量的信息；他们

必须学会将新旧知识相结合，并学习与他人协作。建构主义理论目前尚未给我们提供出一个较好的教学模式，但它所提出的观点却与我们目前的网络教学特点极其吻合，因而对我们的网络外语教学极具价值。

三、网络环境下英语教学模式的构建对策

网络环境下，现代化的网络多媒体技术被运用于英语教学中，这是对传统英语教学的延伸，也是素质教育的客观要求。那么，该如何构建网络环境下的英语教学模式呢？

（一）大胆创新，为学生创设特定的情境环境

俗话说："兴趣是最好的老师。"面对枯燥的英语学习，最好的办法就是激发学生的学习兴趣。良好的语言环境能够调动学生的学习兴趣，因此，应不断创新，为学生营造良好的英语语言学习情境。这就要求教师充分利用互联网环境下的语音、视频、动画等多媒体技术为学生创设逼真的情境，让学生仿若置身其中，通过再现真实的场景，让学生的感观受到丰富的冲击，从而学习英语的兴趣得到激发，学习的主动性不断增强。

（二）提倡分组、互助的学习方式

在中小学英语教学过程中，教师在进行标准化授课时无法照顾到每一个学生。这就使得某些英语基础较差的学生在课堂上有知识漏洞或短板。开展小组合作互助的学习方式能够很好地弥补教师标准化授课过程中的不足，使基础差的学生能够在小组交流、讨论时对未掌握的知识再学习、再巩固，从而提升英语学习效果。同时，在小组互助过程中，学生的团队合作意识、互帮互助意识、集体荣誉意识都会得到提升，这对于其未来就业也能积累更多的职场素质。

（三）搭建网络平台，鼓励学生自主在线学习

互联网是千奇百怪的，其中包含着太多的诱惑，对学生的自主性、自律性要求非常高。这就要求广大中小学英语教师在充分利用网络环境为学生自主学习提供丰富的学习资料、广阔的学习空间的同时，要适时利用 BBS、QQ 群、E-mail、微博、微信等与学生保持在线交流，指导学生学习。

第四节　网络英语教程在英语教学中的应用

一、网络资源在英语教学中的应用

（一）网络资源中存在大量的阅读材料

作为教师，所选择的阅读材料应与时代接轨，贴近现实生活，与学生的知识结构与需要相吻合。比如说"网络英语新闻"，新闻语言往往是一门语言发展的先锋，新闻中不乏新的语言形式。但新闻本身能使学生同时注意到新的语言意义和形式，并使学生对新的语言形式产生猛然醒悟的作用，而这一点正是许多阅读教材所欠缺的。实用性强的英语新闻能够迎合学生的交际需要，因此对学生有着持久的吸引力，通过新闻来学习英语，学生既获得了新的知识，又不会感到枯燥乏味。阅读课的目的之一就是开阔视野，拓宽知识面，提高认识问题和解决问题的能力。所以教师完全可以灵活地选择一些固定教材以外的材料，通过阅读这些材料，不仅可以使学生了解世界各地的信息，而且还能满足他们对新知识的渴求，同时还有助于扩大学生的词汇量，使他们学到一些很接近现实生活的词汇。这些具有时代性、应用性的语言材料可以充分调动学生的积极性，维持学生持久的主动性。

（二）网络上获得阅读材料的途径

1.搜索引擎

网络资源的查找主要是通过国际互联网上专门提供搜索服务的网络公司，也就是我们所熟知的搜索引擎来实现的。由于国际互联网的资源无限性，使得我们想要逐个浏览每一个网页以寻找我们想要得到的资料变得不可能。因此，我们必须要借助于专门用于网络搜索的搜索引擎。目前，全球范围内规模最大的互联网搜索服务提供商就是 Google 公司。Google 公司的搜索引擎使用方法非常简单，只需要在搜索栏内输入想要搜索的关键词，再选择本次搜索所应用的范围，按"回车键"后，搜索到的信息就会以列表的方式显示出来。同时，网站还会显示出本次搜索所使用的时间、搜索到的包含有关键词的条目总数量，并且网站还会用红色的字体将关键词标示出来，十分醒目。因此，该搜索引擎已经成为英语学习者查找学习资源的一个必不可少的重要工具。

2.利用互联网，有效使用网上英语教学资源

利用浏览器、Web站点及超级链接等可以访问互联网上的资源。Web上英语学习站点较多，我归纳了几个对于中小学生来讲比较有用的网址：英语学习网、英语在线网站、网上英语城、加拿大校园网、在线课程学习、英语在线听力、中青网英语角等。

3.使用网络资源编制多媒体课件

鉴于课文内容和特点，有效地丰富英语教学内容，寻求多种教学模式势在必行。利用合适的网上资源，能够设计出合适的多媒体课件，从而提高一节课的知识含量，给予学生更多信息及文化知识的输入。有选择地保存图片并下载文字备用，接着通过PPT制作具有自己风格的幻灯片，插入图片及文字，并与课文有机结合进行教学。本人认为这样使用网络资源也是一种经济可行的方法，是一种经过筛选再整理，既不浪费时间又能最大限度地利用资源的方法。

二、网络英语教程在英语听力口语教学中的应用

语言是人类最重要的交际工具，听说是人与人的交际中最主要的形式，人学习语言，一般都是从听开始的，要听一个字学一个字、听一句话学一句话，英语学习的第一步就是要发展听说能力。我国学者陈贤纯提倡的英语"听说领先"的教学思想中，"听说"先于读写，并强调"阶段侧重，同时并举"是有一定根据的。在相关的科学研究中也表明：听约占交际时间的45%，说约占30%，读约占16%，写约占9%。显然，听和说在人们的交际活动中占有突出地位。英国教育家亚历山大（L. G. Alexander）的外语教学原则认为："不听莫说，不说莫听，不读莫写。"英语听说能力影响着学生的英语水平，听是一个输入的过程，说是一个输出的过程，输入量达到一定程度，输出量才会有所保证。

听力水平不仅是一种语言表达的技能，而且是学习第二语言的一种关键方法。听力技能的提高有助于表达技能、阅读技能和写作技能的提高。网络作为辅助英语教学的一种工具，可以将文本、声音、图像、动画、视频等表现出来，对学生的英语听力教学和口语教学具有重要作用。下面我们以一个最简单的视听说课的多媒体课件来做示范。

在学生的英语视听说课上，前几课里不免出现关于问候（greetings）的内容。这一内容在中学的时候会有所涉猎。现在我们看看如何使用网络多媒体课件进行教学。

第一步：看影音文件（录像片段）。背景是在 Rosie 的公寓里举行的聚会上。有五个片段，分别是五组人见面的场景。通过看录像、听对话，给出六道 True or False 类型的题目，让同学们回答这五组人分别是陌生人还是朋友关系。如果全部回答正确，屏幕上就会出现"棒极了""好样的"等字词。如果没有全部回答正确，屏幕上就会出现"再好好想想"等字词。然后让大家回答为什么选对或错。当然是根据他们所使用的问候语，这样就引出了这堂课的内容问候语。

第二步：在计算机上显示六幅图画，并利用动画使画面上的人物活动起来，显得栩栩如生。要求同学们运用所学的问候语，根据画面上的情景，做 Pair Work，然后让每对同学分别给自己的画面配音，让他们进行演示，最后评出最佳配音奖。同时也让他们讲讲为什么在这幅图画里用"How are you?（近来可好？）"在那幅图画里用"How do you do?（你好吗？）"在这幅图画里用"Mr."在那幅图画里用"Sir."通过讨论得出在初次见面的情况下应该用什么问候语和称呼，在熟悉的情况下应该用什么问候语和称呼，在正式的场合应该用什么问候语。目前，国内最为推崇的一套多媒体教学软件是《走遍美国》（*Family Album USA*），它采用先进的多媒体计算机技术，集中影像、图形、声音及动画等媒体特征，使视听说英语教学更为直观、生动、形象，较大限度地提高了学习效率，刺激了学习者的积极性，是一套适合于不同英语程度学习的视听说多媒体教材。

三、网络英语教程在英语阅读写作教学中的应用

阅读和写作也是英语教学的重要组成部分，阅读和写作是不可分割的，只有阅读能力提高了，才会促进写作水平的提升，阅读是学习英语的一大法宝，没有足够的阅读量，写作就不可能得到提升，输入量不够，输出量就不能得到保证。阅读教学是培养学生如何获取信息的技能和良好的阅读习惯的活动。人类不但进行口头交流，还进行书面交流。阅读是对书面信息的理解与吸收，阅读能力是通过文字获得信息的一种能力，是英语学习者必备的一种能力。今天的信息时代需要人们广泛而有效地进行阅读，因而对阅读能力的培养也提出了更高的要求。

就现有以网络多媒体计算机为核心的信息技术而言，网络辅助英语阅读教学是指利用以网络计算机为核心的信息技术所构建的英语阅读教学活动，传授基于信息技术阅读的基本知识和基本技巧，培养学生利用信息技术获取必要信息的能力，使学生从中感悟计算机文化的丰富内涵，扩展中小学生的阅读视野。

在线阅读的信息量大，资源丰富，阅读题材多样，价格成本相对而言较低，

学生可以广泛地涉猎英语知识，了解英语文化，可以进行在线查阅单词和语句，相比传统的阅读方式来说，在线阅读的优势是明显的。但是在阅读过程中出现的问题是，难以控制学习者在阅读过程中遇到的生词量。Krasilnikov 指出，一篇阅读材料的生词量超过 5%~6%，就会使阅读者产生厌烦心理（虽然我们能借用翻译软件来解决）。这就要求教师让学生阅读材料时，首先要对材料进行一个筛选，选择适合学生阅读能力的材料，根据维果斯基的"最近发展区"来说，阅读材料要有一定的难度，但学生经过努力可以达到预期的目标。开发好的阅读软件是进行阅读教学的关键步骤，是多媒体计算机辅助英语教学能否取得成功的关键要素。

现代写作理论认为，写作是一种高级认知活动，它是通过人们的独立和合作行为来进行的，写作过程是一个输出过程，学习者将自己所学的知识，以显性的文本方式呈现出来，展现给读者，是将自己的思维过程外显化的一种方式。在网络环境下，学生可以通过 E-mail、Blog、Internet 等进行多种形式的写作，能够更加快捷地将自己的思考过程和写作成果传输给每一个学习者，接收到及时的反馈信息，不断地进行切磋商量，反复地修改，有助于学生提高自己的写作能力。

总之，网络辅助英语教学具有广阔的发展前景，它能积极、有效地辅助教师开展现代化的英语教学活动。然而，网络是一把"双刃剑"，在英语教学的运用过程中，需要教师和相关人员理智思考，正确决策，以学生的发展为前提，对其进行合理运用。

第十一章 教育信息化与中小学英语 教学创新实例

学生对自己感兴趣的学科，会积极主动地进行学习，而且甘之如饴。所以说，"兴趣是最好的老师"。兴趣是学生感知事物、追求和探索新知识、发展思维的强大内驱力。教育信息技术在英语教学中的强大助力，非常有效地做到了这一点。本章分别从交互式电子白板、智慧课堂、翻转课程、对分课堂、微课和慕课等几个方面来具体阐释教育信息化与中小学英语教学的创新，并给出了实例分析。

第一节 交互式电子白板在中小学英语教学中的应用实例

一、交互式电子白板的含义

什么是"交互式电子白板"呢？交互式电子白板又被称为"交互白板"或"互动白板"，是电子感应白板与白板操作系统的集成。它融合了计算机技术、微电子技术和电子通信技术，是计算机的一种输入输出设备，也是人与计算机进行交流的智能平台。简言之，交互白板是一个具有正常黑板尺寸，在计算机软硬件支持下工作的，既具有普通白板和互联网多媒体计算机功能，又可以实现普通白板功能与计算机功能。它由硬件电子感应白板（White Board）和软件白板操作系统集成。它的核心组件由电子感应白板、感应笔、计算机和投影仪组成。电子感应白板是一块具有正常黑板尺寸、在计算机软硬件支持下工作的大感应屏幕，其作用相当于计算机显示器并代替传统的黑板。电子感应笔承担电子白板书写笔和计算机鼠标的双重功能，其作用是代替传统的粉笔。教师或学生可以直接用感应笔在白板上进行操作（相当于传统教学中师生用粉笔在黑板上操作）：写字或调用各种软件，然后通过电磁感应反馈到计算机中并迅速通过投影仪投射到电子白板上。白板操作系统是存在于计算机中的一个软件平台，它不仅支撑着人与白板、计算机、投影仪之间的信息交换，而且还自带一个强大的学科素材库和资源制作工具库，是一个兼容各种软件的智能操作平台，教师可以在白板上随意调用各种素材或应用软件开展教学。白板集传统的黑板、计算机、投影仪等多种功能于一身，使用非常方便。

二、交互式电子白板的类型和功能

（一）电磁感应式交互式电子白板

电磁感应式交互式电子白板采用一支可以发射电磁波的电子笔，以不同频率发射电磁波，当这支电子笔靠近内置于白板内部的由水平和垂直两个方向排列而成的接收线圈时，若干接收线圈中会产生不同的感应电动势，根据水平与垂直方向的不同线圈计算获得电子笔的精确位置。

其技术优势在于定位精度高；书写过程中有压感，使笔迹因书写的轻重产生粗细变化；电子笔完全实现鼠标功能。但必须使用电子笔书写，不能进行触摸操作是它的劣势，同时，对人体辐射较大，不适宜人们特别是妇女和儿童长期使用。

（二）压感式交互式电子白板

压感式交互式电子白板在两层涂覆了导电材料的薄膜中间设有一层气隙，当外界给予压力时，会导致两层薄膜接触，从而使系统检测到接触点的位置。

其技术优势在于定位相对准确；无须专用笔，可进行触摸操作。板面怕划伤或击打，响应速度较慢且无法制作超大面积白板是它的劣势所在。

（三）红外式交互式电子白板

红外式交互式电子白板由密布在白板显示区四周的红外接收与发射对管形成水平和垂直方向的扫描网格，通过检测出阻挡红外光的物体来阻挡住网格中的某对水平和垂直红外扫描线时，即可实现坐标定位。

其技术优势在于无须专用笔，可用手指、教鞭等进行书写或触摸操作；板面不怕划伤；反应速度较快；造价较低；使用寿命较长；响应速度较快；维修简单；安全环保无辐射。定位精确度不高，不能完全模拟鼠标功能，会受强光的干扰是它的劣势所在。

（四）超声波式交互式电子白板

超声波式交互式电子白板采用三点定位原理及测距定位模式，用于定位的电子笔在屏幕的表面移动时，所发射的超声波沿屏幕表面被放置于另一侧的两个按固定距离分布的超声波接收器检测到，由接收时间换算出电子笔与两个接收器的距离，从而确定电子笔所在的顶点位置。

其技术优势在于可以在不同面积的白板上使用，适用性强。定位精度不均匀，受温度影响较大，需用专用电子笔书写是它的劣势所在。

上述各种类型的交互式电子白板都有不同的特点和优势，在市场上各占有一定的份额。国际权威市场调查机构的分析报告表明，近年来，在国际市场上采用红外感应技术和电磁感应技术的交互白板逐渐占据市场主导地位，占有 1/2 以上的市场份额；其次是压感及超声波传感技术，占有大约 1/6 的市场份额。

三、交互式电子白板在中小学英语教学中的应用实例分析

交互式电子白板在中小学英语教学中有着无法比拟的优势，如实现了丰富多样的教育资源的整合，支持了师生在动态的交互情境中对教育资源的现场创作和再加工、再生成，从而实现中小学英语课堂教学容量大、信息多、趣味足、效率高的特色。以牛津小学英语 4A Unit 7 (*It's Late*) 为例，呈现课例的精彩片段，逐步分析亮点，解读交互式电子白板的应用优势。

（一）课例片段呈现

牛津小学英语 4A Unit 7 (*It's Late*)，要求学生在掌握数字 0~100 英语表达的基础上，学会用数字来表达时间，并学会用英语来询问时间、交流信息，这是本课的重点。学生能自如地运用 "What's the time, please? It's..." "What time do you...? I...at..." 来完成多项语言学习任务。学生在英语活动过程中体验实践、参与、合作和交流，激发学生语言学习的兴趣，体验成功的喜悦。学生在创设的语言交际情境中习得语言，学会用英语来询问时间、交流信息、指导行事，进而培养其综合运用语言的能力。

（片段 1）Game："Throw Dice"

T：Boys and girls, let's play a game Throw Dice. OK? You will have two tasks. The first task. Please say the numbers facing up quickly, do you understand? The second task, please do the sums. Then show students the summary of spelling numbers.

（设计意图）在新授课前，首先从请学生随意说包含数字的句子入手，再通过电子交互式白板创设一个"掷骰子"的游戏为突破口，让学生提炼数字拼写规律。

（片段2）Presentation："Tell the Time"

T：Please tell the time according to the clock，

T：What's the time?/What time is it?

Ss：It's... in...（Show "sun" "moon"）

（...o'clock or_____）

T：Is it time to ...?

Ss：It's time to...

（设计意图）利用电子交互式白板特有的功能随意链接、拖动、添加上课所需内容，可以让课件充分地"动"起来。

（二）课例亮点分析

1.运用白板，预热课堂

A. Watch the story cartoon: What Time is It?

B.Sing a song：*Hickory*，*Dickory*，*Dock.*

利用电子交互式白板的占位符插入*flash*功能，导入一段故事和歌曲视频，在课前来激发学生的学习兴趣，使其精神饱满地进入英语学习的氛围，并且为新课导入做准备。

C. Game："Throw Dice"

利用电子交互式白板的骰子旋转器和书写功能。首先从请学生随意说出包含数字的句子入手，再通过一个"掷骰子"的游戏为突破口，让学生对数字的拼写有个熟练地运用。并提炼数字的拼写规律，自然而然地过渡到新授知识点"询问时间"。

2.活用白板，点亮课堂

A. Game："Tell the Time"

利用电子交互式白板计时器、拖拽、显示与隐藏、绕原点旋转的功能，即时呈现时间，学生快速地表达时间，并显示或隐藏太阳或月亮，让学生能根据情境恰当地补充完整时间段。根据情况随意改动，不断生成，更加真实。

B. Guessing game："Mliss Zhu's Timetable"

利用电子交互式白板拖拽、显示与隐藏、图层运用的功能，创设猜"Miss Zhu's Timetable"的游戏，学生抱着对老师时间表好奇的心理，主动将时间短语放在"You..."句型中进行猜测，学生从时间短语的练习过渡到句子的灵活使用。他们学得既有乐趣又有收获，真正实现了在学中玩、玩中学。

3. 巧用白板提升课堂

A.Look for the early bird in your group. Do a survey in your group?

利用交互式电子白板的计时器，进入指定页面及隐藏和显示功能，通过"寻找小组中的勤快小鸟"的游戏，把"The early bird catches the worn"的思想教育渗透在教学中，同时既让学生表达了时间，也让他们在游戏中感悟了询问时间的正确使用方法。

B. Choose and write. Discuss sand make a dialogue.

利用电子交互式白板的计时器、进入指定页面及隐藏和显示功能，学生根据自己的实际掌握情况，选择一个情境，运用已有的知识储备去表达、去表演。

交互式电子白板集先进信息技术于一身，它把师生互动、人机互动有机地融合到一起。充分发挥其功能优势，让教与学在互动的课堂气氛中表现得淋漓尽致，提高课堂教学质量，使英语课堂更加异彩纷呈。

第二节　智慧课堂在中小学英语教学中的应用实例

一、智慧课堂的概念与特点

（一）英语智慧课堂的概念

国内学者们对智慧课堂的研究主要有两个方面：一是对中小学英语教学智慧与智慧型教师的研究，侧重于教师技能的提升；二是关于对课堂智慧环境的研究，从信息化视角定义，侧重于现代信息科学技术的应用。本书的定义是基于后者，从信息化的视角来看智慧课堂，基于信息化视角，结合课堂实际应用，提出基于动态学习数据分析的智慧课堂概念。即智慧课堂就是指基于大数据及人工智能等互联网信息技术，通过构建网络英语教学环境和备课环境，配合相关数字资源，运用"云计算、大数据"等新一代信息技术，将信息技术与中小学英语教学过程相融合，来营造的一种智能的、高效的新型课堂环境。以基础设施智能化、教育管理精细化、英语教学个性化为重点，实现动态学习数据分析，评价反馈即时化、交流互动立体化、资源推送智能化，全面变革课堂英语教学的形式和内容，构建大数据时代的信息化英语课堂教学模式。通过将信息技术有效地融合于中小学英语教学过程中，来营造一种信息化英语教学环境，实现一种既能充分发挥教师主导作用，又能突出体现学生主体地位的以自主、探究、合作为特征的教与学的方式，从而把学生的主动性、积极性、创造性较充分地发挥出来，使传统的中小学英语课堂教学结构由"以教师为中心"的教学结构转变为"主导—主体相结合"的教学结构。❶随着信息技术不断发展及其在学校英语教学中的应用，信息技术正逐渐从早期的辅助手段向与学科英语教学的深度融合发展，传统课堂向信息化、智能化课堂发展，对智慧课堂的认识也在不断深化。

（二）英语智慧课堂的特点

基于动态学习数据分析，与传统的中小学英语课堂相比，它在技术和英语教学应用上具有重要的特点和创新价值。主要特点有以下几个方面。

1. 基于数据

通过人工智能技术更加方便地实现英语教学全过程数据采集，一切依赖于数据，基于学生的学习行为、大数据挖掘、分析和决策，使用直观的数据来了解学生的英语知识水平，并准确地掌握学生的第一手资料。以实现以学定教，精准教学与精准学习。

2. 高效互动

利用智能移动学习工具和应用支撑平台，师生、学生与学生的沟通与交流更加立体化，无障碍即时交流与互动。

3. 动态开放

借助新的信息技术和各种智能终端，课堂系统超越了时间和空间的限制，实现了更开放的课堂和更开放的课堂活动，使我们能够在课前、课中和课后进行整合。

4. 合作探究

采取小组讨论、合作学习、合作小组服务等方式，可以帮助学习者在学习过程中自动形成学习共同体的共同需求和兴趣，教师可以通过合作数字实时评估平台，及时反馈。

5. 个性化学习

通过对预习课小测验、即时分析、学生个性化英语学习能力评价的分析与评价，有针对性地制定英语教学大纲和辅导策略，实现"一对一"个性化英语教学。

6. 教学机智

教师通过对课堂学习动态数据进行分析和即时反馈，采取机智行动，适时调

---

❶ 何克抗. 信息技术与课程深层次整合理论［M］. 北京：北京师范大学出版社，2008：75.

整中小学英语课堂教学设计，优化和改进中小学英语教学过程，充分体现教师的英语教学智慧和艺术。

二、初中英语智慧课堂教学案例

根据新课标对初中生英语读写能力的要求，以及初中生性格心理分析、学习风格分析，教学案例设计和实施要以智慧课堂为依托，必须以推进素质教育、促进学生全面发展为目标，同时考虑个体差异，实现因材施教和分层教学，满足不同学生的学习需求。在内容设计方面，必须贴近生活，让学生在现实情境中进行学习，学习后能将知识学以致用。

在环节设计方面，要充分利用智慧课堂系统的优势，采用抢答、随机等方式丰富课堂，同时利用智能评分系统灵活调整教学流程，提高课堂教学和学习的效率。下面以一节读写课为例，探究该教学模式的实施。笔者选取的单元是外研社出版的教材七年级上册 Module 6 Unit 2 *The Tiger Lives in Asia*。笔者根据智慧课堂的教学模式和课程设计的要求，设计出以下教学环节，在设计和教学环节中处处体现智慧课堂的优势和便捷性（见图 11-1）。

具体实施过程如下：

1.学情分析

课前，进行学情分析，学生在小学学习的铺垫下和前几个模块的训练中，已经具备了一定的阅读能力和写作能力，本单元的话题是动物，包括动物的居住地和食物等信息，学生比较感兴趣，所以对文章的阅读和学习也比较感兴趣，笔者以此为基础，进行了学情分析。在设计的过程中，从实际交际情境出发，设计了有趣的课堂环节，准备了准确且恰当的学习资源和材料。

根据外研社课文配套的教学参考书，本节课的教学目标如下：

（1）To identify information about animals in the reading material.

（2）To understand short passages on animals.

（3）To use capital letters correctly.

在学期开始时，笔者对学生的书写规范做了要求，所以第三点目标不需要在本节课进行落实。其他两点教学目标需要在本节课的教学活动中加以实施。

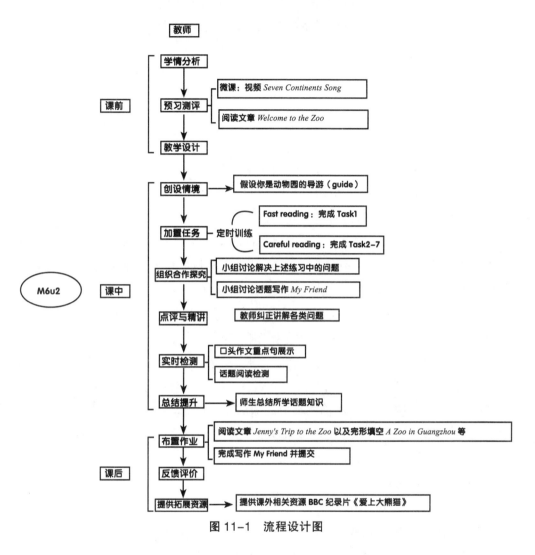

图 11-1 流程设计图

2.预习测评，教学设计

在预习测评中，设计两个环节，第一个设计微课视频 *Seven Continents Song*，通过英文原声视频，视频中介绍了几个大洲的气候等条件及各个大洲的动物，既让学生了解了几大洲和各大洲所拥有的动物，又激发了学生进一步探索的兴趣和热情。另一个预习测评环节是推送相关阅读文章 *Welcome to the Zoo*，该阅读文章以表格形式介绍了某只大熊猫、大象等动物的年龄、栖息地、外貌特点及饮食习惯等信息，和课文所采用的行文结构及所包含的主要信息基本一致，并配有难易程度有所不同且从不同角度考察的测试题目，题目均为单项选择。在学生提交后，系统统计成绩，以百分比的形式做出统计和分析。

3. 创设情境

课堂中，笔者为激发学生的学习热情，让学生有身临其境的感觉，以便于快速融入课堂，进入学习状态，笔者创设这样的情境：假设你是动物园的导游，你应该掌握哪些知识？应该为游客提供怎样的引导呢？学生答：要认识动物，还要能介绍动物的特点。由此，笔者顺势引导学生进入第一环节：看图识动物，突破重点单词，具体设计是每次出示一张动物的卡通图像，采用抢答的方式由第一位抢到答题权的同学说出动物的名字并拼出单词，如果说错名字或拼错单词，机会顺延给第二位抢到答题权的同学，以此类推。学生热情高涨，此环节进行得非常快速和顺利。第二环节为厘清文章中出现的几大州的位置及文章中出现的动物的栖息地。具体设计是给出一张世界地图和非洲（Africa）、亚洲（Asia）、美洲（America）、欧洲（Europe）四大洲的名称，要求学生将名称标在地图上；再给出斑马、老虎等五种动物的图像，让学生判断它们的栖息地并标注在图上，本环节充分利用电子课件中"轨迹"这一功能，根据学生回答将大洲名称和动物图像移动到地图的相应位置，给学生视觉的刺激，为课文内容的开展进行铺垫。

第三环节为引导学生利用前两环节的知识简单介绍动物，由于环节设置较为简单，踊跃举手展示的同学很多，所以采取抢答方式选择同学进行展示，示例如下：

There are elephats in Africa and Asia.

There are pandas in Asia.

There are zebras in Africa.

There are monkeys in Asia, Africa and Ameraca.

至此，学生已彻底融入课堂，积极性被调动了起来。

4. 布置任务

接下来，正式进入课文的阅读和学习，教师布置任务：

（1）Read fast and finish Task 1

此问题较简单，要求全体学生在规定时间内作答，具体问题如下：

Task 1: How many animals are mentioned in the passage? What are they?

通过这个问题，学生对课文内容形成整体的印象，文章分五段，每一段介绍一种动物，条理非常清晰整顿，为后续阅读奠定基础。

（2）Read carefully and finish

Task 2-7，具体任务如下：

Task 2：Find out the animals' homes.

本题为图像连线题，目的是让学生对文章中出现的五种动物的栖息地整体把握，这是文章理解的重难点。

Task 3：

（1）Read Para. 1 and choose the correct answer.

① Is this elephant Asia?

A. Yes，it is.　　　　　　B. No，it isn't.

② Does the elephant eat fruit?

A. Yes，it does.　　　　　B. No，it doesn't.

③ Does the elephant like water?

A. Yes，it does.　　　　　B. No，it doesn't.

（2）Read Para. 2 and answer the questions.

① How many pands are there in China?

② What does the panda eat? How many does the panda eat a day?

（3）Read para.3 and answer the questions.

① What does the zebra eat?

② Does the zebra eat bamboo?

（4）Read Para. 4 and answer the questions.

① Does the tiger live in Asia?

② How does the tiger usually live?

③ What sports does the tiger like?

④ What does the tiger eat?

⑤ Read para.5 and fill in the blanks.

There are about＿＿＿kinds of monkeys. We can find monkeys in＿＿＿，and ＿＿＿. Monkeys eat＿＿，＿＿，＿＿and even eggs.

Task3 通过选择题、问答题、填空题等多种题型，引导学生对文章进行仔细阅读，将文章中介绍动物们的栖息地、饮食、特点等信息细节进行了比较全面的考查。

Task 4　Complete the table.

	Home	Food
Elephants		
Pandas		
Zebras		
Tigers		
Monkeys		

Task 5：Try to find out the sentences using the present simple with the third personsingular.

Task 6：Complete the sentences with the correct form of the words and expression fromthe box.

| African | a little | grass | kilo | only | world |

① The elephant eats＿＿＿fruit.

② The panda eats about 30＿＿＿of bamboo a day.

③ The zebra eats leaves and＿＿＿but not bamboo.

④ There are＿＿＿about 1800 pandas in China.

⑤ Monkeys live in many countries all over the＿＿＿but not in Europe.

⑥ You can find elephants in Africa and Asia，but zebras are only ＿＿＿animals.

Task 7：Translate the following expressions into English.

居住在＿＿＿

少量＿＿＿

30公斤竹子＿＿＿

并且，还＿＿＿

全世界＿＿＿

擅长做某事＿＿＿

这些环节层层递进，从每段段落大意到细节把握设置不同的题型，给学生提供不同的思考方式，此外，从 Task 5 开始，进入语言训练的环节，与考试内容紧密相连。由于每位学生的阅读能力和学习能力有所不同，所以完成任务的速度也有所不同，在每位学生向系统提交答案后，将正确答案推送给学生，学生进入下一环节或完成下一任务，如有同学率先完成所有任务，可选择自我纠错或记忆 Task 7 中的重点短语，不浪费课堂上的宝贵时间。教师根据答案提交的程度和完成的速度，在一定时间内结束任务。

5.组织合作探究

这一环节中，笔者设计了两大步组织学生进行小组讨论和合作，两个环节起到了承上启下的作用。

第一，小组讨论解决上述练习中的问题，这一环节中，小组长或小组中比较优秀的同学发挥了巨大的作用，特别是在解决阅读题时，他们耐心细致地告诉同组同学如何找到答案，不仅帮助了同学，也让自己的知识得以巩固，形成条理，充分体会到了智慧课堂培养智学慧学的目标；笔者针对学生答案中的错误和无法解决的题目进行了阅读答案的纠正和阅读方法的指导。

第二，小组讨论话题写作 *My Friend*，这一环节把所学知识应用到实际生活中，要求学生能够介绍一位动物朋友，笔者给出的讨论提示如下：

It comes from...（Asia，Africa...）

It's...（black and white...）

It lives...（in the forest，water，at home...）

It often eats...（meat，bamboo...）

It likes...（climbing trees，jumping，swimming，running，sleeping，eating food...）

学生展开激烈的讨论，有的小组甚至以多种动物为对象，构思出不同的作文结构，真正实现学以致用。

6.点评与精讲，实时检测，总结提升

笔者点评本节课同学们的表现，态度积极认真，任务完成情况良好，同时推送实时检测的任务。主要包括口头作文展示，在小组展示过程中，因为时间关系无法让每个小组的同学都进行展示，所以采用随机功能选取三个组进行展示；相关话题阅读检测，得到统计数据后，笔者将错误率高的题进行讲解。

随后，在即将下课前三分钟，笔者引导学生对本节课所学的知识和内容进行了总结，对自己还存在问题的部分进行了分析，制定了课下努力的方向。

7.布置作业

课后作业的布置上，笔者精心选择了数篇阅读文章和完形填空，并根据不同的难度系数顺序推送给学生，其中两篇为必做，其他篇目为选做，让能力较强的学生不断挑战，提高自己，以阅读文章 *Jenny's Trip to the Zoo* 和完形填空为例。此后，笔者根据系统反馈的成绩数据录制了微课对易错题和其中的重要语言点进行了讲解。

第二项作业是完成写作 *My Friend* 并提交。因为课堂指导非常充分，所以笔者在批改作文时发现学生们基本能够掌握话题写作，达到了本节课的写作目标和要求。

8.反思评价，提供扩展资源

笔者在课后反思了自己的教学和学生的学习，认为本节课相对比较成功，学生在轻松快乐的氛围中完成了学习目标，读写能力得到了提升。

笔者选择 BBC 纪录片《爱上大熊猫》作为扩展资源推送给学生，既培养了学生的英文欣赏能力，又培养了学生的文化自信，大熊猫作为我国的国宝被世界人民所喜爱，学生感到自豪和骄傲。

总之，这节课从设计到实施，笔者充分考虑到大班教学前提下学生的个性化发展需求，也注重培养学生的团队协作能力，作为一节读写课，时刻注意训练学生的读写能力。在这个过程中，充分利用智慧课堂的技术优势，按照优化后的智慧课堂教学模式开展教学，获得了较好的效果。

第三节 "翻转课堂"在中小学英语教学中的应用实例

一、"翻转课堂"的含义

翻转课堂是从英语 Flipped Class Model 或 Inverted Class Room 翻译过来的术语，是一种将传统学习过程翻转过来的全新的教学模式，其核心就是充分利用好课堂 40 分钟，围绕某一话题展开讨论，鼓励学生积极与他人交换思想，使课堂留下思维碰撞的痕迹。翻转课堂，就是依托于先进的网络信息技术，对课堂内外的学习进行调整，教师围绕某一知识点设计并录制教学视频，让学生利用碎片化时间观看视频，在课堂上向老师提出自己的疑惑，与其他学习伙伴一起进行探究、互动、学习，真正获得学习主动权。翻转课堂的兴起，使传统"课堂上听老师讲解，课后做作业"的教学模式彻底发生了改变，变成了学生"课前学习教师的视频讲解和其他材料，课堂上在教师的指导下做作业和互动"。翻转课堂的推行，赋予课堂教学新的生命力，使因材施教变成可能，有助于教师兼顾学生个体差异，把握教学节奏，有足够的时间为学生答疑解惑，使各个层次的学生都能有所得。

二、"翻转课堂"应遵循的原则

（一）先学后教原则

翻转课堂最大的亮点就是彻底颠覆了传统的教学流程。在正式踏上讲台之前，中小学英语教师要让学生了解学习内容，有针对性地"先学"。要想提高"学"的实效性，教师要围绕某一知识点录制视频资料时，突出趣味性，如抽丝剥茧一般将知识呈现在学生面前。在学生自主学习的基础上，利用好课堂40分钟时间，为学生答疑解惑，使学生具备触类旁通的能力，构建起平等对话关系，真正实现夸美纽斯所说的"使教师可以少教，学生可以多学……而有更多闲逸、更多乐趣和扎实进步的场所"。

（二）以学为本原则

翻转课堂具有明显的互动性特征，教师要摆正心态，彻底放下师道尊严，把学生当成密切的合作伙伴，无论是教学视频的录制，还是各种教学资源的呈现，再或者是课堂中的讨论活动，都要以实现"三维目标"为归宿，最大化挖掘学生内在潜能。在这样的课堂中，学生摇身变成学习的主人，以积极的姿态参与到各个学习环节中，教师则要扮演好策划者、组织者的角色，及时对学生进行点拨，使学生的思维得以启迪。

（三）以教为导原则

教师要以全新的观念审视教学活动，摆脱说服式、灌输式教育理念的桎梏，对学生进行积极引导，凸显学生的主体地位。在中小学英语课堂中，要通过引导，使学生掌握科学合理的英语学习方法，使他们学会思考，能通过自己的努力解决遇到的问题，能勇敢地张开嘴，积极提出自己的疑惑，与老师同学展开讨论，增强自学的实效性。课堂学习结束后，学生可以借助于网络平台进行自测，客观公正地发现自己学习中存在的不足。

（四）协作互动原则

将翻转课堂运用于中小学英语教学，就是为了改变教师"一言堂"的做法，改变"哑巴英语"的学习状态，真正实现师生平等，有效对话。这就向教师提出了更高的要求，不仅要深入解读教材，找准教材中蕴含的知识点，还要对班上学生的认知能力、学习习惯、个性特征等情况了如指掌，通过正确引导，使学生积极进行自学，为轻松地教做好准备。对于学生来说，可以利用碎片化时间进行预习，了解学习中的薄弱环节，提高课堂互动的有效性。

三、实施翻转课堂应注意的问题

（一）切忌以视频课件代替面对面的交流

在翻转课堂的理念下，需要保证视频课件的质量，但绝不可忽视面对面的交流互动。课前，教师需要在深刻理解教学内容的基础上进行教学内容的高效整合，制作高质量的教学视频和课件。课堂上，教师对学生的成果展示提出导向性的指引，帮助学生深化所学知识；针对学生提出的问题，教师现场答疑，解决学生的疑难问题，提高课堂教学效果。课后，教师需要深入引导学生进行学习反思，深化所学知识并引导学生把知识转化为能力。

（二）切忌过分强调"学生学"而忽视"教师导"

在实施翻转课堂的过程中，教师从"台前"退居"幕后"，这并不是说教师的重要性降低了，相反，教师要发挥更重要的作用，教师的主要作用体现在教学理念上，只有了解国内外先进的教学理念并有效作用于课堂实践，学生才有可能受益于新理念。同时，教师不单单是传统的"教书匠"，而是充当"导师"和"导演"，教师只有充分发挥"导"的作用，精心设计教学内容和教学活动，掌握网络科技和多媒体技能，翻转课堂的优势才能有效地体现和发挥出来。

（三）切忌为"翻转"而翻转

翻转课堂的优势得到了一线教师的认可，但这并不意味着要彻底摒弃传统讲授式教学，要通过两种教学模式的优势互补，增加学生的语言输入量。也可以立足于实际情况，如在教学内容、学生认知能力、教学条件等方面，在传统教学模式与翻转课堂中做出正确选择。当学生的认知能力得到发展以后，可以逐渐引入翻转课堂。但要清醒地意识到，翻转课堂的实施需要得到先进网络技术的支持，尽管这种新型的教学模式存在诸多优势，观看视频能让学生学会知识，却无法取代教师的讲授；在线互动能使学生得到启迪，却不能更好地激发出学生智慧摩擦的火花。所以，中小学英语教师可以采取混合式教学，成功地将课外与课内学习融合为一体，最大化提升学习效率。

总而言之，翻转课堂不仅仅是对传统课堂流程的简单翻转，更重要的是在翻转课堂中，实现了以学生为中心的目的，激发了学生的学习潜能，培养了学生的学习能力。这种变革和创新对教师的专业能力、教学能力提出了更高的要求。教师应转变观念，重新进行角色定位，根据教学目标，精制视频或合理利用优质网络资源，优化课堂教学活动，真正让翻转课堂成为学生全面发展和成长的理想之地。

四、翻转课堂在中小学英语教学中的应用实例分析

下面我们从课前和课堂中两个方面了解一下翻转课堂在高中英语教学中的应用。

（一）课前教师准备教学视频

学生观看视频，从而提高自主学习的能力。以高一英语必修六 *Unit 1 Art* 为例：教师可以把新单词用相应的图片展示给学生，如：*abstract*, *sculpture*, *gallery* 等，通过这些图片，学生可以更好地理解这些单词的含义；教师提供课文学习视频，学生借助视频里的生词音标和课文录音，可以准确地读出单词，把不会读的单词、句子，通过反复地听、反复地练习，直到读准单词、熟读句子为止；另外，学生通过视频里的课文注释、重要句型及难句的分析和讲解，更好地理解这篇课文；教师可以通过进行针对性的检测来测试学生的学习效果，如测试学生单词的发音、朗读情况时，教师可以安排学生发一段音频，测试学生对句型的理解，分析句子结构等。

（二）课堂中师生之间的互动

在课堂中，学生可以把自己在学习时遇到的难题、听不明白的地方拿出来和大家共同讨论，从而更好地促进学习。这一环节可以概括为：确定任务—完成任务—汇报任务，如：必修六 *Unit 3 A Healthy Life*，教师提出，"爷爷为什么会这么健康？他是怎样戒烟的？又是怎样劝他的孩子去戒烟的？"学生可以自己独立完成或通过小组合作来完成这些具体的任务，从而增强学生的语言组织及表达能力，学生可以采用口头汇报、幻灯片以及角色扮演等形式来呈现任务结构，它可以将课外的"学"与课内的"用"紧密地联系在一起，很好地促进学生边学边用，从而体现语言的实用价值。

总之，翻转教学课堂是一种新型的教学模式，顺应新课改发展潮流，突出了以学生为课堂主体，发挥了学生的主观能动性，从而极大地提升了英语教学效率和质量，提高了学生学习的兴趣和积极性。

第四节 "对分课堂"在中小学英语教学中的应用实例

一、"对分课堂"的含义与基本模式

（一）"对分课堂"的含义

2014 年 8 月，复旦中小学的张学新教授针对当前中小学课堂中存在的问题，结合传统式课堂与讨论式课堂的优点，提出了"对分课堂"教学改革新模式。"对分课堂"模式是以讲授（presentation）、内化吸收（assimilation）和讨论（discussion）三个基本环节为教学过程的课堂教学模式。因此，对分课堂简称为 PAD 课堂。对分课堂模式将讲授式教学与讨论式互动教学的优势结合起来，其核心理念是将课堂时间一半分配给教师讲授，另一半交给学生以讨论的形式进行交互式学习。此外，对分课堂模式的创新之处在于把讲授和讨论的时间错开，让学生有自主学习的时间，对学习内容进行个性化的内化吸收。

对分课堂模式中蕴含的对分理念包括三个层面。首先是教与学的对分。教学过程包含教与学两个方面，两者相辅相成，共同促进教学的发展。其次是课堂时间的对分。课堂时间安排上，教师不是整个课堂的拥有者，而是有大约一半的时间由学生作为主体进行自主学习和交流讨论，增加了生生互动、师生互动的时间。最后是权责的对分。教师与学生同是教学的重要因素，两者都应是对教学负责的责任主体。进行教学活动时，教师和学生都有控制权，教师主要负责教学内容的共性化，而学生则主要负责个性化理解与吸收，从而实现个性化发展。

在传统式阅读课堂教学中，一般是教师讲授后，随即学生进行讨论。然而这种"即时讨论"违背了心理学中的教学规律，学生在没有完全对教学内容进行消化吸收的情况下进行讨论，对问题很难形成自己的深刻见解，也不易提出创新性的想法，讨论则无法达到预先设想的效果。对分课堂模式则以此为出发点，将"即时讨论"改为"延时讨论"，先通过内化吸收阶段让学生进行独立的学习与思考。学生对教学内容自我理解吸收之后，有准备地步入讨论环节，有助于提高讨论的质量，实现教学目标。

（二）"对分课堂"的基本模式

对分课堂模式的三个环节构成了完整的教学流程，其中包括五个步骤：讲授、独立学习、独立做作业、小组讨论、全班讨论。对分课堂模式有三个子模式，即当堂对分、隔堂对分、当堂对分和隔堂对分相结合。若独立学习和独立做作业两个步骤是在课后完成，则是隔堂对分；在一堂课里同时进行这五个步骤则是当堂对分。基于英语阅读的特点和初中生的学习现状，采用当堂对分的教学模式，即同一堂课内完成讲授、内化吸收和讨论三个过程。

在讲授阶段，强调教学留白。教师唤起学生的知识背景，教授知识框架，提示重难点，但不穷尽教材内容。教师的讲解要言简意赅，简洁明了，以此来帮助学生建构知识体系，形成正确的认知结构。

在内化吸收阶段，强调独立学习。学生凭借教师布置的任务，根据自己的学习水平与学习特点对知识进行内化与吸收，按自己的节奏全面理解教学内容。在此过程中，要求学生整理出"亮考帮"，即"亮闪闪""考考你"和"帮帮我"。"亮闪闪"：学生整理出学习中的亮点，可以是重点或者难点。"帮帮我"：学生提出自己不懂的地方，寻求其他同学的帮助。"考考你"：学生找出自己感触最深的地方，考考别人，看看是否理解一致。"亮考帮"是一个支架，帮助学生更好地理解知识，并为接下来的讨论阶段顺利而高效地进行奠定基础。

在讨论阶段，强调学生都要有表达自己的机会。讨论包括四个环节：小组讨论、教师抽查、自由提问、教师总结。小组内要求每个人围绕完成的任务及整理的"亮考帮"表达自己的想法。之后，教师进行抽查，随机抽取几个组并点名让学生分享讨论的成果。让学生以"我们组"作为主语，表达小组的观点而非一个人的想法。然后，教师请全班发言，邀请学生将遗留的问题提出来，教师和其他同学都可以帮助解答。最后，教师总结遗漏的和需要拓展深化的内容。

二、"对分课堂"的设计理念

对分课堂是学生在教师的帮助与引导下，通过独立个性化的学习，实现对教学内容的深刻理解与真正吸收，逐步形成独立思考和创新思维品质的过程。通过小组合作和全班交流的方式，学生之间进行互动，在与别人交流中深化自己对于学习内容的理解。在讨论的过程中，学生能够体验知识的乐趣，获得学会知识的快乐，因此，学生的学习积极性得以激发。对分课堂模式体现了一定的课堂设计理念，具体表现为以下三点。

（一）以学习为中心，体现学生的主体地位

对分课堂模式重视"以学定教"，即首先考虑学生的学习方法、学习策略和学习程度，然后再考虑教学的方式。如此一来，强调的是教学目标设置的合理性，最有效地发挥教师在一堂课上的引导作用。尊重学生的主体地位，从学生的学习过程出发，厘清教学思路，促进教学目标的达成。对分课堂模式最终的落脚点是帮助学生找到最适合自己的学习方式，唤起学生的内在学习动机，塑造高效的课堂。对分课堂模式强调过程而非结果，注重学习过程对于学生的价值。课堂的每个环节都有明确的任务和目的，有利于学生有计划地、有条理地完成自己的学习目标。

（二）面向全体学生，促进每一位学生的发展

传统课堂一般以优秀学生作为典范，整个教学过程几乎是教师与优秀学生之间的问答。然而，教师对优秀学生的每次赞扬，都严重伤害了其他学生的自尊心。这样的课堂一直在不断地提醒多数学生自己不够优秀，导致他们得不到应有的尊重和赞赏，他们逐渐对课堂形成了排斥感，学习效果则就没有实质性的提高。在对分课堂模式下，教师呈现知识脉络，学生自主研讨课堂内容，按自己的方式发挥真实水平。学生一改以往机械完成学习任务的心态，成为学习的主人，只要肯付出努力，每个人都有表现自己的机会，从而形成对自己学习负责的学习态度。

（三）关注个体差异，促进个性化发展

不同的学生有不同的学习特点和学习需要，这就要求教学能够因时制宜、因人而异。当前课堂以班级为单位进行教学，由于教学规模较大，大多数情况下无法顾及每个学生，因此，因材施教便成了教学的一种理想状态。在对分课堂模式的内化吸收阶段，学生根据个人的学习基础和学习习惯自主安排时间，最大限度地加强对知识的理解和消化，整理出适合自己学习特点的"亮考帮"。学生一旦有自主发挥的时间，自然而言地便孕育了个性的形成与发展。

三、"对分课堂"的教育原则

（一）自我教育原则

教学应该尊重每个学生的需求，帮助学生提高自我教育的能力。对分课堂模式的内化吸收环节有独立自主的个性差异性学习过程。学生完成基本的学习任务后，根据自身需要进一步进行体现自己学习特点的个性化学习，这也是一个自我教育的过程。在这个环节，学生理解教学内容，调整学习方法，形成正确的情感态度价值观。小组交流时，学生尽自己的最大努力将自己的收获分享给其他同

学。学生借助"亮考帮"这个学习工具，能够提高自己思考问题的能力，不断反思自己知识的掌握情况，从而改善自己的学习状况。

（二）知识生成性原则

认知主义指出学科结构的重要性，学习的目的在于形成关于学科知识的认知结构。对分课堂模式的讲授环节强调教师的引导作用，讨论环节则通过生生互动、师生交流的方式进行思想碰撞，促进新知识的产生，进而形成新的思想。也就是说，一些知识是在课堂上生成的，不是教师课前事先设计好的。通过知识的生成过程，学生不必仅仅局限于现有的教学内容。相反地，他们有了更多的弹性空间来进行探索并生成新的学习发现。他们可以灵活地学习课程内容，合理发挥主动性和创造性，生成更多新的思想和观点。

（三）思维能力原则

思维品质的形成有利于学生提高发现问题、分析问题和解决问题的能力，并加快逻辑推理能力的提升。对分课堂模式让学生以"亮考帮"的形式整理自己思考的结果，并在小组讨论中分享出来，有逻辑、有条理地表达自己的想法，所以有助于培养学生的质疑精神和批判性的思维方式。对分课堂模式提倡学生通过交流分享学习心得、学习策略和解决问题的方法，并在与老师和其他同学的对比中发现思路的优势与不足，改进学习方法，并尝试从多个角度思考问题，从而提高学习效率和学习效果。

（四）发展性原则

发展性原则强调教学要促进学生的一般发展，包括智力、意志品质、情感等方面。学生要超越掌握的知识，充分发挥自身的潜力。教师则应承担起引导学生发展的责任，积极促进学生的进步与成长。对分课堂模式强调课堂教学要有一定的挑战性，略高于学生现有的水平，留出学生发展的余地，激发学生的学习动机。另外，学生要理解知识本身的同时，也要了解知识的来龙去脉，理解知识的网络关系，有逻辑、有条理地掌握知识。

四、"对分课堂"在中小学英语教学中的应用实例分析

以下我们将分析对分课堂在初中英语阅读教学中的案例：

授课内容：人教版九年级英语第一单元阅读课 *How I Learned to Learn English*

授课班级：山东省邹平市黛溪中学初三（3）班

授课课时：1课时（45分钟）

（一）教材分析

How I Learned to Learn English 是一篇记叙文，选自人教版九年级英语第一单元 Section A 部分。文本主要讲述了一名叫魏芬的学生如何学好英语的过程。

（二）学情分析

本班学生的英语基础整体较弱，学生之间则差异显著。学生普遍对学习英语阅读的积极性不高，动机水平一般。多数同学对阅读学习束手无策，不能认真地进行阅读，导致阅读成绩得分低。

（三）教学目标

1.知识目标

学生能够了解文章的主旨大意，同时能够掌握并运用重点句型、单词和短语复述文章内容。此外，学生能够明白文章的发展脉络，厘清段落之间、句子之间的逻辑关系。

2.能力目标

首先，学生能够运用略读和寻读两种阅读策略，并学会通过泛读和精读的阅读方式实现自己的阅读目的。其次，学生能够了解记叙文的文本结构，并能够独立地进行相关文体的阅读。

3.情感目标

一方面，学生通过自主学习和小组合作的形式，提高学习的主动性和英语阅读的动机水平。另一方面，学生通过本节阅读课的学习，能够从文本主人公的经历中受到启发，激发英语学习的自信心，收获更多的英语学习方法。

4.策略目标

学生能够树立正确的学习目标，形成良好的英语阅读学习策略，如利用思维导图厘清文本信息和逻辑关系。同时，学生能够通过梳理作者英语学习的心路历程来掌握略读、寻读等阅读策略。

（四）教学重点与难点

1.教学重点

如何使学生明白文章的主旨大意？如何引导学生厘清文章的结构和逻辑关系？如何引导学生理解文章内容？

2.教学难点

如何通过个性内化吸收阶段培养学生的自主学习能力？如何提高学生的阅读学习动机水平？

（五）教学过程

1.讲授阶段（25分钟）

（1）导入。教师播放英文视频《风雨哈佛路》（*Homeless to Harvard：The Liz Murray Story*）并将其中主人公学习的片段通过图片的形式展示出来，让学生表达图片上的内容。

设计意图：通过视频与图片，引起学生注意力的同时，能够帮助学生直观地感受到学习的内容。教师也能够借此导入本节课的学习主题。

（2）头脑风暴相关话题。教师引导学生思考自己平时进行英语学习的方式有哪些。（教师提问：How do you learn to learn English in daily life?）学生想到什么说什么，并将其写下来。之后，与同伴进行分享交流。

设计意图：设置头脑风暴的学习活动，旨在帮助学生了解更多有关英语的学习方法及其表达方式。同时为接下来阅读文章的理解奠定知识基础。

（3）预测。教师呈现本节课将要学习的阅读文章的题目：How I Learned to Learn English。要求学生预测本文的主旨大意及可能包含的主要内容。（教师指令：Please predict what happened in the passage and think about the main idea.）

设计意图：预测是进行英语阅读的重要技巧，学生掌握这一技巧有利于阅读过程的高效进行。

（4）泛读。教师要求学生快速阅读文章，验证自己的预测，同时总结文章大意。（教师指令：Please read the passage quickly to check your predication and summarize the main idea.）

设计意图：学生通过快速阅读，初步了解文章的主要内容，掌握略读的阅读策略，从而更快、更准确地获取文章的主旨大意。

（5）精读。教师要求学生仔细阅读文章，并思考下列五个问题。

① What are the meanings of the following words：pronunciation，expression，discover，secret and grammar?

② Why did Wei Fen find it difficult to learn English?

③ How did Wei Fen learn to learn English?

④ What were Wei Fen's discoveries in the process of watching movies?

⑤ What's the outcome of Wei Fen's English learning?

教师根据问题画出该文章的思维导图（见图11-2）。

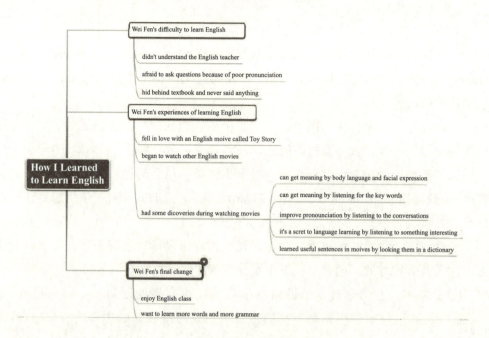

图 11-2　思维导图

设计意图：教师可以通过思维导图帮助学生厘清逻辑关系，使学生更清晰地理解文章的内容。

教师根据文章引导学生分析记叙文的六要素（见图 11-3）。

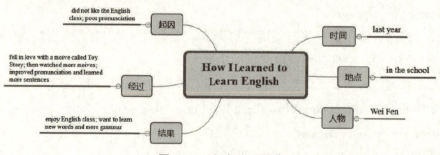

图 11-3　记叙文六要素

设计意图：教师通过讲解记叙文的六要素，可以使学生更好地明白语篇结构，为他们以后进行独立的记叙文阅读奠定基础。

2.内化吸收阶段（8 分钟）

教师呈现任务清单，让学生在完成任务的过程中整理出"亮考帮"。

I. Retell the passage with the help of the mind map.

II. Make true or false judgments about the following questions.

( ) 1. Wei Fen hid behind the textbook and never said anything because she couldn't speak English.

( ) 2. In order to learn English well, Wei Fen watched the English movie called Toy Story.

( ) 3. Wei Fen could understand the characters easily at the beginning.

( ) 4. Wei Fen discovered that she can understand the conversations by characters'body language.

( ) 5. Looking up in dictionary is also one of the ways for Wei Fen to get the meaning of words and sentences.

( ) 6. Now, Wei Fen's pronunciation is still poor, but she deeply believes that she will make progress in the future.

III. Check (√) what you do to learn English. Then interview your group members in the form of the following dialogue.

A: Do you learn English by doing grammar exercises?

B: Yes, I do.

A: How often do you do them?

B: ...

	I learn English by...			My partner learns English by...		
Doing grammar exercises	yes	no	How often	yes	no	How often
Taking notes in English						
Reading English books/magazines						
Keeping a diary in English						
Using an English dictionary						

	I learn English by...			My partner learns English by...		
Listening to English songs						
...						

设计意图：在内化吸收环节，教师让学生内化吸收教学内容，有利于培养学生自主学习的能力。同时，通过自我独立的学习和思考，学生可以加深阅读理解的程度。

3.讨论阶段（12分钟）

（1）小组讨论

教师要求学生根据任务，围绕自己的"亮考帮"展示自己学习的难点、亮点和困惑。小组成员之间互相切磋，共同解决问题，同时做好讨论记录，并整理出整个小组的"亮考帮"。

设计意图：通过小组讨论，分享收获，提高学习的参与意识。同时，有助于教师培养学生的合作能力，促进学生自我反思和自我调整。

（2）教师抽点

随机抽点学生展示小组的"亮考帮"，并提出组内尚未解决的疑惑。教师和其他组的同学都可以帮忙释疑。例如，有的小组指出不能正确掌握 pronunciation（发音）这个单词的发音和拼写；有的小组则指出在复述文章时，不能十分熟练地利用衔接手段使语句之间具有连贯性。

设计意图：通过抽点，教师可以督促学生参与学习，了解学生本节课的学习情况。

（3）全班交流

教师让学生针对任务清单上的第三道开放题进行自由展示，并让其他组的同学做出评价。

设计意图：通过口语表达活动，教师可以培养学生用英语进行交际的能力，同时巩固拓展了本节课所学的内容。

（4）教师总结

教师指出并强调学生存在的共性问题，并就同学们遗漏的知识点进行补充。比如，动词 take 与时间的词语搭配时，一般用来表示"花费；消耗"。但是在"It takes time."这个句子中，take 表达的意思是"不着急；慢慢来"。之后，教师升华本节课的主题，告诉同学们学好英语不是一蹴而就的事情，只有找到适合自己的方法，并持之以恒地坚持下去，才会在英语学习的道路上有更大的收获和进步。

设计意图：教师帮助学生完善所学知识，同时启发学生，英语学习不应惧怕困难，要树立自信心，勇于探索学习英语的乐趣。

（5）布置作业

教师对课后作业的指示如下：Please use the six factors of narration to write a passage about your methods of learning English. You should write 100~120 words.

设计意图：通过学生自主完成课后作业，教师可以检查学生的课堂学习成果，学生也能够通过作业巩固课堂学习内容。

第五节　"微课"在中小学英语教学中的应用实例

一、"微课"的含义

"微课"的核心组成内容是课堂教学视频（课例片段），同时还包含与该教学主题相关的教学设计、素材课件、教学反思、练习测试及学生反馈、教师点评等辅助性教学资源，它们以一定的组织关系和呈现方式共同"营造"了一个半结构化、主题式的资源单元应用"小环境"。因此，"微课"既有别于传统单一资源类型的教学课例、教学课件、教学设计、教学反思等教学资源，又是在其基础上继承和发展起来的一种新型教学资源。

二、"微课"的主要特点

（一）教学时间较短

教学视频是微课的核心组成内容。根据中小学生的认知特点和学习规律，"微课"的时长一般为5~8分钟，最长不宜超过10分钟。因此，相对于传统的40或45分钟的一节课的教学课例来说，"微课"可以称之为"课例片段"或"微课例"。

（二）教学内容较少

相对于较宽泛的传统课堂，"微课"的问题聚集，主题突出，更适合教师的需要。"微课"主要是为了突出课堂教学中某个学科知识点（如教学中重点、难点、疑点内容）的教学，或是反映课堂中某个教学环节、教学主题的教与学活动，相对于传统一节课要完成的复杂众多的教学内容，"微课"的内容更加精简，因此又可以称为"微课堂"。

（三）资源容量较小

从大小上来说，"微课"视频及配套辅助资源的总容量一般在几十兆，视频格式须是支持网络在线播放的流媒体格式（如 rm，wmv，flv 等），师生可以流畅地在线观摩课例，查看教案、课件等辅助资源；也可以灵活方便地将其下载保存到终端设备（如笔记本电脑、手机、MP4 等）上实现移动学习、"泛在学习"，非常适合于教师的观摩、评课、反思和研究。

（四）资源组成／结构／构成"情景化"

资源使用方便。"微课"选取的教学内容一般要求主题突出、指向明确、相对完整。它以教学视频片段为主线"统整"教学设计（包括教案或学案）、课堂教学时使用到的多媒体素材和课件、教师课后的教学反思、学生的反馈意见及学科专家的文字点评等相关教学资源，构成了一个主题鲜明、类型多样、结构紧凑的"主题单元资源包"，营造了一个真实的"微教学资源环境"。这使得"微课"资源具有视频教学案例的特征。广大教师和学生在这种真实的、具体的、典型案例化的教与学情景中可易于实现"隐性知识""默会知识"等高阶思维能力的学习，并实现教学观念、技能、风格的模仿、迁移和提升，从而迅速提升教师的课堂教学水平、促进教师的专业成长，提高学生的学业水平。就学校教育而言，微课不仅成为教师和学生的重要教育资源，而且也构成了学校教育教学模式改革的基础。

（五）主题突出、内容具体

一个课程就是一个主题，或者说一个课程一个事；研究的问题来源于教育教学具体实践中的具体问题；或是生活思考，或是教学反思，或是难点突破，或是重点强调，或是学习策略、教学方法、教育教学观点等具体的、真实的、自己或与同伴可以解决的问题。

（六）草根研究、趣味创作

正因为课程内容的微小，所以，人人都可以成为课程的研发者；正因为课程的使用对象是教师和学生，课程研发的目的是将教学内容、教学目标、教学手段紧密地联系起来，是"为了教学、在教学中、通过教学"，而不是去验证理论、推演理论，所以，决定了研发内容一定是教师自己熟悉的、感兴趣的、有能力解决的问题。

（七）成果简化、多样传播

因为内容具体、主题突出，所以研究内容容易表达，研究成果容易转化；因为课程容量微小、用时简短，所以传播形式多样（网上视频、手机传播、微博讨论）。

（八）反馈及时、针对性强

由于在较短的时间内集中开展"无生上课"活动，参加者能及时听到他人对自己教学行为的评价，获得反馈信息。较之常态的听课、评课活动，"现炒现卖"，具有即时性。由于是课前的组内"预演"，人人参与，互相学习，互相帮助，共同提高，在一定程度上减轻了教师的心理压力，不会担心教学的"失败"，不会顾虑评价的"得罪人"，较之常态的评课就会更加客观。

二、微课在中小学英语教学中的应用实例分析

（一）学习目标

Aa 的发音。

（二）学习方法

第一，以学生为中心，通过个人或小组活动，积极参与阅读过程，中小学教师通过必要的指导与协助，使学生在积极、开放、合作、竞争的氛围中，顺利完成各项预期任务。

第二，运用微课进行学法指导，突破学生学习的难点与易错点。

（三）教学程序

第一，主动感知，微课助学。

单词对对碰：

思考以下读音是否相同（见图11-4）。

1.cake, grape, name, snake, face, plate

2.have, apple, bag, cat, hat, fat

图 11-4　引导感知

设计意图：通过抢答的方式进行词汇练习，检查学生课前的掌握情况，既增加了学生的学习热情，使不同层次的学生都能学有所用，都有所收获，同时也很好地落实了本节课的知识与能力教学目标和理解字词的教学重点。

学生观看微课，自己学习"a的读音"（见图 11-5）。

图 11-5　a 的不同读音

设计意图：学生结合自身情况，运用微课进行学习，实现对于"a的读音"此部分内容的查缺补漏。

第二，重点突破，微课导学。

练习对对碰：

指出划线部分发音不同的单词。

```
           A          B          C
（　）1. many       cap        potato
（　）2. plate      have       lamb
（　）3. water      rabbit     washroom
（　）4. tomato     tasty      splash
（　）5. and        cat        want
```

图 11-6 针对性练习

设计意图：在进行自学答疑后，进行针对性练习，以巩固自主学习成果，暴露共性的执行盲点（见图 11-6）。

第三，当堂练习，微课点学。

测试对对碰（见图 11-7）：

1.Have　Face（×）

2.Name　Cake（√）

3.Lay　　May（√）

4.Bag　　Lake（×）

5.Take　　Date（√）

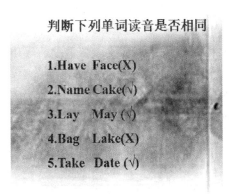

图 11-7 读音测试

设计意图：学生在完成练习后，通过观看微课进行纠错，明确解题要点。并且能够根据自身情况，重新翻看此前的微课内容，进行查缺补漏。

参考文献

[1] 曹芳.多媒体技术与英语教学的优质整合 [J].中国信息技术教育,2014（12）:122.

[2] 曹文,胡增宁,李辉,等.中国中小学英语网络教学的现状研究[J].外语电化教学,2015（04）:41—46.

[3] 陈静,陶丽坤.英语实践教学反思 [M].成都:电子科技大学出版社,2017.

[4] 崔艳秋.高中英语写作课与慕课交互式教学探究 [J].基础教育研究,2016（24）:15—16.

[5] 邓寿东.网络环境下小学英语教学策略的研究 [J].课程教育研究,2020（04）:111—112.

[6] 丁敏.当前我国中小学英语课程教学的问题与对策 [J].亚太教育,2016（25）:263.

[7] 杜复平,张谦.区域内义务教育均衡发展问题与对策 [M].郑州:大象出版社,2015.

[8] 冯红梅.中小学英语教育与教学策略 [M].秦皇岛:燕山大学出版社,2017.

[9] 高朝邦,唐毅谦.互联网 + 中小学教育 [M].北京:科学出版社,2016.

[10] 高成杰.浅谈信息技术与中小学英语教学深度融合的成效 [J].名师在线,2019（27）:12—13.

[11] 赵艳艳.慕课时代高中英语教学中的微课资源建设与翻转课堂实践 [J].英语广场,2018（12）:149—150.

[12] 郭子文,王秀鹃,孙红玉,等.网络平台辅助英语教学的实践分析 [J].教育教学论坛,2020（05）:212—213.

[13] 韩雪.交互式电子白板的优势在小学英语教学中的运用 [J].课程教育研究,2019（43）:124.

[14] 何春梅.智能手机在初中英语教学中的运用 [J].学周刊,2020（05）:139.

[15] 何娟丽.网络环境下小学英语教学策略探索 [J].中国校外教育,2020（02）:69—70.

[16] 何克抗.信息技术与课程深层次整合理论 [M].北京:北京师范大学出版社,2008.

[17] 贺武华.对中小学英语网络信息化教学的反思 [J].中小学电教,2003（11）:72—74.

[18] 洪佳婷.关于高中英语微课的行动研究 [J].课程教育研究,2020（04）:113—114.

[19] 李芒.基础教育信息化自主发展模式 [M].北京:科学出版社,2018.

[20] 李淑芬.中小学网络英语教学方法研究 [J].课程教育研究,2018（29）:135—136.

[21] 李霞.浅析高中英语翻转课堂教学 [J].名师在线,2020（03）:86—87.

[22] 李小庆.信息技术与中小学英语教学的深度融合研究 [J].文教资料,2019（07）:229—230.

[23] 李艳华.浅谈多媒体教学手段在中小学英语教学实践中的应用 [J].学周刊,2017（06）:175—176.

[24] 梁文.互联网 + 背景下中小学英语教学模式改革 [J].鞍山师范学院学报,2016,18（05）:37—40.

[25] 梁文华.初中英语阅读教学中交互式电子白板的有效应用 [J].课程教育研究,2019（47）:82—83.

[26] 刘磊.试论多媒体在中小学英语教学中的应用 [J].理论观察,2014（12）:177—178.

[27] 刘欣,王瑛.创新教育理念下的中小学英语教学模式初探 [J].亚太教育,2019（07）:93—94.

[28] 柳虹羽.新媒体在高中英语学习中的运用 [J].才智,2020（03）:144.

[29] 冒晓飞.初中英语微课的制作与应用 [J].教学与管理,2015（22）:41—43.

[30] 乜勇,张首军,傅钢善.教育信息化发展研究 [M].西安：西北工业大学出版社,2019.

[31] 陶庆明.中学教育信息化探索 [M].重庆：重庆大学出版社,2019.

[32] 田春艳.现代教育信息化理论的整合与创新研究 [M].西安：西安交通大学出版社,2018.

[33] 汪海燕,刘钰,陈勇.多媒体英语教学的理论与实践探究 [M].长春：吉林大学出版社,2016.

[34] 王红.信息技术在中小学英语教学中的应用研究 [J].内蒙古教育,2015（24）:41.

[35] 王杨丽.教育信息化与其相关应用探究 [M].长春：东北师范大学出版社,2018.

[36] 吴国成.中小学英语翻转课堂教学的困境与实现路径探析 [J].中小学教师培训,2018（05）:32—35.

[37] 谢玉华."互联网 +"背景下教育信息化理论与实践研究 [M].北京：中国原子能出版社,2018.

[38] 姚芳勤.浅谈如何提升中小学英语教学的有效性 [J].课程教育研究,2020（03）:134.

[39] 殷旭彪.当代教育信息化理论与实践研究 [M].北京：中国书籍出版社,2018.

[40] 于爱莲,袁蓓.运用互联网技术提升中小学英语教学模式衔接探究 [J].新西部,2018（18）:168+162.

[41] 于化英.中小学英语教学网络资源的整合应用 [J].中国校外教育,2014（25）:77.

[42] 于丽丽.借助微课,推动初中英语词汇教学 [J].课程教育研究,2020（04）:107.

[43] 翟博.基础教育均衡发展理论与实践 [M].北京：教育科学出版社,2013.

[44] 张波 . 新时代教育信息化发展的多维透视 [M]. 长春：吉林出版集团股份有限公司，
　　2019.

[45] 张天一 , 刘金 . 对分课堂与高中英语教学反思 [J]. 海外英语 ,2020（02）:190—191.

[46] 张颖 . 信息化与英语教学 [M]. 长春：吉林大学出版社 ,2019.

[47] 张治 . 教育信息化走进自适应学习时代 [M]. 上海：上海教育出版社 , 2018.

[48] 赵大中，江尧梅 . 中小学英语教学教研新思维与新范式 [M]. 徐州：中国矿业大学出
　　版社 ,2017.